세상을 바꿀 수 없다면
자신을 바꿔라

当世界无法改变时改变自己2: 成就强大的自己

DANG SHI JIE WU FA GAI BIAN SHI GAI BIAN ZI JI2:
CHENG JIU QIANG DA DE ZI JI by 高原 GAO YUAN
copyright 2013 by GAO YUAN
All rights reserved
korean translation copyright 2017 by DONG HAE
korean language edition arranged with
China South Booky Culture Media Co.,LTD
through Eric Yang Agency Inc.

.

이 책의 한국어판 저작권은 에릭양 에이전시를 통한
China South Booky Culture Media Co.,LTD
와의 독점 계약으로 파주 북스(동해출판)에 있습니다.
신저작권법에 의하여 한국 내에서 보호를 받는 저작물이므로
무단전재와 무단복제를 금합니다.

세상을 바꿀 수 없다면
자신을 바꿔라

가오위안 지음 | 정우석 옮김

파주 Books

Contents

변덕스러운 세상에서 무엇을 해야 잘 지낼 수 있을까?

변덕스러운 세상에서
무엇을 해야 잘 지낼 수 있을까?

시시각각 변화하는 세계 속에서 우리는 어떻게 해야 더 잘 지낼 수 있을까? 경박한 이 시대에 어떻게 해야 행복해질 수 있을까? 어째서 나는 다 가지고 있으면서도 즐겁지 않은 것일까? 서양인들은 자신을 업그레이드 하는 법과 행복을 추구하는 방법을 이미 너무나 많이 알고 있다. 하지만 우리 동양인들에겐 그보다는 조상이 물려준 고유한 철학이 더 유용하리라 생각한다. 유가, 도가, 불가 사상을 융합한 이 책은 중국 천 년의 지혜를 모은 것으로 지금부터 이 책을 통해 독자들과 함께 행복이라는 주제를 깊이 연구하고자 한다.

생활의 리듬이 나날이 빨라져 숨 막히게 하는 오늘날, 당신은 쉽게 격노하지 않는가? 혹은 주위의 모든 일을 이해하지 못하고 극도로 혐오하고 있지는 않은가?

혹시 늘 화를 터뜨리고 싶거나 물건을 부수고 싶은 충동에 사로잡혀 있지는 않은가? 또는 다급하게 손을 뻗어 중요해 보이는 물건을 움켜쥐고 싶지 않은가?

불확실한 미래에 대한 걱정이 가득하여 아무리 돈을 많이 벌어도 행복감을 느끼지 못하고 있지는 않은가?

다른 사람과 함께 있을 때 항상 지나치게 피로감을 느끼거나 인간관계를 제대로 처리하지 못하여 가족조차 당신에게 원망을 품고 있지는 않은가?

만일 상술한 문제들이 당신에게 일어나고 매일 근심 걱정을 하고 있다면 이 책을 펼치고 함께 지혜 속에서 행복을 찾자. 건강하고 강한 정신세계를 구축해 내면과 외면이 조화를 이루는 적절한 처세의 방법을 찾자.

행복이란 무엇인가? 어떻게 해야 진정한 행복을 지속적으로 만끽할 수 있을까? 다시 말해 실리를 추구하는 이 사회에서 우리는 어떻게 즐겁게 살 수 있을까? 아마도 수만 가지 혹은 그 이상의 방법들이 있을 것이다. 하지만 그중 모든 이가 공감할 수 있는 것은 하나뿐이다. 바로 돈이나 성공은 진정한 행복을 가져다 줄 수 없고 오히려 더 큰 고통을 가져올 뿐이라는 점이다.

아득한 천지간에 우리는 그저 보잘것없는 개체일 뿐이다. 행복하고 싶다면 인생의 계획을 세우고, 내면을 가꾸며 자신의 행복에 대한 정의를 세우고, 자신의 필요에 부합하는 가치 체계를 구축하는, 다시 말해 행복으로 가는 통로를 닦아야 한다.

이 책은 행복한 인생의 청사진을 실현하는 길은 결코 멀지도 어렵지도 않다고 말해준다. 마음속에 팽창하는 욕망을 버린다면, 그리고 중용의 기준으로 자신을 다스리는 법을 터득하여 경솔함을 버리고 냉정하게 처세하며 달관한 태도로 남을 대한다면, 설사 가난하더라도 인생의 아름다움을 느끼고 천지 만물과 공생하는 경지에 이를 수 있다.

'중용'은 고대 중국에서 가장 지고한 행위 기준으로 삼았던 자세로 철학에서 말하는 가장 적합한 '정도'다. 때로는 평범하고 원만하다는 오해를 사기도 하지만 사실 본질적인 면에서 중용은 적합한 방법이지 옳고 그름과는 무관하다.

중용이 우리에게 전하는 가장 중요한 메시지는 무슨 일이든 극단으로 가지 말고 천지만물이 모두 자기 자리가 있으니 어느 한쪽에 치우침 없이 중간에 위치하라는 것이다. 중용의 도를 깨달으면 사람을 대할 때나 무슨 일을 할 때나 쥘 때와 놓을 때를 알고 전진하고 후퇴하는 법을 알게 된다. 그렇게 마음을 단련하다 보면 점차 강해져서 외부의 것을 승화시켜 내면의 에너지로 바꿀 수 있다. 이것이 바로 행복이다.

제1장

처세의 잣대를 장악하라

－중용이란 균형이다. 중용은 우리에게 치우침 없는 인생의 태도를 보여준다. 우리는 배우고, 절제하고 스스로 감독하는 과정을 통해 외부 환경과 조화를 이루고 융합할 수 있다. 이는 행복하게 생활하는 데 필수 조건이다.

　－치우침이 없음이란 매사에 중간을 유지하는 것으로 지나치게 유하거나 강하지 않은 것이다. 말하기는 쉽지만 실행하기는 어렵다. 객관적으로 사물을 대하고 문제를 분석하며 모든 일에서 감정적으로 행동하는 것을 피해야 한다.

　－사물이 가져다주는 즐거움을 즐기되 자신의 욕망은 통제해 사물의 포로가 되지 말아야 한다. 어떤 물건을 좋아한다고 꼭 그것을 소유해야 하는 것은 아니며 영원히 점유할 필요도 없다. 이런 생각이 있어야 만족의 즐거움을 느낄 수 있다.

　－적당한 거리가 있어야 아름답다. 감정이든 사업이든 생활 속의 놀이든 이 도리는 어디에나 적용된다.

　－무릇 모든 일에는 정도가 있는 법이다. 과한 것은 모자란 것만 못하다. 목표를 찾고 적당한 곳에서 멈추어야 한다. 완벽을 추구하다 본질을 잃을 수 있다. 어떤 일이든 양날의 칼이다. 지나치게 집착하면 결국 자신을 상하게 한다.

　－형세를 정확히 알아야 한다. 주제넘게 나서다가는 스스로 화를 불러올 수 있다. 적당히 적시에 자신을 낮출 줄 알아야 한다. 공로를 '가리'는 법을 배워야 하며 남을 위해 결혼 예복을 만드는 지혜를 배워야 한다.

처세의 잣대를
장악하라

기상은 모름지기 높고 넓어야 하지만 허술하거나 거칠어서는 안 되고, 마음은
모름지기 치밀해야 하지만 자잘해서는 안 되며, 취미는 모름지기 깨끗하고 맑아야
하지만 치우치거나 너무 메말라서는 안 되고, 지조를 지킴은 모름지기 엄하고 밝
아야 하지만 과격해서는 안 된다.

우리는 태어나자마자 특정한 환경 속에서 생활하고 성장한다. 자기 주
위의 환경과 그 환경 속에서 만나는 다양한 사람들과의 교류 없이 살 수
있는 사람은 없다. 행복하고 싶다면 반드시 인간사를 이해하고 처세법을
익히고, 인간관계에 대해 배워야 한다.

어떻게 해야 다른 사람과의 관계를 잘 처리하는 법을 배울 수 있을까?
중국의 성현이 우리에게 남긴 〈채근담〉은 가장 지혜로운 방법인 중용을
이야기한다.

중용을 지키면 행복해질까? 이렇게 말하면 어떤 이들은 "중용을 지키
고 살면 행복해질 수 있나요?"라고 물을 것이다. 사실 중용은 결과가 아
니라 세상을 살아가는 태도다. 행복을 만드는 과실이 아니라 우리의 생활

을 위해 뿌리는 행복의 씨앗이라는 이야기다. 인생을 사는 데는 균형 잡힌 잣대가 필요하다. 중용은 바로 균형이다. 우리가 가운데 선을 걸을 수 있도록 자처럼 우리의 모든 생각과 행위를 재고 구속하며 통제한다. 중용의 원칙에 따라 일하고, 말하고, 생각하면, 즉 좌도 우도 아닌 중간을 지키며 조화롭게 면면이 살피면 불가능한 것이 없다.

〈중용〉에서는 '희로애락이 발현되지 않은 상태를 중(中)이라 하고 발현되어 절도에 맞은 것을 화(和)라 한다. 중이라는 것은 천하의 큰 근본이고 화라는 것은 천하를 관통하는 원칙이다. 중과 화를 다하면 하늘과 땅이 자리 잡고 만물이 자라게 된다.' 라고 하였다.

현실에서 사람을 대할 때는 융통성이 있어야 하고 일을 할 때는 원만한 조화를 이루어야 한다. 반드시 적합한 원칙을 익혀 비굴하지도 거만하지도 않게 처세해야 한다. 사람은 원대한 목표를 가질 수 있고, 자신의 인생의 꿈을 실현하기 위해 재능을 펼쳐 보일 수도 있다. 하지만 자신의 능력을 발휘할 때 지나치게 자랑해서는 안 되며 더욱이 자기의 재능을 믿고 남을 깔보아서는 안 된다는 점을 반드시 기억해야 한다. 지금까지 한 많은 말들을 쉽고 간단한 두 글자로 표현한다면 '평화'다.

진나라 초기의 혜강은 뛰어난 재능으로 천하에 널리 이름을 알렸으나 성격이 포악하고 상식에 벗어나게 일을 처리해 왕후공경들이 그를 거들떠보지도 않았다. 그는 명예와 이익을 추구하던 당시 사람들과는 매우 달랐다. 이런 사람은 재능이 있어도 사회에 융합되지 못하여 남들과 좋은 사회적 관계를 맺기 어렵다.

어느 날 조정의 고위 관직인 대장군 종회가 혜강을 만나러 찾아왔다. 때마침 친구 향수와 함께 나무 아래에서 제련을 하던 혜강은 종회가 온 것을 보고도 못 본 척하고 철기를 제조하는 데만 집중했다. 한참을 기다리다 못한 종회가 자리를 뜨려 하자 마침내 혜강이 입을 열고 물었다. "무엇을 듣고 와서 무엇을 보고 갑니까?" 종회는 이번 방문으로 체면을 잃었다고 생각하고는 "소문을 듣고 와서 본대로 보고 갑니다."라고 대답했다. 그 후 혜강에게 원한을 품은 종회는 황제에게 여러 차례 중상모략을 하였다. 재능이 넘쳐나던 천재 혜강은 결국 반란죄로 형장의 이슬로 사라지고 그의 자랑거리인 명곡들도 전해지지 않게 되었다.

혜강의 죽음은 역사의 비극이다. 천재의 이런 죽음은 후세 사람들의 고통이 아닐 수 없다. 하지만 원인을 들여다보면 그 자신의 책임이 크며 결코 종회만을 탓할 수 없다. 그는 높은 지위에 구애받지 않고 자유로운 사람이었으나 처세를 이해하지 못하고 안하무인의 태도로 사람을 대했다. 특히 예교가 성행한 당시 정치 환경에서 여전히 자기 갈 길을 가며 예를 행하지 않고 독단적으로 행동하며 세인들과 융합하지 못했다. 그 스스로 보고 느끼며 깨달은 바가 있었을 텐데도 이를 조금도 받아들이지 않고 자신의 사회적 관계를 갈수록 더 엉망으로 방치했다. 그러니 그가 죽음을 피할 수 있었겠는가? 재능이 있다고 오만 방자하여 거리낌 없이 굴어도 되는 것인가? 이 점을 생각하면 그를 동정할 수 없을 것이다.

이 이야기는 자신을 잘 '위장'하고 보호할 줄 알아야 한다는 사실을 알려준다. 타인과 화목하게 지내려면 중용의 도로 자신의 언행과 행동을 구속해야 하며 분수를 알고 결정적 순간을 파악할 줄 알아야 한다. 이를 마음에 새기고 수시로 곱씹어 정도를 파악하며, 좌우 치우침 없이 중간에서 앞뒤를 살피고 적절한 속도로 외줄타기를 하는 것처럼 조심스럽게 균형을 잘 잡아야 자신의 안위를 보장할 수 있다.

다시 예를 들면 일을 할 때 생각이 주도면밀하여 치밀하게 고려하면 성공할 확률도 비교적 크다. 거기에 더해 균형의 정도를 파악해야 한다. 다만 지나치게 고려하여 일을 할 때 앞뒤를 너무 재면 우유부단하여 결정을 내리지 못하는 지경에 이른다. 그러면 좋은 기회를 놓치거나 그 전에 한 노력과 준비가 수포로 돌아갈 수 있다.

줄이면 얻게 되고 많으면 현혹된다. 때로는 일을 할 때 덜 걱정하고 그 자리에서 결단을 내리는 것이 업무 효율을 높이고 결과적으로 이상적인 목표에 다다르게 할 수 있다. 지나치게 세밀하게 고려하면 갈수록 더 혼란스러워져서 전체를 파악하는 감을 잃고 일을 제때 착수하지 못해 좋은 기회를 놓칠 수 있다.

어째서 마음이 순수하고 정서적으로 안정된 사람이 과감하게 일하고 비교적 쉽게 성공하는가? 원인이 바로 여기 있다. 그들은 손을 써야 할 때를 알고 잡생각을 하지 않으며 크게 걱정하지 않고 의지가 강하다. 이는 중용의 도에도 부합된다.

중국의 성어 중에 '완물상지'라는 말이 있다. 좋아하는 것에만 푹 빠져서 중용에서 제창하는 균형을 잃어버리는 것을 가리킨다. 명나라의 제왕 중 희종 주유교가 그 예다. 희종은 목기 제작을 매우 좋아했다. 기교가 뛰어난데다 천부적인 재능까지 타고났다. 〈광원잡지〉에는 그를 가리켜 '정원에 작은 궁전을 만들었는데 높이가 4척에 달하고 솜씨가 뛰어났다'라고 기록되어 있다. 능숙한 목수도 그에 비할 바가 못 되었다.

흥미로운 점은 주유교가 진심으로 목수 일을 즐겼다는 것이다. 보통 사람이라면 문제가 되지 않았겠지만 주유교는 세상에서 가장 고귀한 황제로 나라의 지도자였다. 당시는 명나라 조정이 다사다난한 시기였다. 밖으로는 후금의 침략이, 안으로는 서북의 민란이 있었으며 조정도 어수선했다. 관리들의 당쟁과 셀 수 없는 번거로운 일들도 있었다. 그러나 희종은 이에 대해 듣지도 묻지도 않고 여전히 목공의 재미에 깊이 빠져 있었다. 이 때문에 그의 통치 기간 동안 조정은 역사상 대대적으로 유명한 간신 환관인 위충현을 배출했다. 환관의 전제정치로 중국 역사상 가장 심한 암흑기가 도래해 명나라를 멸망의 길로 내몬 것이다.

황제가 정치에는 아무런 관심이 없이 천하의 백성들을 어떻게 보살펴야 할지 고민하지 않고 오로지 자신의 즐거움만 찾으니 이런 황제는 오래 갈 수 없다. 그가 통치한 국가의 쇠퇴와 멸망이 눈앞에 있었다.

그렇기 때문에 아무리 좋은 취미도 우리 인생의 일부분일 뿐 전부가 될 수는 없다. 예를 들어 당신은 어쩌면 지금 현재의 일에 흥미를 느끼지 못하거나 심지어 싫증을 낼 수도 있다. 하지만 만일 중용의 인생 태도로 이 문제를 대하며 자신에게 "현재의 일은 별로지만 그래도 나는 이미 많은 것을 얻고 있어. 내 친구는 하루 종일 인력시장에서 시간을 허비한 지 반년이 넘었지만 아직도 일자리를 찾지 못했으니 말이야."라고 둘을 놓고 비교하면 당신의 기분은 아마도 단숨에 편안하고 즐거워질 것이다.

시선을 세계로 돌리면 이 세상에는 아직도 배불리 먹지 못하고 따뜻하게 입지 못하며 가난한 나날을 보내는 이들이 많다. 반면 당신은 안정적인 직업이 있고 의식주를 해결해 근심 걱정을 하지 않아도 된다면 비교적 만족스러운 삶을 살고 있는 게 아닐까?

현실의 일과 생활 속에서 우리는 엄숙하고 이지적이며 깨어있고 자율적인 태도를 유지해야 한다. 그래야 유혹 앞에서 냉정을 찾고 길을 잃거나 타락하지 않을 수 있다. 다만 품행에 엄격한 잣대를 들이대는 것은 오직 자신에게만 할 수 있는 일이다. 타인에게 당신이 바라는 경지에 다다르도록 과도하게 요구할 수는 없다.

중국의 역대 문인들 중에 오만하고 세상을 업신여긴 이들이 적지 않다. 특히나 사회적 암흑기일 때 더했다. 일부 지식인들은 지향하는 바가 높고 청렴 고결하였지만 자신들이 처한 시대에 녹아들지 못하고 세속의 사람들과 함께 더럽혀지기를 원하지 않았다. 그래서 내심 고통 속에 빠져 발버둥 치다 세속의 불합리한 모든 것에 분개하고 증오하며 가슴 가득 불만을 품었다.

하지만 이들 고고한 문인들은 필경 소수다. 반면 그들에게 질책을 받은 이들은 거의가 전체 사회의 주체다. 소수가 다수에게 저항하면 결국 결과가 좋지 않다. 이 때문에 문인들의 질책을 받은 무리들이 죽을힘을 다해 그들을 배척하고 억누르니 그들은 발버둥과 고통 속에서 일생을 보낼 뿐이었다.

자신에게 엄격하고 타인에게는 관대하여라. 중용의 사상을 배워 타인을 대할 때 평화와 적절한 태도로 교제하고 과도한 강직함은 버려라.

소위 '세상의 밝음은 학문의 덕'이라고 했다. 중용의 도는 높고 심오한 학문이다. 또 현실에 적용할 수 있는 본질적이고 실용적인 학문이기도 하다. 중용에는 처세의 여러 면이 녹아들어 있다. 중용을 알고 중용의 태도로 사람을 대하며 중용의 원칙에 따라 문제를 해결하면 노력한 것보다 더 큰 효과를 얻을 수 있다.

일찍이 공자는 '군자의 중용적 삶은 군자로서 때를 잘 알아 그 상황에 가장 적절한 중심을 잡고 사는 것이다' 라고 했다. 군자의 말과 행동이 모두 분수에 맞고 중도를 충실히 지킬 수 있으며, 매사를 온당하게 처리하여야 군자라고 불릴 수 있는 것이다.

한쪽으로 치우침이 없어야
완벽해질 수 있다

청렴하면서도 포용(包容)하는 도량이 있고 어질면서도 결단을 잘 내리며 총명하면서도 너무 따지지 않고 강직하면서도 바른 것에 너무 치우치지 않으면, 이는 이른바 꿀에 재운 과자이면서도 지나치게 달지 않고, 염장한 해산물이면서도 과히 짜지 않은 것과 같다. 사람은 이처럼 한쪽으로 치우치지 않는 기준이 있어야 아름다운 덕을 갖추었다고 할 것이다.

사람을 대하거나 일을 하는 데 기준을 두고 선을 세워야 한다. 다시 말해 가장 적합한 균형을 찾은 뒤 이 원칙에 따라 처세해야지 절대로 극단적으로 치우쳐서는 안 된다. 사람을 대할 때는 고자세나 저자세, 강한 언행이나 지나친 부드러움은 모두 손해를 가져올 수 있을 뿐 아니라 행복한 이치를 깨닫는 데 아무런 도움이 되지 않는다.

중용의 원칙은 좌로 편향되지도 우로 치우치지도 않는 것으로 중간에서 가장 적절한 방법을 선택해야만 균형 잡힌 세상사를 처리할 수 있다. 이는 고위 관리자에게는 가장 기본적인 요구이며 일반인에게는 가장 좋은 제안이다. '정도'의 원칙을 이해해야 부하직원과 좋은 관계를 맺고 상사와 적당한 거리를 유지할 수 있다. 또한 균형점을 파악해야 마음을 바로잡을 수 있으며, 단체는 강한 응집력을 가질 수 있다. 보통 사람도 마찬가지다. 행동에 정도가 없고, 생각이 편협한 사람은 주변 사람의 미움을 살 뿐 아니라 결국에는 남들과 소통하지 못하는 괴팍한 사람이 되고 말 것이다.

전국시대 조나라에 인상여라는 유명한 인물이 있었다. 그는 출중한 지략으로 진나라에 망신을 당할 뻔한 위기에서 조나라의 체면을 수차례 세워주었다. 그 덕분에 조나라 왕은 인상여를 재상으로 임명하고 그 누구보다 우러러 받들었다. 신하 중에 최고가 되어 황제 바로 아래, 만인의 위에 올라선 것이다.

이에 전장에서 뛰어난 공을 세운 대장군 염파는 울분을 참지 못하고 인상여를 도발했다. 하찮은 문신이 자신 같은 탁월한 장군이자 수많은 공을 세운 국가 원로와 감히 비할 수나 있으랴? 염파는 수단과 방법을 가리지 않고 인상여를 모욕하고 난처하게 만들었다.

하지만 인상여는 이를 알고도 반격을 하지 않을 뿐 아니라 염파와 정면충돌을 하지 않으려 최대한 그를 피하였다. 상대방이 어떻게 도발하든 오직 침묵을 지키며 아무것도 하지 않고 마치 듣지 못한 듯 아무 일도 모르는 척했다.

이 얼마나 고명한 방법인가! 오늘날 인상여처럼 교양을 갖추고 화를 삼키는 사람이 얼마나 되겠는가? 내가 만나본 대부분의 사람들은 승패를 가리기 위해 덤벼들어 싸우려 하지 인상여처럼 입을 다물고 냉정을 유지하는 사람은 드물었다. 이는 배포만이 아니라 고결한 생각을 품고 있기에 가능한 것이다.

시간이 흐른 뒤 염파는 인상여가 조나라의 이익을 고려하여 처신한 반면 자신은 개인적인 은원에 사로잡혀 극도로 속 좁게 행동했음을 깨달았다. 다른 사람과 자신을 비교하며 스스로 깨달은 바가 있었으니 염파는 구제불능은 아니었다. 후에 염파는 인상여를 직접 찾아가 잘못을 인정하고 정중히 사과하였다. '인상여'의 아름다운 미담은 이렇게 완성되었다.

만일 당신이 관리나 리더라면 청렴하고 세속에 물들지 않아야 한다. 하지만 거기에 더하여 다른 사람에게 아량을 베풀고 용서할 줄 아는 넓은 마음과 도량이 있다면, 타인을 너그럽게 대할 수 있다면, 강할 때 강하고 부드러울 때 부드러울 수 있다면 의심할 여지없이 더욱 완벽할 것이다.

리더의 처세이든 평범한 사람의 처세이든 말과 행동을 각별히 조심하고 좌우 어느 쪽으로도 치우침 없이 중간을 가는 것이 중요하다. 만약, 본인 스스로 고결한 몸가짐을 유지하는 데 그치지 않고, 거기서 더 나아가 법도에 어긋나는 행위를 보면 크게 질책하고 증오한다면 결국 동료의 질투와 미움을 살 것이다. 동료들이 단결하여 한마음으로 당신을 고립시키거나 혹은 단체로 공격한다면 그 안에서 당신의 미래를 찾기 어려울 것이다.

중용을 모르는 사람의 벼슬길은 순조롭지 못하다. 다른 사람에게 배척되거나 진급하지 못하거나 발전할 기회를 얻지 못한다. 또는 적의 음모에 빠지거나 배후에서 소인배의 칼에 맞아도 사람들의 도움을 받지 못할 수도 있다. 모두 당신의 반대편에 서서 당신이 사지에 몰리기만 바라기 때문이다.

만약 당신이 이런 지경에 이른다면 비참하지 않겠는가? 이는 죽느니만 못한 삶이다.

사실 다른 사람에게 관용을 베푸는 것은 관직이나 직장에만 적용되는 것이 아니다. 보통 사람의 처세에도 마찬가지로 반드시 필요한 생존 법칙이다. 다른 사람에게 관용의 마음을 가져야만 그와 가까워질 수 있고 친구가 많아지는 법이다. 당신이 친구와 동료의 사랑과 보호를 받는 사람이라면 삶 속에서 또는 업무 중 자연히 그들로부터 도움과 이익을 얻을 것이다. 반대로 당신이 항상 가시가 돋치고 포악하기 이를 데 없다면 사람들은 당신을 보기만 해도 두려워할 것이고 틀림없이 남 보기 불쌍할 정도로 주변에 친구가 없을 것이다. 또한 당신이 곤경에 처했을 때 주변에서 도움을 주기는커녕 엎친 데 덮친 격으로 더욱 난처하게 만들 것이다.

그렇기 때문에 인간관계는 항상 조심하고 주의해야 한다. 상대방이 잘못을 저지르면 평온하고 온화한 태도로 이치를 얘기해야지 엄격하게 질책하거나 바로잡는다고 과도하게 몰아세우면 안 된다. 당연히 지나치게 유약해서도 안 된다. 부드러움 중에 강함이 없으면 유약하여 업신여김을 당한다. 다시 말해 강함과 부드러움이 함께하는 것이 우리가 우선 갖추어야 할 기본 뼈대다. 이런 기초 위에 부드러움의 이치를 펼쳐야 가장 좋은 효과를 얻을 수 있는 것이다.

좋아하는 사물에
지나치게 집착하지 마라

산림은 본래 좋은 곳이지만 사람들이 좋아하여 많이 가면 시장판으로 변해버린다. 서화는 본래 품격 있는 사람의 고상한 취미이지만 과도하게 탐내고 빠져들면 장사치로 변해버린다. 이처럼 마음이 외부 사물의 영향을 받지 않아야 속세도 선경처럼 아름답고, 마음속에 연연함이 있으면 즐거움 속에 있어도 고해에 빠진 것과 다름없다.

어떤 사물이든 지나치게 집착하면 어미의 젖을 탐하는 아이처럼 그 속에 빠져들어 아무리 아름다운 것이라도 서서히 본래의 가치를 잃어버리게 된다. 아무리 고상한 물건이라도 어느 날 갑자기 자신 때문에 저속한 물건으로 변해 버렸음을 깨닫게 된다.

깊은 산속 맑은 공기와 유려한 환경 속, 사방에 아무도 없고 오직 새소리와 꽃향기만 뿜어 나오는 깨끗한 성지가 있다고 가정해 보자. 이런 환경 속에 서있으면 세속을 초탈한 그런 기분을 느낄 수 있다. 고대 성현들이 세속을 벗어나 절경으로 도피하던 그런 곳이다. 하지만 만일 이런 산림으로 사람들이 모여들면 번잡하고 시끄러운 도시와 다를 것 없어지고 의미가 사라진다.

가장 간단한 예는 음식이다. 구하기 어려운 음식을 한 달에 한 번 먹는다면 아마도 세상에서 가장 맛있는 다시 먹고 싶은 음식이지만 매 끼니마다 먹는다면 며칠도 안 가 질려 버려 아무 맛도 못 느낄 것이다. 서로 사랑하는 한 쌍의 연인이 밤낮을 같이 하며 한 발짝도 떨어지지 않고 상대방을 자신의 주머니에 넣고 다니지 못함을 아쉬워해도, 시간이 흐르면 '좋아함'이 지나쳐 그 마음이 식어버릴 수 있다.

명작에 대한 사랑도 마찬가지 예다. 명화 감상은 고상한 일이나 만일 지나치게 집착하여 갖은 수를 써서 그 그림을 소유하려 든다면 결국 상인의 돈벌이가 되고 만다. 그렇게 되면 작품의 심미적인 가치는 사라져 버리고 만다. 아무리 좋은 물건이라도 지나치게 추구하면 돈 냄새만 나게 되고 원래의 아름다운 본질은 사라진다.

여인이 자신의 외모에 자신감을 가지고 스스로를 사랑하는 것은 좋은 일이다. 여인의 자신감이 바로 아름다움이며 스스로를 빛나게 하는 것이다. 하지만 하루 세 시간씩 거울에 모습을 비춰보며 시간마다 옷을 갈아입고 수시로 자신에게 빠져 모든 에너지를 외모 가꾸는 데 쓴다면 그녀의 아름다움은 병적인 상태가 되고 말 것이다. 자신의 장점을 대하는 데도 마찬가지로 '과유불급'이 적용되는 것이다.

가장 좋은 효과를 얻고 싶다면 적절한 거리를 유지하는 중용이 필요하다. 좋아하되 너무 빠지지 말아야 하며 존경하되 숭배하지는 말아야 한다. 마치 팬이 우상을 좋아할 때 그의 음악을 듣고 영화를 보며 호감을 가지는 것으로 충분하지, 절대로 모든 에너지를 그 우상에게 쏟아 부어 자신을 잃어버리고 망가뜨리지 말아야 하는 것과 같다.

작가 김용은 처녀작 〈서검은구록(書劍恩仇錄)〉에서 자신이 추구하는 인생의 경지를 묘사했다. '강함이 극에 달하면 결국에는 몰락해 버리고 감정이 지나치게 깊어지면 영원할 수 없다.' 어떤 사물이 정상에 달하면 쇠퇴하기 시작하고 내리막길을 간다. 천하를 자기 아래 둘 수 있지만 그렇다고 사람들의 존경을 받으란 법은 없다. 모름지기 부드러운 옥처럼 겸허한 군자가 되어 겸손할 줄 알고, 수시로 반성하고 넓은 마음으로 선하게 사람들을 대하며, 단정하고 절도 있는 행동으로 맑은 바람 같은 존재가 되어야 한다.

김용은 처세에 매우 중요한 원칙 – 중용을 가르쳐 준다. 이는 〈채근담〉의 핵심 사상으로 중국 문화의 고귀한 사상 가치다. 좋아하는 물건을 대함에 과도하게 빠지지 말고 가깝고도 먼 태도를 가져야 한다. 얻었다고 기뻐하지 말고, 잃었다고 슬퍼하지도 않으면 유혹이 아무리 커도 그 속에 빠지지 않을 것이다.

예를 들어 보자. 여인이 설사 아무리 아름답고 행동이 우아해도 남자 앞에 시도 때도 없이 나타나며 그의 관심을 끌려고 하고 일분일초도 자신을 잊지 않기를 바란다면 남자는 그녀에게 싫증을 느낄 것이다. 원인은 어디 있는가? 앞에서 언급했듯이 처음에는 남자도 그녀를 죽도록 사랑할 테지만 만남이 잦아지고 귀찮아지면 아름다움도 피곤해질 뿐이다. 이는 보편적인 인간의 심리이기에 여인이 얼마나 아름다운지는 무관한 것이다.

일에 열중하고 사업을 최우선으로 삼는 친구가 있었다. 그는 사장의 마음에 들기 위해 자신의 뛰어난 업무 능력을 증명하려고 일에 전력을 다하고 가정에는 소홀했다. 결국 그는 두 차례의 결혼생활을 모두 일 때문에 실패하고 말았다. 하지만 그는 이를 상관하지 않고 여전히 일을 최우선으로 두었다. 그의 목표는 사업이지 가정이 아니기 때문이었다. 이런 노력으로 그는 여러 차례 고속 승진과 고소득을 얻어냈다.

이런 사람은 사실 적지 않다. 일을 위해 개인의 생활을 희생하고 인생에서 가장 소중한 결혼과 가정마저 상관하지 않는다. 하지만 회사가 구조조정을 할 때 이 친구는 첫 번째로 회사를 떠나게 되었다. 결국에는 가정과 일 모두 잡지 못한 것이다.

어째서 이렇게 된 것일까? 그의 업무 능력이 너무 완벽했기 때문이다. 모든 시간과 에너지를 일에 쏟아 붓는 사람은 동료들에게 눈엣가시였다. 상사도 처음에는 그를 마음에 들어 했으나 시간이 흐르자 그의 탁월한 업무 능력이 장래에 자신을 위협할 수도 있겠다는 생각이 들었다. 이처럼 완벽은 누를 끼치는 것으로 변했다. 그 자신은 목숨을 걸고 일했기에 피로가 누적되어 결혼보다 더 중요한 건강마저 잃어버렸다. 회사가 직원을 정리하기 시작할 때 상사는 이를 핑계로 그를 쫓아내 버렸다.

이 친구의 이야기는 시작은 좋았으나 과도하게 몰입하여 그 속에 빠져들면 상황이 부정적으로 돌변할 수 있음을 보여준다. 마찬가지로 현실 속의 사람들이 돈, 권력, 지역 같은 것에 지나치게 열중하고 집착하면 과유불급의 결과를 초래할 것이다.

'범진중거' 의 이야기를 잘 알 것이다. 범진은 평생 가난한 삶을 살며 이십 여 차례 과거를 보았으나 매번 실패했다. 그러다 54세에 수재로 합격했다는 기쁜 소식을 듣고 감격에 겨워 쓰러지고는 미쳐 버렸다.

사물이 극에 달하면 반드시 반대로 간다고 했다. 전력을 다해 자신이 얼고 싶은 것을 추구하다 어느 순간 뒤돌아보면 얻은 것보다 잃은 것이 더 많다고 느낄 때가 있다.

우리는 어떻게 해야 할까? 적당한 정도에서 그쳐야 함을 잊지 말아야 한다. 어떤 물건이나 일을 추구하기 위해 모든 것을 버리거나 지불하기보다는, 살면서 마음의 평정을 유지하며 자신이 이미 누리고 있는 삶을 잘 가꿔 주위의 모든 사람들이 행복을 느끼게 하는 편이 더 낫다. 이것이 신선의 경지에 다다른 인생이 아니겠는가?

술자리가 무르익었을 때가
자리를 떠야 할 시기다

잔뜩 모인 사람들이 즐겁게 술을 마시며 분위기가 무르익으면 순식간에 시간이 흘러 깊은 밤 향불이 꺼지고, 차마저 식어버리고 나면 즐거움은 도리어 모르는 사이에 흐느낌이 되어 사람을 한없이 쓸쓸하게 한다. 세상 모든 일이 다 이와 같아, 지나치면 상반된 효과가 난다. 어찌하여 빨리 생각을 바꾸고 적당한 때에 그치지 않는 것인가?

적당한 정도에서 그치는 자는 지혜롭다. 하지만 이를 실천하는 사람은 드물다. 사람들은 뜻대로 되었을 때는 마음껏 즐기고 싶어 하고, 실패했을 때는 고통에서 벗어나지 못한다. 결코 적당함과 균형의 도리를 깨닫지 못한다.

사람들에게는 움켜쥐고 싶은 것이 너무 많다. 일단 손에 넣을 기회가 오면 있는 힘껏 움켜쥐고 마음껏 향락을 즐기며 브레이크를 밟을 마음의 준비를 전혀 하지 않는다.

〈홍루몽〉을 보면 임대옥은 천성이 혼자 있는 것을 즐기고 여럿이 모이는 것을 좋아하지 않았다. 그녀는 "사람이 모이면 반드시 흩어진다. 모였을 때는 좋았지만 흩어질 때 썰렁하지 않겠는가? 쓸쓸하면 슬퍼지니 모이지 않느니만 못하다. 꽃이 피었을 때는 사람들의 사랑을 받다가 시들면 실망만 는다. 그렇기에 아예 피지 않는 것이 더 낫다."라고 말했다. 이미 이치를 깨달았던 것이다.

그렇기 때문에 사람들이 기뻐할 때 임대옥은 오히려 슬퍼했다. 모이면 헤어져야 하는 필연성을 생각했기 때문이다. 이런 성정 덕분에 적당한 때 그만두고 지나치지 않으며 담백하게 모이고 흩어지는 문제를 보통 사람보다 멀리 내다본 것이다.

이와 반대로 가보옥의 성정은 극단적이었다. 그는 모임을 좋아하여 헤어지면 슬퍼했다. 꽃도 항상 피어있기를 원하고 시들어 버리면 흥미를 잃었다. 이렇게 생각하니 영원히 소유하려 하고 즐거움을 누리려고만 하여 이별과 고통은 받아들이지 못했다. 그는 과도한 갈망으로 정서적인 기복이 심하여 크게 기뻐하고 크게 슬퍼했다.

연회가 시작되었을 때는 '술잔에 붉은 술이 가득하고' '수놓은 휘장 주위로 향이 에워쌌다.' 그렇지만 연회가 끝난 후에는 어지럽게 흩어져 있는 술잔과 접시 주위로 마시다 만 술과 다 식은 구운 고기가 남았고 향불은 꺼졌으며 차는 식어버렸다. 먼저 '즐겁고' 후에 '흐느낌이 된다.' 밥을 지나치게 배불리 먹고 지나치게 흥을 즐기다가 자리가 끝나고 사람들이 헤어질 때는 마음이 오히려 더 쓸쓸해져 연회가 가져다주는 즐거움을 하나도 느낄 수 없다. 이는 대다수 사람들이 자신을 통제하지 못하고 지나친 향락의 욕망을 방종하게 놔두었기 때문이다.

뉴스 보도에서도 이런 소식이 적지 않다. 많은 사람들이 술자리에서 과하게 마셔서 귀갓길에 교통사고가 나고 음주운전으로 구속되는 것은 큰 일도 아니다. 더 심각하게는 인명사고까지 나고 만다. 마음껏 취하고 즐겁게 놀면 나중에 심각한 대가를 치르게 된다. 절제할 줄 모르고 적정선을 몰라 통제하지 못하면 이런 강력한 반대급부가 생기는 것이다.

밥 먹고 술 마시는 것도 그렇지만 다른 일도 같은 이치다. 많은 사람들이 오늘 술이 있으면 오늘 마시고 취한 뒤 다음 날 근심 걱정에 사로잡힌다. 그들은 먼저 즐겁고 후에 슬퍼하는 악성 순환에 빠져 매일 좌절감을 느끼면서도 이런 상황을 바꾸고 싶어 하지 않는다. 이것이 바로 번뇌이고 사람들이 벗어나지 못하는 윤회다.

사람을 대할 때든 일을 할 때든 이 이치를 명심해야 한다. 모든 일은 적당한 때 그칠 줄 알고 집착하지 말아야 한다. 모든 흥청거림의 끝은 쓸쓸함으로 돌아가게 마련이다. 어쩌면 우리 모두가 마지막에 생각해야 할 문제는 인생에서 진정 소중하게 여겨야 할 것이 무엇인지일 것이다.

나는 인생의 소중한 가치는 오로지 사랑과 따뜻함, 행복 그리고 부모, 배우자, 가정, 자녀, 친척과 진심으로 대하는 친구에 있다고 생각한다. 이것들이야말로 우리 생활 속에서 가장 중요하다. 자신의 사랑을 그들에게 주고 가까운 사람들 간의 기쁨을 누리며 인정의 따뜻함을 느낀다면 이는 물욕과 탐욕에 자신을 방치하는 것보다 더 실속 있고 영원할 것이다!

무슨 일을 하든 적당한 때
그칠 줄 알아야 한다.

꽃을 감상할 때는 반쯤 피어 있는 게 좋고, 술을 마실 때는 얼큰할 정도가 좋다. 이런 가운데 아름다움과 멋이 있다. 반대로 만일 꽃이 만개했을 때 감상하고 술에 만취했을 때 더 마시면 도리어 추악한 지경에 처하게 된다. 먹고 입는 데 풍족하고 사업이 원만한 사람은 이 말의 진정한 의미를 곱씹어 봐야 한다.

일을 하고 사람을 대함은 적당한 때 그칠 줄 알아야 한다. 밥을 먹을 때 배를 주려서는 물론 안 되지만 너무 배불리 먹으면 오히려 건강을 그르치게 된다. 다시 말해서 어떤 일이든 적당한 정도를 추구해야 한다. 꽃이 가장 찬란하게 피었을 때는 곧 시들 때가 된 것이다. 술을 진탕 취하게 먹으면 의식조차 없어져 아무런 즐거움도 느끼지 못한다.

하늘의 이치는 가득 채우는 것을 싫어하고, 사람 일은 가득 차는 것을 두려워한다. 달은 차면 기울고 꽃은 피면 시든다. 이 같은 평범하고 소박해 보이는 자연의 규칙이 실제로 처세하며 마땅히 지켜야 하는 원칙이다.

우리의 일도 마찬가지다. 사업을 막 시작했거나 스퍼트할 시기는 모든 것들이 생기가 넘치는 때로 아직 앞으로 다가올 성공의 기쁨을 감상할 수 있는 시간이다. 그러나 사업이 정상에 다다라 원하는 모든 것을 가진 듯 보일 때 뜻밖에도 위험이 이미 조용히 다가오고 있다. 이때 '대단히 위험한 상황'이라는 것을 인식하고 조심스럽게 사람을 대하며 일해야 한다.

중국의 전통 지혜를 담은 경전 〈역경〉은 고생 끝에 낙이 오고 사물의 발전이 정점에 달하면 반드시 반전한다고 했다. 술을 과음하여 고주망태가 될 정도가 되면 통쾌하게 마시다가 고생하게 되는 것과 마찬가지이다. 최근 뉴스에서 음주운전으로 발생한 교통사고에 대한 보도가 끊이지 않는다. 음주운전은 무고한 행인에게 피해를 줄 뿐 아니라 자신도 전과자가 되는 재앙이다.

만일 이들이 일찍 적당한 때 멈추는 도리를 깨닫고 사전에 자신을 억제했다면 이런 비극이 발생했겠는가? 그들은 술자리에서 과도하게 자신을 방임하고 자기의 행위가 가져올 결과는 조금도 고려하지 않았기에 다른 사람과 자신을 해치게 된 것이다.

사업을 막 시작했을 때는 모든 사람들이 조심한다. 이때는 모두가 단결하고 분위기도 잘 융합되어 함께 발전을 도모하며 창업의 즐거움을 충분히 경험한다. 하지만 성공하고 나면 가진 것이 너무 많아져 사치하고 교만한 마음이 생길 뿐 아니라 권력과 이익을 다투는 일이 점점 많아진다.

유명한 대기업 경영자들이 끊임없이 다양한 갈등을 일으키고 심지어 제각기 갈 길을 가는 지경에 이르는 뉴스를 심심치 않게 보게 된다. 전에는 못할 말이 없었던, 생사를 함께한 친구들이 만나면 눈을 붉히는 원수가 되어 버리는 것이다.

많은 일들이 수습 불가능해지는 상황은 모두 사람들의 마음속 '불만족'이 만들어 낸 것이다. 죽을힘을 다해 모든 것을 가지려 하고, 적절한 때 손을 뗄 줄 모르고, 만족에서 오는 기쁨을 모르면 설사 다 쓰지 못할 돈을 가지고 있다 해도 진정한 즐거움을 느낄 수 있겠는가? 그렇기 때문에 무엇을 하고자 하는 사람은 달이 차면 기울듯 가득할 때 조심해야 한다는 도리를 명심해야 한다.

어떤 사람이 부족의 족장을 알현했다. 족장은 지금 그 자리부터 서쪽으로 가서 표식을 하나 남기되 태양이 지기 전에 제자리로 돌아오기만 하면 표식을 남긴 곳까지의 땅을 전부 주겠다고 말했다. 얘기를 들은 사람은 매우 기뻐하며 이제 행운이 나에게 오나 보다, 부자가 되겠다는 생각에 흥분해서 길을 나섰다.

그러나 해가 졌는데도 그는 여전히 돌아오지 않았다. 너무 멀리까지 갔던 그는 더 많은 토지를 얻기 위해서 멈추지 않고 걷다가 길 위에서 쓰러져 죽었던 것이다.

욕심 많은 그 자는 걸어서 돌아오지 못했다. 적당한 곳에서 멈춰야 하는 도리를 깨닫지 못했기 때문이다. 그런데 현실에서도 그 사람만큼은 아니더라도 여전히 많은 사람들이 돌아오지 못하고 있다. 일을 할 때 적정선이라는 원칙을 이해하지 못한 사람들이 최상의 결과를 추구하다 끝없는 조정과 시도라는 늪에 빠져 버리기 때문이다. 완벽주의자의 과도한 목표는 결국 손발을 묶고 도중에 포기하는 지경에까지 이르게 한다.

이런 상황과 관련하여 나도 인상 깊은 경험을 한 적이 있다. 한번은 거실에 그림을 하나 걸려고 이웃을 불러 도움을 청했다. 그림은 이미 벽에 기대어 놓고 못 박을 준비를 하는데 이웃이 보더니 말했다. "이건 아닌 거

같아. 나무 조각 두 개를 박아서 그림을 그 위에 거는 게 좋겠어." 나는 그의 의견을 따라 나무 조각을 찾아 달라고 했다. 나무 조각은 쉽게 찾았고, 조각을 벽에 박으려는데 그가 다시 말했다. "잠깐만, 나무 조각이 좀 큰 걸. 톱질을 살짝 해야겠어." 그래서 우리는 사방으로 톱을 찾았다. 찾아온 톱으로 몇 번 썰지도 않았는데 "안 되겠어, 톱이 너무 무뎌."라고 그는 고개를 흔들며 말했다. "톱날을 좀 갈아야겠어."

그의 집에 마침 줄칼이 있어서 가져왔지만 줄칼에 손잡이가 없는 걸 발견했다. 그대로 쓰자니 불편했다. 보아하니 그는 모든 일에 완벽을 추구하는 사람이었다. 줄칼에 손잡이를 달아주기 위해 근처의 관목림에 가서 작은 나무를 찾았다. 나무에 도끼질을 하려다가 그는 또 녹이 잔뜩 슨 내 도끼를 보고는 도저히 사용이 불가능함을 알았다. 그는 다시 칼을 가는 돌을 찾아왔지만 돌을 고정하기 위해서는 반드시 나무 조각이 몇 개 필요했다. 그래서 그는 다시 아는 목수를 찾아가 문의했다….

나는 그 이웃에게 철저하게 휘말렸다. 속으로 이 사람이 혹시 할 일이 없어서 이 간단한 일을 이렇게 복잡하게 만드는 건 아닌가 생각했다. 그래서 나는 그가 나무 조각을 가져올 때까지 소파에 앉아서 기다렸다. 하지만 그는 다시는 돌아오지 않았다. 결국 그 그림은 원래 하려던 방법으로 한 군데 못을 박아서 벽에 걸었다.

오후에 그 이웃을 다시 만난 것은 길에서였다. 그는 목수를 도와 상점에서 크고 무거운 전기톱을 밖으로 꺼내고 있었다. 그 전기톱으로 나무토막 몇 개를 만들려고 한다는 것이다. 나는 급하게 다가가 미안해하며 말했다. "정말 죄송합니다. 신경 쓰지 않아도 됩니다. 그 그림은 이미 못질을 해서 걸었습니다."

사과의 뜻을 전하기 위해 나는 이웃과 목수에게 식사를 대접했다. 그 자리에서 그는 아직 조금 기분이 상해있었다. 여전히 그 그림을 좀 더 세심하게 걸었어야 한다고 생각하고 있었던 것이다.

만일 이 작은 일을 완성하기 위해 그렇게 큰 대가를 치러야 한다면 그건 도대체 그릴 만한 가치가 있는 걸까? 모든 일에 완벽을 기하는 것은 잘못이 아니지만, 그 일을 위해 우리가 지불할 시간과 원가와 에너지를 고려해야 한다. 생활의 목표는 즐거움과 행복을 추구하는 것이다. 많은 일들이 기분 좋고 즐거우면 그걸로 충분하다. 완벽해야지만 행복한 것은 아니다.

우리 주변에는 업무에서든 일상에서든 이처럼 돌아오지 못하는 사람들이 많다. 적당한 곳에서 자신을 위해서 브레이크를 밟을 줄 모르는 것이다. 그들은 어떤 일을 하기 위해서 반드시 그에 앞선 일을, 또 그 전의 일을 끝내고자 한다. 그 때문에 역행을 하며 근원을 찾다가 처음 목표를 까맣게 잊어버리고 마는 것이다. 원래 등산을 하려다가 가장 적당한 등산화를 찾고, 등산화를 산 뒤에는 가장 어울리는 등산복을 사고 싶고. 모든 것을 다 구비한 뒤에는 애초에 가려던 등산에 대한 흥미는 이미 사라진 뒤다.

생활 속에서도 이런 사람이 적지 않다. 보기에는 정신없이 바쁘고 고생스러워 보이지만 사실 그들은 자신이 무엇 때문에 바쁜지 모르며 마땅히 누려야 할 행복의 맛도 누려보지 못한다. 시작할 때 자신이 무엇을 위해 바빠야 하는지 모르고 일단 바쁘기 시작하면 진정한 목적을 잊어버리는 것이다.

그렇기 때문에 우리는 수시로 자신을 일깨워야 한다. 자신의 처지를 이해하고 어떤 일에든 양면성이 있음을 명확히 하여 극단적으로 가는 것은 틀린 일임을 알아야 한다. 꽃은 막 피기 시작할 때 감상하고, 술은 살짝 취기가 돌 때가 가장 좋은 것과 같다. 사람을 대하고 일을 할 때의 이치도 그러하다. 적합하고 적당한 것을 찾아 적절한 때 멈출 줄 알아야 가장 완벽하다.

모든 일에는
여지를 남겨야 한다.

벼슬은 지나치게 성해서는 안 되니, 지나치게 성하면 곧 위태롭다. 능한 일에는 힘을 너무 다 쓰지 말아야 하니, 지나치게 소비하면 곧 쇠퇴한다. 행실은 너무 고상해서는 안 되니, 너무 고상하면 비방이 일어나고 헐뜯음을 유발한다.

'나무가 크면 바람도 세다' 라는 말이 있다. 사람의 기세와 명예가 지나치게 왕성하여 정점에 달하면 부러움과 질투를 불러일으킨다. 뒤를 이어 예상치 못한 위험과 번거로움이나 뒤에서 모함하는 일도 생긴다.

그렇기 때문에 모든 일에는 정도가 있어야 하며 위아래, 좌우 중에 중간을 선택해야 한다. 너무 약해도 너무 풍성해서도 안 된다. 너무 풍성하면 돌이킬 여지가 없을 수 있다. 어떤 일을 하든 자신을 위해 후퇴할 길을 남겨 놓을 필요가 있다.

〈사기〉에 보면 '새를 잡으면 활을 버리고, 토끼를 잡으면 개를 삶는다' 라는 말이 있다. 중국의 역사를 훑어보면 한고조 유방부터 명태조 주원장까지 안정적인 정권을 세운 후에는 자신을 위해 천하를 얻도록 도와준 공신들을 하나씩 죽였다. 설마 이들 황제들이 배은망덕하고 포용력이 없어서였을까? 사실 그런 것만은 아니다. 신하들의 공이 하늘을 찌르고 기세가 황제를 넘어섰다면 황제의 마음이 편안할 수 있었을까? 권력을 가진 자의 입장에서 생각해 보면 비난할 수 없는 선택이었다.

서한의 개국공신인 한신은 유방을 도와 천하를 평정해 유씨 집안이 400년간 강산을 지배할 기초를 다져주었다. 그의 공로와 능력 때문에 제나라 왕부터 초나라 왕까지, 심지어 유방조차 그를 두려워하였다. 장량은 일찍이 한신에게 시기를 놓치지 말고 병권을 넘긴 뒤 고향으로 귀향해 몸을 보전하라고 충고했다. 하지만 한신은 그렇게 하지 않았다. 유방이 그에게 한 약속, 즉 하늘이 보일 때, 땅이 보일 때, 철이 보일 때, 사람이 보일 때는 죽이지 않겠다는 약속을 지키리라 믿었기 때문이다.

결국 유방의 묵인 아래 한신은 소하와 여후의 계략에 빠져 장락궁에서 살해되었다. 그는 포위된 후 하늘과 땅, 사람이 보이지 않는 곳에서 대나무에 찔려 죽었다. 이게 끝이 아니었다. 유방은 그의 삼족을 멸하였다.

한신이 너무 뛰어났기 때문이다. 성공한 후에 한신의 세력과 영향력은 너무 커졌는데, 그는 겸손하지도 않았다. 결국 삼족을 멸하는 결과에 이르고 만 것이다. 재주가 많은 사람일수록 다른 사람의 질투와 원한을 사기 쉽다. 당신의 재능이 상사를 뛰어 넘고 기세가 정상에 달할 때 일을 너무 벌이고 거두어들일 줄 모르면 안 된다. 상사뿐 아니라 동료들도 당신을 질투하고 비방할 것이다.

청나라 말기의 유명한 장군 증국번은 매우 총명하였다. 그는 태평천국을 평정한 '제일공신'이였지만, 그 공로가 만사형통의 관운을 가져다주기는커녕 오히려 조정의 끝없는 질투와 시기를 불러일으키리라는 것을 미리 알고 있었다. 이해득실을 따져본 증국번은 황제의 허락 하에 일부 상군을 줄이고자 한다는 상소를 올렸다. 조정에 자기 휘하의 상군이 연속으로 몇 년간 전쟁을 치른 탓에 이미 전투력이 남아있지 않다는 이유였다. 이로써 조정에 자신은 아무 야심이 없고 오로지 조정에 충성할 뿐이라는 속마음을 표명한 것이다. 그 결과 증국번은 자신의 관직과 목숨을 보존할 수 있었다.

어릴 때부터 같이 자란 친구이자 창업 초기 형제라고 부르던 막역한 사이의 동료들이 있다고 해보자. 초창기에는 모두가 똑같고 누구 하나 더 뛰어나지 않으니 상관이 없다. 하지만 성과가 나고 회사에 명성과 이익이 따라오면 사람들은 속으로 당신이 너무 뛰어나지는 않은지, 자신을 넘어서거나 맞서지는 않을지, 또는 자신들의 이익을 위협하는 존재는 아닐지 계산하기 시작한다. 증국번을 통해 봄날일 때 적당히 자신의 능력을 억제해야만 몸을 보전하고 조금씩 목표를 완성할 수 있음을 배워야 한다.

균형을
잡아야 한다

물고기는 물속에서 헤엄치되 물이 있음을 알지 못하고, 새는 바람을 타고 날되 바람이 있음을 알지 못한다. 이 이치를 알면 가히 사물의 얽매임으로부터 벗어날 수 있고, 천지의 작용을 즐길 수 있다.

성공은 사실 자신의 역량에 전부 의지하는 것보다 외부의 요소에 기대는 경우가 많다. 이 점을 모르면 자신이 대단하고, 세상의 모든 것을 장악할 수 있다며 자만하여 자신의 처지를 잊는다. 이 점을 분명하게 인식해야만 물욕에 자신을 잃어버리지 않는다.

북송의 문학가 범중엄은 어린 시절 가난하여 배불리 먹지도 못했지만 이상만은 원대하였다. 그가 관상가에게 물었다. "제가 나중에 재상이 될 수 있을까요?"

관상가는 "아니."라고 대답했다.

그가 다시 물었다. "제가 명의가 될 수 있을까요?"

관상가는 의아해하며 물었다. "어째서 처음에는 원대한 뜻을 품더니 뒤에는 그렇게 비천한 꿈을 품는 것이냐?"

범중엄이 대답했다. "그 두 가지만이 사람을 구할 수 있기 때문입니다."

범중엄은 비록 가난했지만 자애로운 마음으로 오로지 이상만을 생각하며 세상을 비탄하고 백성의 고통을 불쌍히 여겼다. 다른 사람이었다면 배불릴 생각에 하찮은 명예와 이익만을 좇았을 것이다. 세속을 버리는 경지에 이르러야 만물과 나를 모두 잊고 전심으로 다른 사람을 도울 수 있다. 명예와 이익만 따르고 내면의 물질적 욕망에 만족해서는 안 된다.

역사를 들여다보면 명사 완적은 아들이 자신을 배우지 말고 진정 사회에 도움이 되는 일을 하라고 독려했다. 세속 예법에 구속되지 않고, 명분과 교화를 비난하며 술에 취해 종횡한 '죽림칠현'의 행위는 사실 불합리한 시대에 대한 일종의 소극적인 반항이었다. 후세의 소위 '명사'라는 사람들은 태평성세에 위진명사상이란 것을 만들어 공명과 이익을 추구하기 위한 발판으로 삼았다. 그들이 말하는 관직에서 물러나 은거함은 단지 조정에 들어가 관직을 하는 지름길일 뿐이었다. 그들은 속세에 초연하고 명리에 담백하게 보이나 사실 마음속으로는 여전히 명리를 신경 썼다.

우리가 후자와 같은 거짓된 사람이 되어야 할까? 물론 아니다.

진정한 처세는 세상을 잊어야 물질을 초월하고 천지를 즐길 수 있다. 세상의 많은 일들이 알면 오히려 근심을 가져오고 잊어야 즐거움을 얻기 때문이다. 다시 말해서 비록 우리는 물질 속에서 살고 있지만 물질에 대한 필요를 잊고 정신과 영혼에 몰입해야 행복으로 가는 유일한 길로 통하는 것이다.

사람은 물질조건이 보장되어야 생존할 수 있다. 물질의 추구가 가장 큰 행복을 주고 모두 물질만 추구한다면 유한한 자원을 차지하기 위해 전쟁과 번뇌만 생길 것이다. 그러나 물욕에 대한 점유욕을 잊고 탐욕의 추구를 포기하고 정신 수양의 길로 전향할 수 있다면 심리적인 안정과 평안, 초연함으로 기쁨과 더 큰 자유를 얻을 것이다.

우리는 이상을 첫 번째 위치에 두어야 한다. 세상의 각종 제한은 잊어버리고 자신을 긍정하고 신념을 가지고 추구해 나가면 결국엔 성공을 거둘 것이다. 혹시 이 성공이 당신의 이상과 완전히 일치하지 않더라도 좋은 생활 태도를 가지고 물욕과 물질에 흔들리지 않으면 가장 큰 만족과 기쁨을 얻을 수 있다.

제 2 장

내면의 욕망을 통제하라

-욕망은 우리의 정신적 자유를 봉쇄하는 족쇄다. 평화로운 마음으로 내면의 욕구를 내려놓아야 진정한 즐거움과 확실한 행복을 얻을 수 있다.

　- 과감하게 욕망을 통제하는 법을 배워야 한다. 그렇게 해야 사물을 지배하고 진정한 승자가 된다.

　-욕망도 중용을 지켜야 한다. 욕망이 너무 강하면 불이 붙어 스스로 타버리고 욕망이 너무 적으면 타협해서 무력해진다. 절충하고 적당한 때 그만두어야만 성공할 수 있다.

　-선과 악은 마음에 달렸다. 이성과 의지로 스스로 극복하고 억제하며 관용을 배워 너그러운 마음으로 사람을 대하며 깨끗한 마음을 유지하면 성인에 가까운 사람이 된다.

　-시시각각 위기감을 가져야 한다고 말하지만 오히려 항상 침착한 마음가짐을 유지해야 한다. 모든 일을 이성적으로 생각하고 객관적이며 적극적으로 응대해야 문제를 근본적으로 해결할 수 있다.

　-만족스럽고 즐거운 마음으로 사람을 대해야 한다. 자신을 잘 분석해 스스로에게 적절한 위치를 정해주고 내면의 정서와 욕망을 조절하는 법을 배워라. 제자리를 정확히 찾고 담백한 마음을 가져야만 마음을 수양하고 진정한 심신의 즐거움을 얻을 수 있다.

　-추구하는 것이 있어야 생활이 다채롭게 변한다. 하지만 추구하는 것이 너무 많고 현실과 동떨어져 있으면 도리어 즐겁지 않게 된다. 담담하게 복잡한 세상을 대하고 만족을 아는 사람이 항상 즐거울 수 있다.

생각을 내려놓아야
모든 것이 편안하다.

공명과 부귀를 구하는 마음을 내려놓아야 세속을 벗어날 수 있으며, 도덕과 인의의 허구를 벗어 버려야 성인의 경지에 이른다.

공명과 부귀의 유혹은 족쇄와 같아서 우리의 정신을 가두고 사상의 부담이 되어 명예와 이익에 속박된 새장에서 영원히 벗어나지 못하게 한다. 이것들을 내려놓아야만 우리의 영혼은 세상 속물의 영향에서 벗어날 수 있으며 인생의 진정한 즐거움을 깨달을 수 있다.

건륭황제가 강남을 순찰하다 금산사라는 절 앞에서 쉬며 저 멀리 장강을 바라보았다. 그러다 강 위의 수많은 배들이 경쟁이라도 하듯 베틀처럼 왕래하는 모습을 보고 절의 주지 스님에게 물었다. "강에 배가 몇 척이나 있소?" 주지스님이 답했다. "두 척뿐입니다. 한 척은 명예, 다른 한 척은 이익입니다." 한나라의 사마천도 〈사기 화식열전〉에서 '천하 사람들이 분주히 왕래하는 것은 모두 이득을 취하기 위함이다' 라고 했다. 이익을 추구하는 모습은 과거나 현재 사람들이나 별다를 게 없음을 알 수 있다.

예로부터 왕후장상들이 세속의 명예와 이익을 지나치게 추구하다 몸을

상한 예는 수도 없이 많다. 마음속 욕망을 통제하지 못하고 권력과 이익 다툼을 좋아하다 결국에는 명예와 이익에 일생이 발목 잡혀 무지몽매하고 저속하게 변해버린 것이다.

〈홍루몽〉에 나오는 좋은 세송이 있나.
세상사람 모두가 신선 생활이 좋은 줄 알지만
공명만 있으면 잊고 살지.
고금의 왕후장상은 어디 있는가?
황폐한 무덤가 잡초더미 속으로 사라졌네.
세상 사람들 모두가 신선 생활이 좋은 줄 알지만
금은만 있으면 잊고 살지.
종일토록 많은 돈을 벌지 못함을 원망하다
많이 벌면 눈을 감게 되네.

적절한 때 내려놓을 줄 아는 것이 지혜로운 인생이다.
내려놓는다는 것은 말로는 쉽지만 보통 사람들이 진정으로 실현하기는 결코 쉽지 않다. '내려놓음'의 지혜는 불교와 도가 철학에 많이 나온다. 예를 들어 불가에서 말하는 '공즉시색, 색즉시공'이 있다. 노자도 '화려한 치장은 사람의 눈을 멀게 하고, 달콤한 음악은 사람의 귀를 멀게 하며, 산해진미는 사람의 입을 상하게 하고, 흥분된 사냥은 사람의 마음을 미치게 하며, 금은보화는 사람의 행동을 어지럽게 한다. 부패하고 음탕한 생활만 추구하면 물질적 향유 때문에 수렁에 빠져 스스로 벗어나지 못한다.
어떤 사람들은 이것을 소극적인 인생관이라고 하지만 사실상 이는 들어감으로써 후퇴하는 보신주의의 처세다. 예를 들어 '일부를 희생하여 전체를 살리는' 행위는 어느 면에서는 적극적으로 작용한다. 따라서 유가에서는 '머무를 곳을 안 후에 안정이 있고, 안정한 후에 능히 고요해지며, 고요해진 후에 능히 편안할 수 있고, 편안한 후에 능히 깊게 생각할 수 있으니 생각한 후에 능히 얻을 수 있다.' 라고 말하고 있다.

〈대당서역기〉에 나오는 이야기를 보자. 쿠차 일대 한 소국의 국왕이 불교를 숭상했다. 그는 온 천하를 방랑하며 석가모니의 유적지를 둘러볼 계획을 세운 뒤 동생에게 섭정을 명하였다. 어명을 받은 동생은 몰래 자신의 남근을 잘라 금갑에 넣어 봉한 뒤 국왕에서 바쳤다. 국왕이 의아해 하며 상자 안에 무엇이 들었는지 물었지만 동생은 "폐하께서 돌아오신 후 직접 열어서 확인해 보십시오."라고 답했다. 이에 왕은 측근에게 잘 보관하라고 명했다.

국왕이 돌아온 후 왕의 동생을 모함하려는 자가 소문을 만들어 고했다. "폐하께서 동생에게 섭정을 명하였거늘 그자는 후궁들과 음란한 짓을 하였습니다." 분노한 국왕은 동생을 엄벌에 처하라 명했다. 하지만 동생은 침착하게 말했다. "만일 제가 죄가 있다면 절대 도망치지 않겠습니다. 하지만 폐하께서 먼저 금갑을 열어 보아주시기 바랍니다." 황제가 금갑을 열어보니 안에는 남근이 들어있는 것이 아닌가? 동생이 설명했다. "폐하께서 천하를 방랑하시기 전에 제게 정사를 대신하라고 명하셨습니다. 저는 이후 간신들의 참언으로 화를 입을까 걱정되어 남근을 잘라 저의 결백을 보이려 하였습니다. 이제 그것이 제가 결백하다는 가장 좋은 증거물이 되었으니 폐하께서 살펴주시기 바랍니다."

국왕은 이를 듣고 감동하여 동생의 자유로운 입궁을 허락하였다고 한다.

이 이야기는 내려놓음을 배우고 한발 물러서서 문제를 바라보면 일의 결과가 오히려 당신에게 유리한 방향으로 발전함을 보여준다. 예를 들어 당신이 동료보다 부지런하고 참을성 있으며 작은 일로 동료와 신경전을 벌이지 않으면, 겉으로 보기에는 '손해를 보는 듯' 해도 덕분에 회사에서 입소문이 좋게 날 테고 인간관계도 나날이 좋아질 것이다. 시간이 흐르면 모두들 당신을 좋게 평가하고, 사장의 눈에도 띄어 좋은 인상을 줄 뿐 아니라 중요한 일에 발탁될 수도 있다.

즉 사람은 너무 많은 욕심을 부리면 안 된다. 욕심에 눈이 멀어 원래 평탄했던 생활을 엉망으로 만들면 얻는 것 없이 잃기만 한다. 살면서 가슴이 두근거리는 순간을 만날 때가 있다. 때로는 그 순간의 두근거림이 당신을 벗어날 수 없는 심연으로 유혹하기도 한다. 유혹이 다가왔을 때는 평화로운 태도로 대응해야 한다. 충동적으로 무턱대고 뛰어들지 말고, 눈앞의 성공과 이익에 급급하지도 말며 적절하게 욕망을 억제하고 담담하게 내면의 욕구를 내려놓아라. 누가 알겠는가? 유혹의 배후에 화려한 함정이 있을지.

욕망과 거리를 두는 한편
욕망 속에서 자신을 단련시켜라

마음을 아직 꽉 잡지 못했으면 마땅히 시끄러운 속세에 발을 끊어 내 마음이 어지럽지 않도록 욕심 낼만한 것을 보지 못하게 하라. 그렇게 나의 고요한 본바탕을 맑게 하라. 마음을 이미 굳게 잡았으면 마땅히 번잡한 속세로 발을 들여 놓아 이 마음이 욕심 낼만한 것을 보더라도 어지러워지지 않게 하라. 그럼으로써 내 마음의 원만한 작용을 키워내야 한다.

다시 말해서 아직 스스로 통제할 만큼 의지가 강하지 않다면 사물에서 멀리 떨어져 내면의 고요함을 유지해야 한다. 아예 보지 않는 것이 더 좋다. 통제할 수 없는 일에 아예 접촉하지 않으면 영혼이 물들지 않는다.

'젊을 때는 수호전을 읽지 말고 늙어서는 삼국지를 읽지 마라' 라는 중국 속담이 있다. 이 말은 어떻게 이해해야 할까? 사실 원인은 간단하다. 젊은이는 혈기가 왕성하여 충동적으로 일하기 쉽다. 〈수호전〉은 싸우고 죽이는 '강도' 들의 이야기이니 책을 읽은 젊은이들이 '영웅 숭배' 사상에 젖게 된다. 그리하여 양산의 사내대장부들을 따라 '하늘을 대신해 도를 행하느라' 사회에 해를 가하는 동시에 자신의 앞날을 망칠 수 있다. 나이든 사람들은 세상사에 능통하여 서로 속고 속이는 음모와 흉계가 가득한 〈삼국연의〉를 읽고 난 후 더욱 용의주도하고 욕심이 굴뚝같아지기 쉽다.

불가에서 강조하는 '마음을 맑고 깨끗하게 하여 자기의 본성을 발견하라' 라는 말은 세속의 모든 잡념을 버리고 본성으로 돌아가 초탈한 경지에 도달하라는 것이다. 하지만 우리 같은 대다수의 사람들은 불가의 제자가 아니다. 물욕이 넘쳐흐르는 현실에서 살며 세속의 먼지에 오염될 수밖에 없다. 금전, 권세, 지위를 추구하고 숭배하는 것은 우리가 속한 사회 환경 속에서 고유한 행동 방식이 되어 버렸다.

설사 그렇다 하더라도 우리는 내면의 욕망을 통제하고 물욕이 습격해 왔을 때 냉정한 시선으로 방관해야 한다. 심지어 보고도 못 본 체하며 '마음을 최대한 비우고 착실하게 안정을 지키다' 가 조용히 그 변화를 살피며 기회를 기다린 후 행동해야 한다.

알렉스는 미국 텍사스 주의 작은 전기회사 사장이었다. 1985년 한 친구가 그의 회사에 거액을 투자할 테니 회사의 규모를 확대하고 주식시장에 진입시키자고 제안했다. 당시는 거의 모든 주식이 미친 듯이 상승하여 매일 수만 명의 백만장자가 탄생하던 때였다. 수많은 사람들이 꿈에 그리던 부자가 될 기회였다. 하지만 알렉스는 일주일 동안 고민한 뒤 단호하게 친구의 요청을 거절했다. 그중 한 원인은 자신은 대기업을 통제하고 관리할 자신이 없다는 이유였다.

후에 그의 친구는 다른 동업자를 찾아 대기업의 대주주가 되었다. 주식은 계속해서 올랐고 그의 친구는 몸값이 증가하여 별장을 사고 고급 승용차로 바꾸었다. 알렉스는 오히려 자신이 힘들게 수 년 동안 경영한 전기

회사를 정리하고 돈을 저금한 뒤 일본의 전기회사에 영업부장으로 옮겨갔다.

2년 뒤 전미를 뒤흔든 금융위기가 발생했다. 주식의 폭락으로 그의 친구는 백만장자에서 순식간에 무일푼이 되었고 결국 자살을 하고 말았다. 반면에 알렉스는 본인의 실력과 그동안 저축한 돈, 그리고 일본 전기 회사를 관리한 경험으로 재기하여 텍사스 주에서 가장 큰 전기 회사의 대표가 되었다.

어째서 알렉스는 금융위기에서 무너지지 않은 걸까? 그가 중요한 이치를 알고 있었기 때문이다. 능력이 없거나 자신이 없다면 얻지 말아야 할 것을 포기하고 물욕의 유혹을 자제할 줄 알아야 한다는 것이다.

현실 속의 모든 사람들이 물질적인 즐거움과 성공에 대한 욕망을 추구한다. 하지만 환상적이고 비현실적인 유혹이 우리 앞에 펼쳐졌을 때 의지와 능력이 준비되지 않았다면 시기와 형세, 주제를 파악하고 자신의 마음을 잘 통제해야 한다.

어떤 일이든 극단적으로 가서는 안 된다. 욕망을 억제하는 것도 마찬가지다. 〈채근담〉 중에 나오는 말이다. '욕심 없고 깨끗한 지조는 모름지기 부귀와 호화의 유혹에서 시험되어 나와야 하고, 침착하고 차분한 절제 또한 번잡한 상황에서 검증되어 나와야 한다.' 경력이 많을수록 노련하고 세상의 온갖 변천을 겪어야 명리에 욕심이 없다. 갖은 고생을 해봐야 담담할 수 있다.

뼈에 사무치는 추위를 겪어내지 못하면 어찌 매화 향을 맡을 수 있겠는가? 〈서유기〉에서 당삼장이 경전을 구하러 서천으로 가며 산을 넘고 물을 건너 여러 나라를 거쳐 먼 여정을 떠났다. 도중에 온갖 잡귀신과 악당들을 만나고, 갖은 고생을 겪었지만 부처님을 향한 당삼장의 마음과 의지는 굳건하였다. 열악한 환경 속에서도 서천을 향한 의지는 잃지 않았고 마침내 진경을 얻었다.

　굳은 의지로 자신의 내면을 다듬어 원숙하고 소박한 영혼을 양성하고 싶다면 생활 속에 가득한 각종 물욕이 최고의 시금석이다. 수많은 물질의 유혹에 맞서 여전히 자신에게 충실하고 신념이 굳을 수 있다면 '진창에서 자라지만 오염되지 않고, 맑은 잔물결에 씻기지만 요염하지 않은' 연꽃처럼 어떤 일을 할 때 사물의 본질을 쉽게 파악할 수 있다. 그러면 성공할 확률이 높아진다.

불꽃같은 욕망에
삼켜지지 않도록 조심해야 한다

부귀한 집안에서 자란 사람은 가지고 싶은 것은 모두 가지니 나쁜 습관이 쉽게 생기고 나쁜 짓을 좋아하는 성품이 되기 쉽다. 나쁜 습관이 인체에 미치는 해로움은 불길 같고, 권세를 부리는 성질은 심성을 썩게 만드는 세찬 불꽃과 같다. 만약 제때에 깨닫지 못하고 깨끗한 생각으로 맹렬한 욕망을 누그러뜨리지 못하면 이 강렬한 욕망의 불꽃은 남을 태우는 데 이르지 않더라도 장차 반드시 자기를 태워 버리게 되리라.

사람에게는 누구나 욕망이 있다. 욕망은 당신을 행복하게도 하지만 파멸에 이르게도 한다. 어떻게 욕망을 통제하느냐는 우리에게 더할 수 없이 중요한 문제다.

권세 있는 부귀한 집안에서 태어난 사람은 지나치게 풍성한 물질을 누리다가 나쁜 길로 빠지기 쉽다. 현실 생활 속의 부잣집 자제들은 성격이 유약하고 담이 작아 일을 그르칠까 두려워하거나 반대로 오만 방자하게 제멋대로 설치며 다른 사람을 마구 부린다. 또 어떤 사람은 고집불통으로 자기주장만 하며 안하무인인 자가 있고, 어떤 사람은 잔인하고 난폭한데다 권세를 부리기도 한다.

〈홍루몽〉에 보면 둘째 할머니 유씨가 대관원에 들어서며 영부에 계산을 할 때다. 겨우 자리 하나에 20량의 은화를 내는 것을 보고 자신도 모르게 '아미타불'을 읊조리며 "이 한 끼 식사로 우리 농민들 일 년을 살 수 있겠구나"라고 탄식하는 장면이 있다. 매일 이처럼 사치스러운 생활을 하며 타락하니 가씨 집안사람들끼리 종일 암투를 벌이며 "시아버지와 며느리가 간통하고, 시동생과 사통하는" 상황이 생겨도 이상할 것이 없다.

현실 속에서 끝없는 욕망은 인성의 치명적인 약점이다.

중국 역사를 보면 적지 않은 왕후장상들이 이미 고귀한 신분에 돈과 명예, 지위가 부족하지 않음에도 만족할 줄 모르고 한없는 욕망에 사로잡혀 권력의 가장 높은 곳까지 욕망의 마수를 뻗곤 했다. 일부는 성공하여 편안하게 황제의 보위에 올랐지만 대다수는 실패하였다.

한신이 전형적인 예다. 빈곤한 서민가정 출신인 한신은 빨래하는 노파로부터 밥을 얻어먹은 적이 있고, 불량배의 가랑이 사이를 지나가는 치욕도 겪었다. 아무것도 없이 시작한 그는 후에 장군까지 되어 전쟁에서 혁혁한 공을 세우고 천하에 이름을 날렸다. 결국 '한초삼걸' 중 하나가 되어 당당한 위세를 자랑하였다. 이 정도까지 올랐으면 만족할 줄 알아야 하지 않을까?

하지만 한신은 이에 만족하지 않았다. 그는 욕망이 너무 커서 '새를 잡으면 활은 곳간에 쳐 박히고, 토끼를 잡으면 사냥개는 잡아먹힌다'는 벼슬길의 암묵적 관행을 이해하지 못했다. 일시적으로 중용되지 못한 일로 유방을 배반하기로 마음을 먹으니, 유방이 그를 주살할 핑계를 만들어 준 셈이었다. 한신은 결국 무궁무진한 탐욕에 삼켜져 황족의 칼 아래 죽었다.

한신의 동료 장량은 그와는 사람됨과 처세의 품격이 달랐다. 장량은 한신과 같이 '한나라 건국 삼인'의 하나로 공로를 따지면 한신에게 결코 뒤지지 않았다. 한고조 유방은 자신보다 뛰어나다며 그를 크게 칭찬했다.

이처럼 장량은 세상을 덮을 정도로 재능이 뛰어났으며 전면을 살피는 통찰력으로 당시 천하제일의 인재로 손꼽혔다. 게다가 보신의 철학을 깊게 이해하고 있었으니 한신보다 훨씬 더 똑똑했다. 그는 자신이 비록 한나라 천하에서 공을 세웠지만 지난 역사를 통해 주군보다 뛰어나면 통치자에게 기피 대상이 됨을 알고 있었다. 이에 자기 내면의 욕심을 억제하고 마음을 다스리는 데 몰두하여 최고의 전성기일 때 결단을 내리고 물러났으니, 그 덕분에 그의 이름이 후세에 대대로 아름답게 전해지게 된 것이다.

욕망이 너무 크면 자신의 본성을 잃어버리기 쉽다. 심지어 욕망을 채우기 위해 수단과 방법을 가리지 않고 천리를 위배하며 인간으로서 못할 짓을 하면 마지막은 비극으로 끝날 수밖에 없다. 역사상 욕망 때문에 목숨을 잃은 사람은 너무나도 많다. 그럼에도 후세 사람들은 여전히 그 안에서 교훈을 얻지 못하고 흔쾌히 욕망의 빚을 지려고 하다 욕망의 노예가 되고 만다.

옛 사람들은 '바위의 높이가 천 길에 다다르나 욕심이 없기에 굳건하다'라고 했다. 욕망은 인간의 본성이며 생활의 목표다. 인간은 욕망이 있기에 꿈이 있으며 자신의 꿈을 실현하기 위해 필사적으로 노력하고 분투한다. 그렇기 때문에 합리적인 욕망은 한 사람의 사회적 가치와 자아 가치를 실현하는 동력이 된다.

하지만 모든 일에는 기준이 있어야 한다. 욕망이 너무 크고 제대로 통제할 수 없다면 자신을 잃어버린다. 욕망의 유혹을 절제하지 못하면, 재물욕, 권력욕, 색욕에 마음이 빠져 결국 욕망에 침식당한다. '바위의 높이가 천 길에 다다르나 욕심이 없기에 굳건하다'는 말은 우리에게 세속의 욕망이 없다면 두려울 것이 없고 강직하여 아첨하지 않는 진리를 말해준다.

장자는 평생 공명에 무심하고 세속과 싸우지 않았으며 욕망에 의해 움직이지 않았다. 어느 날 그가 양나라에 갔을 때 어떤 사람이 그의 벗 혜자에게 말했다. "장자가 이번에 온 것은 당신 대신 양나라의 재상이 되기 위해서 일세." 혜자는 이를 듣고 놀랍고 두려워 나라 안에서 삼일 밤낮을 장자를 찾아 헤매었다. 뜻밖에도 장자는 아무렇지도 않게 그를 맞이하며 차분히 말했다. "남쪽에 원추라는 새에 대해 자네도 알고 있지? 이 원추는 남해에서 북해까지 날아가며 오동나무를 보지 못하면 쉬지 않고, 대나무 열매가 아니면 먹지 않고, 예천(감미로운 샘물)이 아니면 마시지 않는다네. 방금 쥐 한 마리를 잡은 부엉이가 때마침 지나가는 원추를 보았네. 부엉이는 원추가 자신의 식량을 빼앗아 가려는 줄 알고 성이 나서 '꽥' 하고 소리를 지르며 비난하였네. 지금 자네도 나를 위협하러 온 것인가?"

노자는 '소박함을 드러내고, 순박함을 받들며, 사사로움을 적게 가지고, 욕심을 줄이라'고 했다. 또한 '맑고 고요한 것이 세상의 올바름이다'라고도 했다. 지금 욕망에 사로잡힌 사람들에게는 이런 무위의 도가사상에 대한 배움이 절실히 필요하다.

평생 포부도 없이 평범하게 사는 것은 분명 실패한 인생이다. 하지만 욕망이 지나쳐 욕망 속에서 자신을 잃어버리는 일 또한 결코 좋지 않다. 일과 삶 속에서 적절하게 자기 내면의 욕망을 다스릴 줄 알아야 하며 선을 넘어서는 안 된다. 욕망의 불길은 탈수록 더 거세져서 결국에는 자신을 태워버린다는 사실을 알아야 한다.

마음속 욕망의 불길을 다스리고
맑은 마음을 유지하라

사람이 욕심에 휩싸여 그 욕심을 다 채우기 어려울 때, 자신도 분명 어떤 일을 하는 것의 해로움을 알면서도 스스로를 억제하지 못하고 충동적으로 나쁜 일을 하게 된다. 왜 그럴까? 만일 그때 생각을 바꾸고 정신을 차려 위험으로부터 돌아선다면 우리는 사악한 악마에서 고상한 사람으로 바뀔 수 있을 것이다.

어린 시절 읽은 김용의 소설 〈천룡팔부(天龍八部)〉 중 한 장면이 지금까지도 선명하게 기억난다. 소설 속에 모용복의 가신 풍파악이라는 인물이 등장한다. 이 자는 공명정대하고 절세의 무공 실력을 지닌 영웅호한으로, 음험하고 악랄한 모용복과는 완전히 다른 사람이었다.

어느 날 밤, 풍파악이 외나무다리를 건너는데 맞은편에서 똥지게를 진 시골 사람이 걸어오고 있었다. 좁은 길에서 마주친 두 사람은 서로 한 걸음도 양보하려 하지 않았다.

결국 시골 사람이 더 이상 참지 못하고 욕을 하기 시작하자 풍파악도 지지 않고 욕을 하며 받아 쳤다. 점점 체력이 떨어진 사내는 분한 나머지 성을 내며 똥물을 한 바가지 떠서는 풍파악에게 끼얹었다. 예상치 못한 똥지게꾼의 행동에 풍파악은 얼굴 한가득 똥물을 뒤집어쓰고 분노하여 그를 죽이려 손을 들어 올렸다.

그런데 풍파악은 손을 올리다 갑자기 멈추고는 허허 웃으며 사내에게 말했다. "형씨, 우리 둘 중에 누구의 인내심이 더 강할 것 같소?" 사내는 약한 모습을 보이지 않으려 노력하며 말했다. "나는 똥지게를 지고 있으니 당연히 당신이 나보다 유리하지 않겠소." 그의 말에 일리가 있다고 생각한 풍파악은 사내에게서 똥지게를 건네받아 그와 계속해서 겨루었다. 결국 버티지 못한 사내가 뒤로 물러나려다 하마터면 강물에 빠질 뻔했다. 다행이 풍파악이 제때 손을 뻗어 그를 잡아 당겨 구해 주고는 똥지게를 땅에 내려놓고 훌쩍 떠나버렸다.

이 이야기 속에서 풍파악은 뛰어난 무공을 지닌 사람이었다. 그가 만일 지게꾼을 죽이려 했다면 개미 한 마리 눌러 죽이는 것만큼 쉬운 일이었다. 하지만 그는 이성을 잃어버릴 뻔한 순간 손을 거두어들이고 덕으로 갚았으니 이야말로 진정 우리가 존경할 만한 영웅호한이 아니겠는가!

많은 경우 화가 나면 일시적인 충동으로 비이성적인 일을 벌이곤 한다. 더 비극적인 것은 비이성적이라는 것을 분명히 알면서도 '불같은 노여움과 욕망의 물결'이 마귀처럼 우리의 행동을 통제한다는 점이다. 그렇기 때문에 여전히 절제를 하지 못해 말은 생각나는 대로 나오고, 때와 장소 구분 없이 구태의연하게 잘못인 줄 알면서도 그대로 계속 밀고 나간다.

우리는 오직 희로애락이 없는 성인만이 완벽한 모범이라고 생각하지만 그렇지 않다. 성현도 사람이다. 그들도 보통 사람들과 마찬가지로 희로애락을 견뎌내는 것이다. 성인과 평범한 사람의 차이는 그들이 내면의 경박함과 욕망을 억제할 수 있다는 데 있다. 분노와 원한의 감정이 마음속에서 꿈틀거리며 일어나도 그들은 자신의 이성으로 이를 극복하고 마지막에 의지력으로 충동을 이겨 사념이 사라지게 하는 것이다.

그래서 한순간의 생각으로 사람은 성인이 되기도, 악마가 되기도 한다. 생활 속에서 너무나 많은 사람들이 분노로 충동적이 되고, 정신이 돌아왔을 때는 이미 되돌릴 수 없는 지경이 되고 만다.

미국 버지니아 공대에서 총기 난사 사건이 벌어진 적이 있다. 한국 청년 조승희는 오랫동안 쌓여왔던 정서적 압박을 억누르지 못하고 32명의 교수와 학생들에게 미친 듯이 총을 쏜 뒤 자신도 자살했다.

사건 발생 후 4일째, 이 사건이 아직 마무리도 되기 전에 미국인들은 예상을 뛰어넘는 행동을 했다. 그들은 32명의 무고한 생명과 조승희를 함께 버지니아 공대의 중앙 운동장에 묻고 장례를 치렀다. 미국인들은 조승희를 미치광이 살인자로 보지 않고 그 안에서 더 깊은 의미와 역량을 끄집어내었다. 이 당시 한 미국 시민이 남긴 카드에는 이런 메시지가 적혀 있었다. "조, 너는 우리의 용기와 힘과 동정을 얕보았지. 네가 우리의 마음을 찢어 놓았지만 넌 절대 우리의 정신을 무너뜨릴 수 없어. 이번 일을 겪으며 지금 우리는 이전보다 더 강해졌고 자신을 더 자랑스럽게 여길 거야. 우리의 사랑은 비록 눈물에 잠겼지만 영원히 계속될 거야."

조승희는 아무런 원한이 없는 사람들을 한순간에 죽여 버렸다. 그 순간 그의 이성은 이미 완전히 마귀에게 통제되었고 철저하게 본성을 잃어 버렸다고 보인다. 하지만 미국인들은 조승희와 깊은 원한관계가 되어야 마땅함에도 결국에는 박애의 정신으로 가슴 깊은 곳에서 그를 용서했다. 이성이 원한의 욕망을 이긴 것이다. 그들의 마음에 이해와 관용의 열매가 맺힌 것이다.

여기에는 우리가 깊이 생각하고 배울 만한 가치가 있다. 일상생활에서 우리는 순조롭지 못한 어떤 일을 만나거나 다른 사람과 심한 갈등에 빠졌을 때 머리를 맑게 하고 이성적으로 자신의 행동을 통제해야 한다. 동시에 다른 사람에게 관용을 베풀고 넓고 평화로운 마음으로 사람들을 대해야 한다. '바다는 모든 물을 받아들이기에 그 너그러움으로 거대하다.' 이를 처세의 행동 원칙으로 삼아 보자.

생각이 지나치게 많으면
혼란스럽다

비록 좁은 방에 살더라도 세상의 모든 근심과 번뇌를 다 버린다면 채색한 대들보에 구름이 날고 진주로 만든 빗방울 같은 아름다운 발이 있는 호화로운 시설을 욕심내겠는가? 석 잔 술이 들어가 순정의 본성이 일어나면 달 아래 금을 연주하고 바람에 피리를 부는 정취가 끝이 없으리라.

삶 속에서 우리의 번뇌는 너무 많다. 하루 종일 이것저것을 지나치게 고민하다 세상일을 마음 편히 대하지 못하기 때문이다. 그렇기 때문에 별장에 묵고 호화로운 차를 몰아도 때로는 사는 게 죽느니만 못할 정도로 괴롭고, 단칸방에 살며 싸구려 차를 마시는 사람보다 행복하지 못하기도 하다. 역경 속에서 번뇌와 근심을 버릴 수 있는 사람이야말로 진정으로 경지에 오른 사람이다. 차를 음미하는 것처럼 고독한 고요 속에서 자신의 마음을 한 단계 높은 곳으로 올리면 설사 주변 환경이 누추할지라도 이 또한 어떤가?

〈채근담〉에서는 생각을 단절하고 전심으로 집중하여 근심을 버리며 자연의 소리에 귀 기울여야 허무의 경지에 다다르고 스스로 즐거움을 찾을 수 있다고 말한다. 구체적으로 말하면 삶 속에서 고상함을 추구해야지 물욕의 만족을 추구해서는 안 된다. 고상한 추구가 부족하면 물욕과 걱정이 마음을 통제하여 자포자기의 상태에 빠져 끝없는 번뇌만 모색한다. 이런 사람은 그에게 금과 은을 산더미처럼 주며 매일 같이 호화로운 부귀영화를 누리게 해도 즐겁지 않다.

　명나라 신종 때 강남의 한 비단 상인이 동남쪽의 오랑캐 상인과 함께 장사를 했다. 얼마 후 적지 않은 재물을 모아 그 곳의 유명한 부호가 되었다. 십여 곳의 염색집과 비단가게의 사업이 매우 잘 되어 당시 그와 견줄자가 없을 정도로 위세가 당당했다. 그러나 얼마 뒤 파산하여 거리로 내쫓겨 밥을 구걸할 신세가 되었으니 천당에서 지옥으로 떨어진 꼴이 되고말았다.

　한 중앙관청의 관리가 항주에 일을 처리하러 왔다가 이 일을 듣고 호기심이 일어 현지 사람들에게 어찌된 일인지 물었다. "그는 돈이 매우 많은 사람이 아니었나요? 지금 비단의 가격도 나날이 올라가고 물건이 안 팔리는 문제도 없는데 어째서 순식간에 이 꼴이 되었나요?" 현지 사람은 탄식을 하며 원인을 이야기해 주었다.

　알고 보니 이 상인은 장사가 가장 번창한 시기에 이미 사라진 지 오래인 왜구가 다시 육지로 쳐들어와 소동을 피워 장사에 문제가 생길까 항상 걱정하였다. 걱정이 지나치다 보니 몇 달 안 가서 큰 병에 걸리고 말았다. 그가 병을 치료하는 동안 비단 사업이 동업자에게 넘어갔고 재산도 전부 동업자의 소유가 되었다. 병이 나아서야 이를 알게 된 상인은 눈이 휘둥그레질 정도로 경악하였다. 그때 충격으로 좌절한 뒤 다시 일어나지 못하고 결국 비렁뱅이가 되고 말았다는 것이다.

생각이 너무 많은 사람은 자신의 인생을 복잡하게 만들곤 한다. 분명 현재 잘 살고 있고 밝은 미래가 있음에도 지난 과거에 연연하고 미래에 대한 긱정이 가득하다. 이런 사람은 자기 인생의 앞뒤를 재고 걱정으로 기득하니 어떻게 정신적인 새로운 발전을 이룰 수 있겠는가?

어떻게 해야 근심을 끊고 내면의 자아를 찾을 수 있을까? 우선 평소 생활과 일에서 생기는 고민을 큰 일로 보지 말아야 한다. 문제가 생기면 먼저 마음을 가라앉히고 생각을 하며 객관적으로 장단점을 분석해야지, 문제를 확대해 마음에 그림자를 만들지 말아야 한다. 앞선 이야기의 상인처럼 장사가 잘 됨에도 아직 일어나지 않은 미래를 지나치게 걱정하다 스스로 정신적인 두려움에서 벗어나지 못하게 되는 것이다.

다음은 문제가 진짜 발생했더라도, 심지어 매우 심각해도 적극적인 태도로 내면의 불안을 없애야 한다. 소위 '위기' 란 위험 중 기회가 숨어 있다는 것을 알아야 한다. 제아무리 나쁜 일도 전환점이 있으며 또 설사 하늘이 무너진들 어쩌겠는가? 키 큰 사람이 받치고 있지 않은가. 낙관적인 마음을 잃지 않으면 우리의 생각은 사리 분별을 명확하게 하여 어리석은 지경에 이르지도, 생각이 지나쳐 빠져 나오지 못할 지경에 처하지도 않는다.

만족하고
즐거울 줄 알아야 한다

세상 사람들은 명성과 지위를 가지는 것이 인생의 큰 즐거움인 줄은 알지만 명성과 지위가 쌓은 즐거움은 근심 걱정으로 진정한 즐거움이 아니라는 것은 모른다. 세상 사람들은 배고프고 추위에 떠는 것이 사람을 근심하게 하는 줄은 알지만 의식주 걱정 없는 사람이 정신적인 공허와 걱정이 더욱 고통스럽다는 것은 모른다.

'욕심을 내는 것보다 큰 죄가 없고 만족을 모르는 것보다 큰 화가 없고 욕심을 내어 얻는 것보다 큰 허물이 없다. 그런 까닭에 족함을 만족으로 알면 늘 만족스럽다.' 라고 노자가 말했다. 노자의 이런 공명에 무심한 사상은 오늘날 명예와 이익을 좇는 물욕 사회에서 우리에게 깊은 깨달음을 준다.

〈산해경(山海經)〉에 다음과 같은 이야기가 있다. 남해에 사는 커다란 뱀이 코끼리를 삼키고 3년을 소화 시킨 뒤에야 뼈를 토해냈다. 이 이야기에서 '탐욕이 그지없어 뱀이 코끼리 삼키듯 한다' 는 고사 성어가 나왔다.

이 고사성어에서처럼 현실 속의 많은 사람들이 아무 것도 없을 때 부와 권세에 열중하고 돈 많고 세를 지닌 사람을 부러워한다. 그러나 자신의 노력으로 어느 정도 사회적 지위에 오르거나 부가 축적되면 그들에게는 새로운 근심과 걱정거리가 생겨 오히려 애초에 아무것도 없던 시절을 그리워하기도 한다.

어느 회사에서 영업을 담당하던 한 사람이 있었다. 그는 친질한 싱격에 주변 사람들과의 관계도 좋았고 성실하고 적극적인 태도로 회사의 실적도 손꼽힐 정도였다. 하지만 일한 지 2년이 되도록 사장은 그를 승진시키지 않았다. 이에 우울해 하던 그는 어느 날 나에게 회사를 떠나 다른 길을 찾아봐야겠다고 속마음을 털어 놓았다. 그런데 며칠이 지나지 않아 이번엔 그가 매우 기뻐하며 전화를 했다. 사장이 마침내 그를 꿈에도 그리던 영업팀 팀장으로 승진시켜주어 소원을 성취했다는 것이다. 전화 속에서 전해지는 그의 흥분은 말할 것도 없었고 나도 당연히 그를 위해 기뻐했다.

하지만 다시 얼마 지난 후 그는 의기소침한 얼굴로 함께 술을 마시자고 찾아왔다. 몇 잔의 술을 마신 뒤 나는 의문이 가득해 그에게 어째서 그리 기분이 안 좋은지 물어보았다. 그가 털어 놓은 진상은 이랬다. 승진한 후로 그의 동료들이 더 이상 예전처럼 그와 웃고 떠들지 않게 되었다는 것이다. 동료들은 모두 그에게 예를 갖춰서 공손하게 대했지만 오히려 예전의 친밀감은 사라지고 서로 간에 얇은 벽이 사이를 갈라놓고 있는 듯해 매우 기분이 좋지 않다는 것이었다.

그 외에도 승진해서 팀장이 되자 업무는 더욱 바빠졌다. 회사에서 야근을 밥 먹듯이 해야 하니 가정에 소홀해지고, 아내도 밤을 새야 하는 그의 일에 불만을 품어 수시로 원망했다. 업무 스트레스 자체도 큰데다가 아내가 이해해 주지 못하니 화가 불같이 일어 자주 아내에게 성질을 내는 악

순환이 되풀이되었고, 결국 아내가 그에게 별거를 제안했다는 것이다.

당초 힘겹게 추구하던 꿈이 자신에게 화가 될 줄 누가 상상이나 했겠는가! 나중에 후회해 봤자 이미 늦지 않았는가?

만족하고 항상 즐거워하는 마음가짐으로 자신을 분석할 줄 알고 스스로에게 적당한 자리를 정해주는 것이야말로 〈대학(大學)〉에서 말하는 '최고의 경지에 머무르는 것'이다.

우리는 자기 내면의 정서와 욕망을 조절할 필요가 있다. 자신이 어떤 상태와 지위에 있어야 가장 완벽한지 알아야 한다. 즉 허파에 바람이 들지 않아야 한다. 이렇게 일해야 침착하고 달관될 수 있다.

만족하며 늘 즐거운 경지는 현실에 안주하는 것이 결코 아니다. 조화롭고 여유 있으며 평온한 생활 정서를 추구하는 것이다. 만족하여 즐거우면 생각이 트이고 마음이 넓어진다. 이는 적극적으로 발전하는 삶에 대한 태도로 도달하기 쉽지 않은 인생의 경지다.

말로는 쉽지만 실천은 어렵다. 현실 속에서 진정으로 '가난에 슬퍼하지 않고 부귀에 연연해하지 않는' 것을 실천하는 사람은 뛰어난 인재다. 대다수의 사람이 온 종일 수고하며 언젠가는 승진하여 돈을 많이 벌고 높이 오르기를 기대하지 않겠는가?

소동파가 쓴 〈관기(觀棋)〉라는 시에서 다음과 같은 구절이 나온다. '이기면 말할 수 없이 기쁘고 지더라도 또한 즐겁다.' 이 두 구절은 깊은 철학을 담고 있어 연구하고 생각해 볼 가치가 있다. 사실 인생은 바둑과 비슷하다. 마음을 넓게 가지고 만족하여 즐거운 경지에 이르면 마음속에 욕심이 없다. 이 판을 이기고 지는 데 얼마나 의의가 있겠는가?

소박한 음식도
맛있게 먹어라

정신이 왕성하면 베 이불을 덮고 좁은 방 가운데에 있어도 천지의 온화한 기운을 얻으며, 입맛이 넉넉하면 명아주 국에 밥을 먹은 후에도 인생의 담백한 참맛을 알게 된다.

〈논어〉에서 공자는 '나물 먹고 물 마시고 팔을 구부려 베개 삼아도 거기에 즐거움이 있다.' 라고 했다. 부당한 수단으로 얻은 부귀는 하늘의 뜬구름 같은 것이다.

사람의 마음에 사리사욕이 없고 성정이 부드럽고 온화하면 설사 하루 세끼 소박한 음식을 먹고 척박한 환경에서 살아도 인생의 참 즐거움을 느낄 수 있다. 이 사람이 추구하는 것은 물질이 아니라 정신과 영혼의 만족과 부이기 때문이다. 내면이 충실하다면 물질은 사실 중요하지 않다.

번화한 도시에서 오래 살다 보면 어느 날 홀연히 깨닫는다. 원래 인생의 진정한 즐거움은 직장에서 승진하고 사업에서 성과를 얻고 나날이 많은 돈을 버는 데 있는 것이 아니고, 생활수준의 높고 낮음에 달린 것도 아니다. 인생의 즐거움은 정신적인 자유와 즐거움을 구하는 데 있다.

중국 역사상 평범한 삶을 기꺼이 받아들인 사람은 많지 않고 명리를 좇은 무리들은 수를 셀 수 없다. 그들은 종종 무리를 짓고 함께 출동한다.

춘추 시기의 개자추는 명예와 이익에 욕심 없는 담박한 삶을 추구한 현인으로 불렸다. 진나라 공자 중이는 아버지의 애첩 여희의 모함에 빠져 진나라를 탈출해 유랑 생애를 시작했다. 개자추는 당시 그의 조수였다. 도망 다니는 삶은 매우 힘들었다. 심지어 밥도 자주 못 먹어 어떤 날은 개자추가 자신의 다리 살을 베어 공자 중이를 먹일 정도였다. 나라 밖을 떠돈 지 19년 후에 중이가 다시 돌아가 성공적으로 진나라 군왕의 보좌에 올랐다. 중이, 즉 진문공은 개자추에게 상을 내리려 하였지만 개자추는 이를 거절하고 어머님을 모시고 금산으로 은거해 버렸다. 진문공은 그를 찾고자 하는 마음이 간절해 명을 내려 산에 불을 내었다. 개자추 모자를 산에서 나오게 하려던 것이었지만 뜻밖에도 3일 후 불이 완전히 꺼지고 나서 나무 아래에서 죽은 두 모자를 발견했다.

'부귀를 가졌어도 부패하지 않고, 가난하고 힘들어도 포부를 버리지 않으며, 권위와 무력에도 굴복하지 않는' 개자추의 정신은 명리만 좇는 사람들을 부끄럽게 만든다.

속담에 평범한 것이 바로 진짜라는 말이 있다. 평범하고 수수한 삶일수록 인생의 즐거움을 더 잘 깨달을 수 있다. 억 만금을 가지고 높은 지위와 명성을 가진 사람은 틀림없이 많은 친구들이 있을 것이다. 하지만 그가 맺은 친구들이 전부 다 그와 진심을 나눈 친구일까? 그들은 그의 재산과 지위를 보고 달려든 것이 아니라고 할 수 있을까? 만일 당신의 친구가 곁으로는 상냥하게 대하면서 뒤로는 꿍꿍이를 품고 있다면 얼마나 비극적인 일인가!

공명에 무심한 마음은 말로는 쉽지만 실제로 행하기는 어렵다. 예로부터 지금까지 과연 몇이나 이를 행하였는가? 하지만 우리는 여전히 이를 위해 노력해야 한다. 당신에게 이런 이익에 무심한 마음이 생겨야만 실패 앞에서 굴복하지 않고 만물에 초연한 마음가짐으로 대할 수 있기 때문이다.

사물 때문에 기뻐하지 않으며 자기 때문에 슬퍼하지 않는다. 자신을 세속 공명과 이익의 노예가 되게 하지 말고 세상의 번뇌와 고민에 영향 받게 두지 말라. 담박한 마음으로 자신의 수양과 정서를 승화시켜라.

추구는 하되
지나치게 연연하지 마라

물가에 조용히 앉아 낚시하는 것은 본래 고상한 일이나 그 손안에 물고기를 살리고 죽이는 권리를 쥐고 있고, 바둑은 깨끗한 놀이이기는 하나 또한 승부욕을 일으킨다. 일을 좋아하는 것은 일을 덜어 한적해짐만 못하고, 재능이 많은 것은 재능이 없어 참된 마음을 온전히 하는 것만 못함을 알 수 있다.

생명은 추구하는 바가 있어야 비로소 열정으로 가득해지며 다채로워질 수 있다. 하지만 지나치게 많이 추구하고 많은 것을 요구하면 스스로 욕망의 노예가 되기 쉽다. 취사선택의 사이에서 지혜를 잃어버리고 자아를 상실하곤 하는데 잡지도 내려놓지도 못하고 우왕좌왕하다가 깊은 번뇌에 갇혀버리고 말기 때문이다.

당신 앞에 두 가지 생활이 있다고 가정해 보자. 하나는 적지 않은 재산에 지위가 높지만 매일 끝나지 않는 업무와 셀 수 없는 접대에 평소 가족과 함께할 시간도 없을 정도로 바쁜 삶이다. 다른 하나는 평범하지만 안정적이고 수월한 일에 월급은 많지 않지만 일상 지출은 지탱할 만하고, 화목한 가정이 있어 매일 퇴근 후 귀가하여 아내와 함께 요리하고 온 가족이 식탁에 둘러앉아 편안하게 살아가는 삶이다. 풍족하지는 않지만 여유롭고 쾌적하며 사회 접대가 없고 외부 사람의 간섭도 없다. 만일 당신이 둘 중 하나의 삶을 선택할 수 있다면 어느 쪽을 선택할 것인가?

식견이 있는 사람이라면 두 번째 삶이 자신이 바라는 부러운 삶임을 바로 알 것이다. 하지만 그러한 이들도 이런 두 가지 삶이 정말 눈앞에 펼쳐지면 아무런 주저 없이 첫 번째 삶을 선택한다. 어째서일까? 부와 지위 같은 물질적인 것들이야말로 그들이 평생을 꿈꿔오고 갈망한 것이기 때문이다. 적나라한 물질 앞에서 그들은 자기 내면의 욕망을 통제하지 못하고 그들의 심장은 공명과 관록에 단단히 묶여있다. 따라서 마음 깊은 곳에서는 두 번째 삶을 바랄지라도 물질 앞에서 굴복하고 마는 것이다.

물질에 과하게 열중하는 사람은 설사 자신이 간절히 추구하던 것을 얻었다 해도 내심 평안하지 못하다. 스스로 빠져 나오지 못할 정도로 물욕에 사로잡혀 자신도 어찌할 수 없이 욕망의 노예가 되고 물욕의 희생물이 되었기 때문이다.

중국 역사상 부지기수의 사람이 욕망을 추구하고 만족시키려다 죽음을 맞이하였지만 사실 그들의 지위는 이미 상당히 높았다. 그런데도 여전히 끝없는 욕심을 채우지 못하다가 결국 비참한 말로로 떨어지고 만 것이다.

전국 시기 제자백가의 하나인 종횡가(縱橫家)의 유명한 인물 소진(蘇秦)이 전형적인 예다. 당시 소진은 땡전 한 푼 없는 가난뱅이로 아내에게조차 무시당하고 형수도 도와주지 않는 난감한 처지에 놓였다. 후에 그는 밤낮을 가리지 않고 그의 스승 귀곡자가 전해준 병법을 부지런히 연구하였다. 밤늦게까지 글을 읽다 졸음이 몰려오면 송곳을 꺼내 자신의 허벅지를 찌르며 잠에서 깨어나곤 하였다. 하늘도 스스로 돕는 자를 돕는다고 마침내 뜻을 이룬 그는 여섯 나라를 연합해 공동으로 강력한 진나라에 대항했다. 결국 소진은 재상이 되어 더할 수 없이 높은 신분이 되었다. 허나 그는 여기서 만족하지 않고 수차례 이간책을 벌이다가 결국 죄상이 백일하에 드러나 거열형(머리, 팔, 다리를 각각 다른 수레에 묶고 반대 방향으로 끌어 찢어 죽이는 형벌)에 처해져 죽었다.

소진은 놀랄만한 업적을 이루었고 이는 그 자신의 노력으로 얻은 결과였다. 그의 인생을 걸고 추구한 것으로 원칙대로라면 그가 추구한 목표는 이미 달성했다. 그러나 그는 이에 만족하지 않고 육국을 이간질하는 어리석은 행동을 저질렀으니 우습고 슬프며 탄식하지 않을 수 없다.

소진의 결말은 자업자득이다. 평범한 선비에서 부귀영화를 떨치는 지위까지 올라선 것은 쉬운 일이 아니다. 그럼에도 만족할 줄 모르고 점점 더 강렬해진 욕망이 그를 낭떠러지로 한 걸음 한 걸음 몰아넣어 결국에는 바닥이 없는 깊은 심연 속으로 타락시킨 것이다.

만일 그가 정치계에 발을 들여놓지 않고 이름이 세상에 알려지지 않은 농부로 살았다면 어땠을까? 비록 평범하고 단순한 하루하루를 보냈겠지만 적어도 자급자족할 수 있었을 테며 주변에 서로 속고 속이는 사람도 많이 없었을 것이다. 그렇게 늙어 가면 더욱 편안하게 살지 않았을까?

물가에 앉아 낚시를 하는 것은 본래 고상한 일이나 물고기가 낚시 바늘에 걸려들면 그의 생사는 온전히 당신의 손안에 달려있다. 사람들과 바둑을 두는 것도 마찬가지이다. 진퇴를 거듭하는 공격 중에 사람은 자연히 경쟁심이 생겨 상대방을 사지로 몰아넣고 즐거워하게 된다. 그러니 이런 활동은 아예 하지 않느니만 못하다.

어찌되었든 자신을 지키는 것이 가장 중요하다. 당신이 어떤 생존 환경에 놓였든지 절대로 본말이 전도되어서는 안 된다. 파리머리만 한 이익을 얻기 위해 자신의 양심과 진심을 잃어버려서는 안 된다. 역경에 처했을 때 의기소침하지 말고 굳세게 싸워 나가는 용기가 있어야 한다. 순풍이 불어올 때는 외부의 물질에 마음이 미혹되어서는 안 되며 벗어나지 못할 물질의 심연 속에 자신을 몰아넣어서는 안 된다.

끝없는 욕심을 가진 사람은
즐거움의 맛을 느낄 수 없다

마음에 욕심이 가득한 사람은 고요한 호수도 물결이 용솟음치게 만들고 깊은 산속에 살더라도 적막함을 느낄 수 없다. 마음에 욕심이 조금도 없는 사람은 혹심한 더위에도 서늘함을 누리고 번잡한 시장에 살아도 그 시끄러움을 느끼지 못한다.

이 시끄러운 세상에서 자신의 마음을 고요하게 가라앉혀야만 자신을 구원할 수 있다. 반면에 욕망은 우리 마음을 고요하게 만들지 못하는 근원이다. 정신의 승리만이 겸허하게 바른 생각을 하는 전제조건이다. 현실에 부합되지 않는 욕망을 이겨내야 즐거움의 기초를 얻을 수 있다.

인간의 정신력이 만들어내는 작용은 종종 상상을 뛰어넘는다. 참기 어려운 역경을 만났을 때 정신력이 우리를 지탱하게 하며, 정신력으로 우리 내면에 존재하는 사욕을 극복해 영혼을 해방시킨다.

일본 전국시대에 쾌천이라는 승려가 오다 노부나가의 심기를 건드렸다. 그의 부하들이 사원을 겹겹이 둘러싸고 불을 내어 절 안의 모든 승려들을 태워버렸다. 생의 마지막 순간에 쾌천대사는 "참선은 반드시 산이나

물가를 필요로 하지 않는다. 마음만 바로 잡으면 불 속도 서늘하다.”는 불교시가를 읊었다

불교 시가의 의미는 ‘마음이 고요하면 자연히 서늘하다’ 는 말과 일맥상통한다. 쾌천대사가 하고 싶었던 구체적인 말은 다음과 같았을 것이다. “나는 욕망을 추구하지 않기 때문에 생사는 이미 중요하지도 두렵지도 않다. 오히려 당신들 잔인한 살인자들은 내면에 명예와 이익에 대한 욕망을 놓지 못해 항시 고통스러운 발버둥 속에 살아가며 영원히 인생의 즐거움을 느끼지 못할 것이다.”

사상가 담사동은 나라가 위기에 처했을 때 구차하게 살기를 원하지 않았다. 그는 수구 세력 앞에서 절대 고개 숙이지 않고 시종일관 차분하고 침착했다. 결국 희생되었지만 가치 있는 죽음으로 그의 행적은 오래도록 이름을 남겼고 그의 정신은 대대손손 전해져 항상 사람들의 마음속에 남았다. 그는 당시 마음속에 숭고한 이상과 신념을 품고 있었기에 위험에 직면하고도 조금도 두려워하지 않을 수 있었고 굳세고 의연하게 웃으며 담담하게 대처했다. 중국에 덕행 있는 고승이 적지 않은데 그들은 신앙을 전파하기 위해 힘든 고난을 참으며 목표를 실현하기 위해 개인의 득실은 조금도 따지지 않았다. 그들 내면의 순정과 신념에 대한 추구는 매우 강한 의지를 만들어 내었다.

만일 이들이 마음을 비우고 정념을 하지 못하고 마음속에 세속의 욕심이 있어 고생을 두려워하였다면 어떻게 그런 위업을 달성하고 이름을 남길 수 있었겠는가? 그들은 욕심이 없기에 강하고 마음이 고요하여 평안하니 우리가 배워야 할 모범이다.

마음이 바르지 못하여 물욕에 대한 갈구를 다스리지 못하면 그 사람은 번화한 도시를 떠나 고요한 심산에 은거하여도 몸은 비록 잠깐의 안녕을 얻을지라도 마음속 욕망은 여전히 끓는 물처럼 요동쳐 안절부절 못할 것이다. 따라서 적막한 주변 환경도 그에게는 아무런 소용없다. 반대로 마음이 공명정대한 사람은 내면에 잡념이 없어 정신이 분발할 수 있다. 설사 혹독한 더위에 시달려도 고통스럽다 느끼지 않을 것이며 번잡하고 시끄러운 곳에 있어도 그의 마음에는 파란이 일지 않을 것이다.

우리가 할 일은 경박한 마음가짐을 바꿔 불필요한 충동을 다스리는 것이다. 역경 앞에서 침착하지 못하면 이렇게 번잡한 세상을 어떻게 대면할 것인가? 마음속이 항상 혼란스러우면 어떻게 냉정하게 일을 처리하겠는가?

명리 추구의 고질병을
사상으로 근절하라

명리에 대한 생각을 마음에서 철저하게 뿌리 뽑지 않은 사람은 설사 그가 부귀영화를 가볍게 여기고 청빈한 생활을 달게 받아들일지라도 결국에는 명리와 세속의 유혹에서 벗어나지 못한다. 외부 세력의 영향을 받고 내면에서 풀어버리지 못하는 사람은 은덕을 사방에 널리 베풀지라도 결론적으로 말하면 쓸데없는 기량에 지나지 않는다.

공명과 재산을 모두 버릴 수 있고 명리의 유혹에 흔들리지 않으며 세속의 유혹에 넘어가지 않는 자들을 우리는 은자라고 부른다. 진정한 은자는 청빈하고 도량이 넓고 자유롭다. 진정한 은자는 욕심이 없는 깨끗한 마음으로 외부의 번잡하고 혼란함에 좌우되지 않는다. 은자가 되면서 가치를 추구하면 매너리즘에 빠지기 쉽다.

오늘날 연예계에는 기이한 현상이 생겼다. 어떤 스타가 은퇴한다는 소식이 잇달아 전해지다가 또 어느 날 다시 복귀한다는 소식이 나온다. 실속 없는 겉치레와 시끌벅적한 연예계를 겪은 후 스타들은 아마도 바깥의 조용하고 편안한 삶을 동경하여 대중들에게 진지하고 굳은 맹세를 선포

하고 연예계에서 은퇴하는 것일 테다. 그러나 꼼꼼히 세어보면 은퇴 후 정말로 다시 복귀하지 않은 스타가 과연 몇이나 될까?

홍콩 연예계의 여왕 주혜민은 은퇴한 지 8년 만에 조용히 돌아왔다. 결혼한 장백지는 가정을 위해 일을 포기한다고 표명하였지만 그녀의 그림자가 언제 관중의 시선에서 철저하게 사라진 적이 있었는가? 어떤 사람은 그녀가 돈을 위해 복귀한 것이 아니라 하고 어떤 이는 그녀가 명예를 위해 복귀한 것이 아니라고 한다. 언론의 진위를 가리기 전에 실리의 추구는 말끔히 사라지지 않는다는 결론으로 귀결된다. 그들은 다른 사람들이 인기를 얻는 것을 보면서 마음이 달갑지 않았거나 생활이 지루하게 느껴져 마음속에서 욕망이 일어난 것이다.

나는 김용의 소설을 좋아하는데 김용 소설은 대부분이 남녀주인공이 함께 강호를 떠나 은거하는 것으로 결말이 난다. 명교의 교주 장무기는 평생 조미의 눈썹을 그려주겠다 자처하고, 16년 후 소용녀와 재회한 양과는 강호를 떠난 뒤 그 흔적을 다시는 찾을 수 없었으며, 심지어 조정에서 풍운을 호령하던 위소보도 마지막에는 재산을 다 나눠주고 은둔하는 선택을 했다. 가히 신분과 지위를 막론하고 속세에 대한 마음을 버리기만 하면 진정한 은둔 중에 대자연을 만날 수 있었다.

'은거한 시인의 선구자' 라 불리는 도연명은 어려서부터 유가사상의 영향을 깊이 받았다. 그는 자유를 숭상한 한적한 마음의 소유자로 결국 관직에서 물러나 전원에서 스스로 농사를 지으며 산수에 마음을 두며 살아 아름다운 미담을 남겼다. 범려는 월왕 구천을 도와 오나라를 멸망시킨 뒤 구천의 만류에도 관직에서 물러나 장사에 몰두하여 후에 큰 부자가 되었다. 그들이 은퇴하자 적지 않은 사람들이 삼고초려하며 관직에 나설 것을 권했지만 진정한 은자는 공명과 이익의 유혹에 흔들리지 않았다.

당나라 때 많은 문인들은 조정의 높은 평가를 얻기 위해 은자인 척 종남산에 은둔하였다. 그들의 '은거'는 그 자체로 꼼수에 지나지 않았다. 더 큰 명예와 이익을 획득하기 위해서 갖가지 수단으로 명예를 낚는 '쇼'는 사람들에게 멸시를 당할 뿐이었다.

소박하고 욕심 없이 깨끗해야만
영혼의 자유를 얻을 수 있다

차라리 순박하고 전혀 교활하지 않은 본성을 지키고 후천적인 총명함과 지혜를
제거할지언정 호연정기를 남겨 대자연으로 돌려주고, 차라리 세속의 부귀영화를
버리고 청렴한 생활을 할지언정 순결하고 고상한 이름을 세상에 남기도록 하라.

진실한 본성을 지키고 자신의 사욕에 흔들리지 말라는 의미다. 이런 마
음이 기초가 되면 처음의 순진하고 소박하며 정직하고 성실한 마음을 지
킬 수 있을지도 모른다.

이 세상에서 사람들은 모두 부와 지위 권세를 갈구하고 물질적인 만족
을 추구한다. 그러나 이런 유혹에 마주했을 때 자신을 일깨워 욕망의 유
혹에서 자신의 본성을 지켜야 한다. 오염된 환경에 처했더라도 진흙탕에
서 나와도 오염되지 않는 생활 태도로 모든 도전에 임해야 하며 자신의
본질을 잃지 말아야 한다. 그렇지 않으면 우리는 쉽게 욕망에 삼켜진다.
생각해 보라. 만일 영혼과 육체가 분리되면 살아있는 송장과 다를 것이
무엇이 있겠는가?

현실 생활 속에서 어떤 이들은 자신의 잔머리만 믿고 교활한 수단으로

이익을 챙기고 타락의 심연으로 한걸음 한걸음 들어가 버린다. 근무 중 무지몽매하게 지내다가 상사의 독촉이 없으면 되는대로 그날그날 무성의한 태도로 일한다. 항상 그렇게 지내다가는 그의 실적이 어떨지 상상하기 어렵지 않다. 작은 이익을 취하는 것을 좋아하고 자신의 이익을 위해 수단과 방법을 가리지 않는 사람은 진정 똑똑한 사람이 아니다. 똑똑하지 않을 뿐 아니라 영락없는 멍청이다!

업무 태도가 성실하지 않고 일에 아무런 책임감이 없다면 한두 번은 어떻게 넘어갈지라도 시간이 길어지면 남들이 피리 부는 데 머리수만 채운 남곽선생처럼 조만간 들통나고 말 것이다. 이 같은 사람은 회사에게 쫓겨나는 날도 멀지 않을 것이다.

일과 생활 속에서 당신의 마음에 바른 기풍이, 순박하고 거짓되지 않은 내면이 있어야 한다. 그래야 지치지 않고 영혼이 해방과 자유를 누릴 수 있다.

《맹자》에 다음과 같은 대화가 있다.

공손추가 맹자에게 물었다. "스승님이 가장 잘하시는 것은 무엇입니까?"

맹자가 답했다. "나는 스스로 호연지기를 기르는 것을 가장 잘한다."

공손추가 다시 물었다. "그렇다면 호연지기란 무엇입니까"

맹자가 답했다. "이는 일종의 기로 기백이 큰 역량을 말한다. 만일 네가 정의로 그것을 기르면 천지간에 가득할 것이다. 그러나 그것은 도덕과 서로 결합해야지 그렇지 않으면 역량이 부족하다."

맹자의 이론에 따르면 중국 역사상 소무야말로 가슴에 호연지기가 가득한 사람이다. 기원전 100년 소무는 명을 받들어 흉노에 사신으로 갔다가 불행히도 흉노에게 붙잡혔다. 흉노는 그에게 협박과 회유를 거듭하며 높은 관직과 두둑한 녹봉을 제시하였지만 그는 모두 단호하게 거절했다. 흉노 선우는 갖은 방법을 다 썼으나 결국 불같은 화를 내며 소무를 북해로 유배시켜 버렸다. 눈과 얼음의 혹한의 땅에서 먹을 것도 입을 것도 부족한 열악한 환경에서 소무는 19년을 보냈다.

당시 어릴 적부터 소무와 두터운 우정을 나눈 이릉은 흉노에게 포로로 잡힌 후 바로 투항 후 변절해 버렸다. 이에 선우는 소무를 설득시키기 위해 이릉을 북해에 보냈다. 이릉이 '대의를 알려주었으나' 소무는 여전히 뜻을 바꾸지 않고 말했다. "나의 가족과 조상이 조정의 은혜를 입었소. 이제 내가 조정에 보답할 차례이니 설사 참형을 당하더라도 기꺼이 받아들이겠소."

이릉과 대조되는 소무의 이런 굳은 지조가 너무 맹목적인 충성은 아닐까? 아무 가치가 없는 것은 아닐까?

사실 소무의 이런 지조는 굳세고 도도하며 올바른 기개다. 그렇기 때문에 후세에 오래도록 그 이름이 전해진 것이며 후대인들이 오래도록 탄복한 것이다!

현실 사회에서 사람들은 점차 '총명'해졌다. 하지만 소위 이 '총명'은 투기로 폭리를 취하는 악랄한 수단이 되는 경우가 많다. 사람들은 이익 앞에서 기본적인 도덕의 마지노선을 잊어버리고, 가치관을 상실하고, 영혼의 항의를 무시한다. 경쟁적으로 명예와 이익을 추구하는 와중에 사리사욕에 정신이 팔리고 만다. 이런 혼탁한 생활이 검소하고 평범하지만 온화한 삶보다 더 행복할까?

욕망은 시시각각 생명의 목구멍을 옥죄어 온다. 마음의 평정을 찾고 욕심을 줄여야만 정확하고 객관적으로 자신을 자세히 살펴보고 다스릴 수 있다. 욕망은 우리 자신으로부터 발생한다. 이런 욕망 아래에서 우리는 자신을 이성적이고 성숙하라고 강요하고 결국 이런 것들이 바로 우리를 고통스럽게 하는 근원이 된다.

노자는 사람은 마땅히 욕심을 줄이고 욕심을 절제해야 한다고 주장했다. 그는 깨끗하고 고요한 마음을 지킬 수 있다면 도를 깨닫는 과정 중 성실히 끝까지 갈 수 있으며, 성인이 욕망을 억제할 수 있다면 천하를 다스릴 수 있다고 했다. 우리로서는 자신의 욕망을 절제하고 평안하고 진솔한 마음을 지킬 수 있다면 영혼의 자유를 얻을 수 있다.

제3장

냉정함과 침착함의 최고 경지

-개인의 득실로 성패를 결정하지 마라. 영원한 실패자는 없기 때문이다. 자신의 위치를 제대로 찾아야 한다. 이겼다고 교만하지 말고 졌다고 낙심하지 마라. 항상 발전하려는 적극적인 마음을 유지하는 것만이 행복의 기초다.

-모든 일에는 장단점이 있다. 없을 때에는 얻을 것을 걱정하고, 얻고 난 후 잃을 것을 걱정하지 말고 담담하게 대처해야 한다. 잃는 것이 있으면 얻는 것이 있으니 득실에 담담하게 대처할 수 있으면 대성할 수 있다. 이런 이치를 깨달으면 번뇌에서 벗어날 수 있고 적어도 스스로 헤어 나오지 못하는 지경에 이르지는 않는다.

-내면의 평온과 한적함은 오로지 수련을 통해서만 얻을 수 있다. 내면이 맑고 깨끗해야 순수한 자신을 지킬 수 있다. 내면이 편안하면 무의미한 번뇌를 몰아낼 수 있다.

-세상의 갖가지 번뇌는 모두 자신의 마음이 만들어 낸 것이다. 마음속에 아무 일이 없어야 진정으로 평온무사한 것이다. 모든 공명과 이익은 외적인 물건이다. 멀리 내다보는 안목과 내려놓을 수 있는 기백을 가져야 명리 때문에 지치지 않는다.

-물욕이 만연한 사회에서 자신의 위치를 제대로 찾고 내가 누구인지 알아야 한다. 정기적으로 자신에 대해 전방위적인 관찰을 하고 수시로 깨어있는 상태를 유지해야 한다.

-정신세계는 완전히 자신에게 속한 것이다. 정신적 한계를 끌어올려 일은 부단히 노력하되 생활은 최대한 소박해야 한다. 물욕이 없는 마음을 길러야만 진정한 안락함을 얻을 수 있다.

마음가짐이
상태를 결정한다

시간의 길고 짧음은 마음에 달렸고 공간의 넓고 좁음 또한 마음속 관념에 따른다. 따라서 시간을 잘 활용하면 바쁜 가운데도 시간을 내어 휴식을 취할 수 있고, 하루도 천 년보다 길 수 있다. 마음이 넓으면 초라한 방 한 칸이라도 천지처럼 넓을 수 있다.

옛날 송나라에 원숭이를 좋아하는 사람이 있었다. 그가 키운 원숭이는 무리를 이룰 정도로 많았다. 원숭이를 좋아하다보니 그는 원숭이의 습성을 잘 알고 있었다. 이 노인은 원숭이를 너무 사랑한 나머지 자기 식구들의 양식은 줄일지언정 원숭이들의 식욕은 만족시켜주려 했다. 하지만 수가 너무 많다 보니 집안의 양식이 떨어져 갔다. 원숭이들의 양식을 제한해야겠다고 생각한 그 노인은 원숭이들과 상의했다. "아침에는 도토리를 세 개 주고 저녁에는 네 개를 주는 것이 어떻겠느냐?" 원숭이들은 화가 나서 어금니를 드러내고 발톱을 휘두르며 난폭하게 날뛰었다. 잠시 뒤 노인은 다시 원숭이들에게 말했다. "그럼 아침에 네 개를 주고 저녁에 세 개를 주면 어떻겠느냐?" 원숭이들은 이 말을 듣고 매우 기뻐하며 모두 온순하게 바닥에 엎드렸다. 나눠주는 양은 동일한데 아침에 세 개 저녁에 네 개라 하자 원숭이들이 모두 불만을 표하다가 아침에 네 개 저녁에 세 개라는 말에 만족하며 기뻐한 것이다.

현실 속 우리도 종종 원숭이들과 같은 심리를 보인다. 원숭이 이야기를 하는 것 같지만 사실은 인간을 비유한 것이다.

다 똑같이 하루 24시간이지만 어떤 사람은 너무 빠르게 느끼고 어떤 사람은 너무 느리다고 느낀다. 같은 일인데도 어떤 사람은 가뿐하게 느끼고 힘들이지 않고 여유 있게 처리하는가 하면 어떤 사람은 너무 어렵고 막중하여 마음만큼 힘이 따라주지 않는다. 같은 책인데도 어떤 이는 흥미진진하지만 어떤 이는 무미건조하다.

솔직히 말해 이는 우리 마음가짐의 문제다. 일을 처리할 때 이 일에 대한 마음가짐이 우리의 행위 방식을 이끈다. 마음가짐이 적극적이고 건강하면 거뜬히 상대할 수 있고 마음먹은 대로 되겠지만 마음에 저촉되고 반하는 정서가 있다면 그 일은 잘할 수 없다.

만일 당신이 자신의 일을 즐거운 놀이처럼 느끼고 일종의 취미로 간주하는 부류라면 맡은 일을 분명이 잘 해낼 것이다. 하지만 당신이 단순하게 일이란 상사가 당신에게 맡긴 임무로 하는 수 없이 완성해야만 한다고 피동적으로 처리한다면 어떨까? 소극적이고 나태한 심리 상태가 자연히 생겨나 마음속에는 오로지 처리만 하면 그만이라 생각한다. 이런 마음이라면 일을 잘할 수 있겠는가?

〈열자 설부〉 편에 나오는 이야기다. 원정목이라는 사람이 아주 먼 길을 가는 도중에 배가 고파 쓰러졌다. 호보의 구라는 도적이 그를 구해주고 음식을 주었다. 눈을 뜨고 정신을 차린 원정목은 자신을 구해준 자가 무슨 일을 하는지 물었다. 구가 자신의 신분을 알려주자 원정목은 매우 화를 내며 말했다. "당신 같은 강도가 어째서 나에게 밥을 주었는가?" 그는 두 팔로 바닥을 지탱하며 일어나 음식물을 토해내려 애를 썼다. 하지만 어찌해도 토해내지 못하다 목구멍 속에서 컥컥 소리를 내며 바닥에 쓰러져 죽었다.

열자는 이 이야기를 정리하며 이렇게 말했다. "호보의 사람은 비록 도둑이나 음식은 도둑이 아니다. 사람이 도둑이라고 해서 밥도 도둑질을 한다고 생각하고 굳이 먹지 않은 것은 명(名)이나 실(實)을 잃은 것이다." 다시 말해 호보 경내에는 강도가 있으나 당신이 먹은 음식은 강도가 아니지 않은가! 그 사람이 강도짓을 한다고 자신이 먹은 음식이 '강도'라고 여기고 음식을 먹지 않는 것은 명칭과 실질을 제대로 판단하지 못한 것이다.

원정목은 실제로 지나치게 고지식했다. 그 고지식함은 그의 마음에서 기원했으며, 마음가짐이 제대로 준비되지 않으니 행위가 나쁜 마음의 통제를 받아 결국 굶어 죽는 결과를 초래한 것이다.

이 이야기가 우리에게 주는 교훈은 일을 하기 전에 자신의 마음을 잘 정리하는 것이 중요하다는 점이다. 마음이 일을 처리하는 기본 근거가 되고 사상을 지도한다. 마음가짐을 제대로 가지지 못하면 원정목처럼 융통성 없이 고지식한 지경은 아니더라도 일처리에 다소 영향을 미치게 된다.

일상에서 '이 사람은 보고 있으면 기분이 좋다'라는 말을 듣는 사람이 있다. 바로 마음가짐을 잘 조절하는 사람이다. 좋은 마음 상태를 유지해야만 침착하고 한적할 수 있으며 이치를 깨달아 달관하며 위급한 일이 생겨도 언제든 임기응변을 할 수 있다.

도량이 넓어야지
좁아서는 안 된다

도량이 넓은 사람의 눈에는 고관의 두둑한 녹봉도 싸구려 질항아리처럼 아무 가치나 소용이 없다. 도량이 좁은 사람은 설사 실낱같은 작은 이익도 그들에게는 수레바퀴처럼 커서 서로 빼앗으려 다투며 조금도 양보하려 하지 않는다.

〈채근담〉은 우리에게 도량의 크기를 살펴보면 자신의 꿈이 얼마나 큰지 알 수 있다고 알려준다. 소위 도량이 큰 사람은 무슨 일을 하든 물고기가 물을 만나듯 하며 천지도 그들에게는 넓지 않다. 작은 일에도 연연해하는 사람은 작은 밭 하나 경작하는데도 자신의 이익에만 눈이 멀어 일만 하다 과로로 죽을 것이다. '만 가지 일도 하나에서 출발하며 모든 일은 마음에 달려있다' 는 말은 사람됨과 일 처리의 도리를 말한다.

〈한시내전〉에 기록된 이야기가 있다. 공자의 제자인 자공이 공자에게 물었다. 누가 국가의 동량입니까? 공자는 그에게 두 사람에 대해 얘기해주었다. 제나라의 포숙아와 정나라의 대신 자피이다. 이 두 사람은 모두 인재를 잘 추천하여 세상에 이름을 남겼지만 그들이 나라를 다스리는 능력은 남들보다 특별히 뛰어나지 않았다. 그래서 자공이 다시 물었다. "스승님, 그 말은 인재를 추천할 줄 아는 사람이 오히려 진정한 재능을 가진 사람보다 위대하다는 것입니까?" 공자가 대답했다. "사람을 알아보고 인재를 등용하는 안목을 가진 것을 지혜라고 한다. 군주에게 인재를 추천하는 것은 인애이다. 다른 사람의 지혜와 재능을 질투하지 않는 것은 매우 힘든 의기다. 이 세 가지를 모두 갖추었으니 어찌 위대하지 않을 수 있겠는가?" 삼국 시기에 수경선생이라 불린 사마휘는 혜안을 가진 현자였다. 그의 천거로 삼국의 역사무대에 두 명의 신성이 세상에 모습을 드러내었으니 바로 와룡 공명과 봉추 방통이다.

충성심이 두터운 사마휘가 인물을 비평할 때는 그 사람의 좋은 점만 말하고 나쁜 점은 입을 다물었다고 한다. 그는 이처럼 넓은 마음과 도량으로 다른 사람과 사소한 일로 따지지 않았기에 '수경선생'이라는 호를 얻었다.

제환공은 포숙아의 천거로 관중을 중용하여 상나라에 임명해 나중에는 '제후들과 아홉 번에 걸쳐 회맹하고, 천하를 한 번에 바르게 세우는' 패업을 이루었다. 정나라는 자피가 자산을 천거해 자산이 상나라를 맡은 후 삼 년 동안 전국 각지 각 계층이 밤에도 대문을 닫지 않고 길에 물건이 떨어져 있어도 줍지 않을 정도로 사회가 태평하고 정직하였다. 그 후 22년간 관리들은 청렴하고 국태민안하였다.

성공을 하려면 우선 응당히 갖추어야 할 기본 품성이 넓은 도량이다. 마음이 넓어야만 사소한 일로 따지지 않을 것이고 그래야 사람들이 당신과 함께 하길 원한다. 벗이 점점 더 많이 생기면 당신의 인맥도 자연히 넓어진다. 곤란과 역경을 겪을 때도 마음이 넓다면 만사를 마음에 담아 두지 않는다. 그러면 일을 침착하게 바라보고 정확한 해결 방법을 찾아 어떠한 문제도 순조롭게 해결할 수 있다.

속담에 '재상의 배 속에는 배를 담을 수 있다' 는 말이 있다. 이 말은 송나라 재상 왕안석이 한 말이다. 왕안석이 중년에 부인을 잃은 후 꽃처럼 아름다운 묘령의 어린 첩을 들이게 되었다. 그러나 왕안석은 하루 종일 공무에 바빠 애첩에게 다정히 대할 여유가 없었다. 시집온 지 얼마 되지 않은 아름다운 첩은 이제 청춘의 어린 나이에 독수공방하려니 우울해 하다가 집안의 젊은 하인과 감정이 생겼다. 종이는 불을 감쌀 수 없는 법, 소문을 들은 왕안석은 몰래 계책을 세웠다. 그는 거짓으로 조정에 나간다고 하고는 도중에 집으로 돌아왔다. 그날 밤 애첩의 침실 밖에서 동정을 살피니 과연 예상대로 그 하인이 아내와 함께 정을 통하고 있었다. 왕안석은 본래 침상에서 그들을 잡아들이려 했으나 재상의 신분으로 자신의 애첩에게 차마 화를 낼 수 없어 생각을 바꾸었다.

후에 자신은 이미 환갑을 지났으나 첩은 이제 겨우 청춘의 젊은 나이이니 다른 사내와 정을 통하는 것도 정상을 참작할 만하다고 생각했다. 왕안석은 큰 도량으로 결정을 내려 첩과 그 남자 하인을 혼인 시키고 천 량을 하사해 두 사람이 편안하게 지낼 수 있게 하였다. 왕안석의 이런 넓은 도량과 기백은 가히 탄복할 만하다. 덕분에 그에 관한 속담도 더 널리 전해진 것이다.

넓은 마음으로 다른 사람을 너그럽게 대하는 것은 처세의 지혜다. 원대한 포부를 품은 사람은 반드시 다른 사람을 품는 도량을 가져야 한다. 눈앞의 순간적인 득실에 연연해하면 안 되며 개인의 영욕을 담담히 보아야 한다.

〈채근담〉에는 '남의 작은 허물을 꾸짖지 않고, 남의 사생활을 들추지 않으며, 남의 옛 일을 머릿속에 담아두지 않는다. 이 세 가지로써 덕을 기르고 해를 멀리할 수 있다.'라고 했다. 타인에게 관용을 베푸는 것이 바로 자신을 잘 대하는 도리이다. 고요히 자신의 과실을 반성하고 다른 사람의 잘잘못은 얘기하지 마라. 남에게 관용과 아량을 베풀며 인간관계를 맺어 가면 만족스러운 처세를 할 수 있다. 인간적 교류의 범위가 확대되면 얻을 수 있는 도움도 점점 많아진다. 그 후 자신의 노력을 통해 포부를 실현할 수 있다.

즐거움은 건강하고 낙관적인
마음가짐이 필요하다

사나운 비바람이 불면 새들도 걱정스러워 어쩔 줄 모르고, 날씨가 개어 화창한 날 산들바람이 불면 초목도 기뻐하는 듯하다. 이로써 보면 천지에 하루라도 화평한 기운이 없을 수 없는 것이요 사람의 마음에는 하루라도 기뻐하는 정신이 없어서는 안 된다.

사람은 평화와 낙천적인 마음이 필요하다. 마음이 안 좋으면 무슨 일을 하든 열정이 부족하고 비관적인 정서가 가득해서 일이 갈수록 더 엉망이 된다. 하지만 사람들 마음의 좋고 나쁨은 종종 자신이 처한 객관적 환경에 따라 좌우된다. 일을 할 때 사람의 기분은 대단히 중요하다. 이는 우리의 업무 태도를 직접 결정한다.

예를 들어 어떤 사람이 일을 하며 즐거워하면 모든 일이 순풍에 돛 단 듯 순조롭게 진행되며 그는 상사의 신임과 지지를 얻고 동료 간에도 존중과 칭찬의 시선을 받는다. 이 사람은 자신의 일에 열정과 활력으로 가득할 것이다. 이런 열정적인 태도를 계속 유지해 나간다면 아마도 머지않아 자기 분야에서 최고가 될 것이다.

이는 분명 좋은 일이다. 그러나 만일 그와 반대로 업무 중 일이 순조롭지 않고 자신의 포부도 펼치지 못하면 결과는 어떻게 될까?

결과는 아마도 그 때문에 그의 기분이 저조하고 의기소침해지고 스스로 슬퍼할 것이다. 하루 종일 우거지상을 하다가 상사와 동료를 만나도 억지로 웃으며 행동이 뻣뻣하고 심지어 구석에 숨어 스스로 폐쇄적으로 행동하니 강렬한 자기 비하에 빠진다. 또한 일 자체에 대해서도 어떤 흥미도 불러일으키지 못해 귀찮은 심리만 생긴다.

이렇게 계속되면 어떻게 성공할 수 있겠는가? 일에 열정이 없는 사람이 어떻게 자신의 일을 잘 할 수 있을까?

사실상 이는 매우 건강하지 못한 마음가짐이다.

마음가짐에 따라 같은 사물에 대해서도 다른 견해와 시각이 생긴다.

간단한 예를 들어 보자. 고대에 많은 문인들이 늦가을을 대상으로 자기 내면의 기분을 토로하는 작품을 많이 썼다. 두보는 '바람은 세차고 하늘은 높은데 원숭이 울음소리 슬프고, 맑은 물가 새하얀 모래톱에 새들이 날아서 돌아오네. 아득히 먼 곳의 나뭇잎은 가을바람 소리 따라 떨어지고, 다함없이 흐르는 장강은 도도하게 흘러간다. 만 리 밖 슬픈 가을에 언제나 나그네 된 나는 한평생 많은 병 얻으며 홀로 높은 대에 오르네. 가난하고 곤궁한 삶의 한으로 서리 빛 귀밑머리 성성하고 늙고 쇠약하여 새롭게 탁주잔을 멈춘다' 라고 했다. 반면에 시인 유우석은 '예부터 가을은 쓸쓸하고 슬프다고 하지만, 나는 봄보다 가을이 좋아. 텅 빈 하늘에 학 한 마리 구름을 헤치며 날 때, 내 시정도 학을 따라 하늘 높이 이르네.' 라고 했다.

가을은 본래 객관적으로 존재하는 자연 현상이지 슬프거나 기쁜 것과 상관이 없다. 그런데 어째서 두 시인은 가을에 대해 서로 다른 마음일까?

　사실 이 또한 마음가짐의 문제가 아니겠는가?

　이는 우리에게 〈육조단경〉에 나오는 두 수의 게송을 떠올리게 한다. 오조 홍인선사의 대제자 신수상좌는 '몸이 깨달은 나무라면 마음은 밝은 거울의 틀이로다. 때때로 부지런히 털고 닦아 먼지 앉고 때 끼지 않도록 하세.' 라고 했다. 육조 혜능은 전혀 다른 관점을 제시했다. '깨달음에 본디 나무가 없고 밝은 거울 또한 틀이 아닐세. 본래 한 물건도 없거늘 어느 곳에 때가 끼고 먼지 앉을까?'

　명나라 때 유능한 인물인 주청원은 한때 세상에 둘도 없는 인재로 평가되었으나　실력을 인정받지 못하고 결국은 몰락하고 말았다.

　주청원의 경우 안타깝고 동정할 만하다. 하지만 그 자신은 왕년에 한신이 남의 가랑이 밑으로 빠져나간 치욕을 생각하지 못한 것인가? 그는 가슴에 손을 얹고 스스로 '내가 지나치게 재능에 기대고 자만하여 다른 사람들을 업신여긴 것은 아닌가?' 라는 반성은 했는가?

　좌절과 실패를 겪고 억울한 일을 당하면 하늘을 원망하고 남을 탓하며 사회가 불공평함을 원망한다. 자신이 재능과 학식이 있음에도 펼칠 기회를 만나지 못했다고 느끼는 극단적인 마음을 가지기도 한다. 만일 제때에 이런 마음을 조정하지 못하면 아무리 재능이 있는 사람도 주청원처럼 될 것이다.

　천지는 하루라도 조화로운 기운이 없어서는 안 되고 사람의 마음은 하루라도 기쁜 마음이 없어서는 안 된다.

성현이 아닌 이상 희로애락은 사람의 본성이니 인간 감정이 어찌 매일 즐겁기만 하겠는가? 관건은 마음가짐의 조절에 달려 있다.

사업이 물을 만난 듯 순조로울 때 자신의 마음을 잘 살펴 내면의 팽창을 방지하고 더욱 근검절약하여 성실하게 자신의 본래 일을 잘 해야 한다. 그래야만 더욱 큰 성과를 얻을 수 있다.

일이 잘 안 풀릴 때 어째서 우선 자기 자신을 검토하지 않는가. 스스로 최선을 다하지는 않은 것인지, 더욱 뛰어나게 잘 했어야 하는 것은 아닌지. 만일 마음에 부끄러움이 없다면 스스로 고민하고 괴로워하며 번민을 가중시킬 필요가 있겠는가? 열심히 노력하고 끊임없이 발전하며 적극적이고 진취적이면 당신은 곧 성공할 것이다!

영예와 굴욕에 관한 다음 말을 명심하라. '영욕에 놀라지 않으니 한가롭게 뜰 앞의 꽃이 피고 지는 것을 보노라. 가고 머무는데 뜻이 없으니 하늘의 구름이 부질없이 뭉쳤다 흩어지는 것을 보노라.'

평화로운 마음을
유지해야 한다

천지 가운데 모든 사물과 인류 가운데 모든 감정과 세계 가운데 모든 일이 속인의 눈으로 보면 모두 다르지만 세속을 벗어난 도를 깨달은 사람의 눈으로 보면 그 본질이 영원히 불변한다. 사람이든 물건이나 일에 대해서든 공정한 마음으로 평등한 태도로 대하면 어찌 취하고 버릴 것이 있겠는가?

가능한 한 객관적으로 사물을 평가하며 최대한 공정하고 색안경을 끼지 않은 눈으로 사람과 일을 대하는 것이 〈채근담〉이 제창하는 처세술의 지혜다. 사물은 늘 발전하고 변화하기 때문에 객관적인 사물에 대한 인식도 개인에 따라 국한된다. 그렇기 때문에 종종 결과가 예상을 벗어나곤 한다. 이 과정에서 많은 사람들이 그 안의 규율을 간파하지 못하고 받아들이지 못한다. 사물을 판단할 때 오로지 자신의 필요에 따라 옳고 그름의 기준을 제정한다면 당신의 생활은 무한한 번뇌에 빠질 것이다.

생활에 대한 태도도 마찬가지다. 심성을 수양하고 마음 상태를 차분히 하며 정서를 안정시켜야 한다. 정서가 안정 되어야 마음이 고요해지고, 고요해져야 마음이 편안해지고 그래야 객관적으로 사고할 수 있고 가장 정확한 판단을 내릴 수 있다. 충동적이고 경거망동하게 어떤 일이나 사람의 옳고 그름 및 생활태도를 판단해서는 안 된다. 〈채근담〉에서는 비범함과 평범함의 진정한 차이는 사물의 진실과 거짓을 분별하는 데에 있으며 우리가 할 일은 복잡하고 다변하는 세상에서 자신의 진정한 취사선택을 찾는 것이라고 알려준다.

대만의 한 기업가가 부두를 오가며 사업을 하였다. 돈 한 푼 없이 창업하여 십여 년간 분투한 끝에 수십억 자산에 달하는 대기업을 세웠다. 그의 인생은 상당히 성공적이었다. 사업과 가정 모두 큰 수확을 얻었다. 그가 야심차게 자신의 사업을 한 단계 더 성장시키려 할 때 나쁜 소식이 전해졌다. 완치가 어려운 매우 위중한 만성 질병에 걸린 것이었다.

하늘은 불공평하기도 하지! 처음에 그는 불만에 가득 차서 이렇게 생각했다. "나같이 우수한 인재가 이렇게 불행한 일을 겪다니!" 그때 의사가 그에게 취사선택을 하라고 했다. 자신의 사업을 잠시 떠나 치료에 전념하든가 현상을 유지하며 사업에 대담하게 부딪치든가. 선택권이 그의 손 안에 있었다. 고통스러운 정신적 투쟁을 거쳐 그는 마침내 전자를 선택한 뒤 마음을 가누고 치료를 받아들였다. 비록 사업은 최저점을 찍었지만 개인은 오히려 건강을 회복할 기회를 얻었다.

이 이야기는 우리에게 당신의 사회적 지위가 높든지 평범하든지 하느님에게는 모든 사람이 차이 없이 다 똑같다는 것을 말해준다. 객관적으로 말해 사람과 사람은 모두 하나의 수평선 위에 있다. 모두 부모님에게서 태어났는데 누가 누구보다 더 강할 게 있을까? 잠시 부와 명성에서 높고 낮은 차이가 생기지만 후천적 노력과 다른 환경의 작용이 만든 결과일 뿐이다. 하지만 사람의 인격은 여전히 평등하며 높고 낮음이 없다.

지위가 있고 명성이 있고 재산이 있는 사람이든 보통의 평범한 사람이든 자신과 다른 사람을 차별하지 말아야 한다. 장강과 황하 강처럼, 장강의 물은 맑고 황하의 물은 탁하여 겉보기에는 달라 보이지만 결국에는 다 바다로 유입된다.

생명에게는 각양각색의 살아가는 법이 있다. 당신이 어떤 운명이든 이 점을 굳게 믿어야 한다. 오로지 자신의 사고와 굳건한 신념으로 객관적이고 공정하게 만사와 만물을 대해야만 눈을 현혹시키는 것을 피할 수 있다. 이성을 잃으면 이치에서 벗어나고 객관적 사실의 판단을 벗어난다.

모든 것을 간파하면
마음에 걸리는 것이 없다

바쁠 때 냉정한 머리를 유지하려면 한가한 때 맑은 정신을 길러야 한다. 죽음 앞에서 두려운 마음을 느끼지 않으려면 살아 있을 때 인생에 대해 깨닫고 내면의 규율을 간파할 수 있어야 한다.

인생의 참된 지혜를 깨달은 사람에게 진정 고귀한 품격은 무엇인가? 자신하되 자만해서는 안되며 낙관하되 맹목적이어서는 안 된다. 지금 어렵고 근심스러운 것이 나를 살리는 길이요 지금 편안하고 즐거운 것이 나를 죽음의 길로 인도할 것이다. 매초 매 분 미래를 위해 준비해야 위험에 직면해서도 침착할 수 있다.

산이 첩첩하고 물이 겹겹이라 길이 없어 보이지만 저 너머에는 꽃향기 풍기는 마을이 있다. 낙천적인 사람은 항상 막다른 길에 가도 해결책이 있으리라 생각한다. 하지만 눈앞에 길이 나타나도 당신이 익숙하지 않은 길이라면 어디로 향하는지 모른다. 게다가 이 길 위에는 가시밭이 가득하고 진창길일 수도 있다. 심지어 이 길이 당신을 막다른 골목으로 인도해 원점으로 돌아가고 싶을 때는 이미 방향을 잃었을 수도 있다. 이때 당신은 어째서 막다른 길이 다다르기 전에 방향과 대책을 잘 생각하지 않았을까 생각할 수 있다.

　실로 낙관은 매우 우수한 품성이다. 그렇다고 진취적으로 생각하지 않고 멍청하게 생활한다는 의미가 결코 아니다. 심각한 곤경과 좌절을 겪을 때 낙관적인 생각으로 스스로 사기를 진작시키고 타락하지 않도록 할 수 있다. 소위 '지금 근심스럽고 어려운 것이 나를 살리고 지금 편안하고 즐거운 것이 나를 죽음의 길로 인도한다' 는 것은 사전에 준비하는 인생 태도다. 사물은 부단히 발전하고 변화하는 것임을 알아야 한다. 만일 무턱대고 안락함을 즐기는 삶에 빠지면 어느 날 우환이 닥쳤을 때 너무 갑작스러워 예방을 못 하고 속수무책일 수 있다.

　'바쁠 때 본성을 어지럽히지 않으려면 모름지기 한가한 때에 정신을 맑게 길러야 한다' 는 뜻은 당신이 바쁠 때 초조해 하지 않으려면 한가한 때 수시로 맑은 두뇌를 유지해야 한다는 뜻이다. 하지만 대부분의 사람들은 이 점을 인식하지 못하고 한가할 때 즐기며 마음껏 놀다가 커다란 곤경에 처했을 때 꿈에서 깨어난 듯 당황하여 어찌할 바를 모른다. 수레가 산 앞에 이르더라도 반드시 길은 있다는 말은 거짓이 아니나 그 길은 당신이 전혀 익숙하지 않은 상황에서는 갈수록 우여곡절을 겪을 수 있으니 이 얼마나 비참한 일인가!

　'죽을 때 마음이 흔들리지 않으려면 모름지기 생시에 사물을 꿰뚫어 보아야 한다.' 즉 죽기 전에 위기를 맞아도 두려워하지 않으려면 반드시 평소에 인생을 꿰뚫어 보아야 한다는 말이다. 생사의 일에 대해 많은 사람이 자신의 깨달음을 얘기하지만 진정으로 크게 깨달은 사람은 몇이나 될까!

〈채근담〉에 나오는 명언이 있다. '명리에 관한 말을 꺼리는 자는 아직도 명예와 이익에 미련이 있기 때문이다.' 설사 아무리 영명하고 똑똑한 사람도 죽음 앞에서는 방황하고 두려움을 느낄 것이다. 중국 고대의 군주들은 입만 열었다 하면 모두 '집과 나라 다음에 천하'라고 했다. 그들의 마음에는 자신의 황권지위가 영원히 백성들보다 훨씬 중요했음을 쉽게 상상할 수 있다. '집'과 '나라' 두 가지를 함께 얻을 수 없을 때 반드시 우선 '집'을 보호했지 '나라'는 돌보지 않았다. 그래서 역사상 많은 황제들이 태자가 무능함을 알고도 치국의 본분을 지키지 않고 여전히 왕위를 물려주어 강산의 안정이나 백성들의 복지에 관여하지 않았다. 이런 사람이 어찌 진정으로 생사를 깨달을 수 있겠는가?

맹자는 '지금 어렵고 근심스러운 것이 나를 살리는 길이요 지금 편안하고 즐거운 것이 나를 죽음의 길로 인도할 것이다'라고 했다.

확실히 사람은 역경을 겪으면서 극복하려는 마음이 생겨나고 그 과정에서 강인한 의지와 끈기를 단련할 수 있다. 이런 의지와 끈기를 가지면 어떤 일을 하든 성공할 수 있다. 어떤 역경과 좌절도 그를 굴복시키지 못하고 무너뜨리지 못하기 때문이다.

하지만 만일 장기간 안일한 환경에서 자라고 생활하면 진취적이지 못하고 위기의식이 없게 된다. 그렇게 먹고 마시고 즐기는 호사스러운 생활에 젖은 부잣집 자식은 평소 향락만 추구하고 학문적 지식이나 강한 투지가 없어 화가 닥쳐오고서야 자신이 곤경에 처했음을 깨닫는다. 하지만 안일하고 평안한 환경에서 오랫동안 지내다 보면 타성이 생기고 성격도 유약해 마음이 있어도 역량이 부족해 갑자기 닥친 재난 앞에 무너져 결국 비참한 최후를 맞는다.

〈채근담〉에서 말하는 것처럼 바쁠 때 본성을 어지럽히지 않고 죽을 때 마음을 움직이지 않아야 한다. 역경 중에 자신을 단련하는 법을 배워야 하며 자신의 잠재력을 불러 일으켜 위기에도 두려워하지 말고 곤란에 처해서도 태연자약해야 한다. 평탄하고 순조로운 생활을 하며 편안할 때도 위태로울 때를 생각해야 하며 안일하고 한적한 환경의 노예가 되어서는 안 된다. 그 안에 빠져들지 않으려면 수시로 자신의 능력을 기르는 법을 배워야 한다. 그렇게 하면 곤경을 겪더라도 담담하게 응대할 수 있다.

번뇌에서 벗어나는 최고의 방법
– 비우고 고요하라

귀는 마치 광풍이 골짜기에 소리를 냄과 같은 것이니, 지나가면서 소리를 남기지 아니하면 곧 옳고 그른 것이 함께 사라지는 것이니라. 마음은 마치 달이 연못에 빛을 잠기는 것과 같으니, 텅 비워서 잡아 두지 않으면 곧 사물과 자아를 모두 잊느니라.

남에게 들은 일은 바람이 산 계곡을 불어 지나가는 것처럼 아무 것도 남기지 마라. 그러면 시비의 간섭이 없다. 숙고하는 일은 맑은 연못 속의 달의 그림자처럼 잡아 두지 않아야 초탈할 수 있다.

주변의 근거 없는 뒷말을 들으면 불편함과 우울함을 느끼게 된다. 만일 그 말들이 자신을 향한 것이라면 더욱 번뇌하게 되고 심지어 노여움을 억누르지 못해 당장 그 사람을 찾아가 이치를 따지고 논쟁을 벌이고 싶어진다. 하지만 말다툼을 한 뒤는 어떤가? 마음이 한층 더 괴로워지는 것은 아닌가? 가슴 속의 답답함은 발설할 곳이 없고 결국에는 상처 입는 것은 자신의 몸과 마음의 건강이다. 게다가 아무도 노여움에 쌓여있는 사람과 교제하려 하지 않으니 인간관계는 악성 순환에 빠지고 앞뒤에서 공격을 받게 된다.

사실 자신이 스스로 부끄럽지 않으면 다른 사람의 비방에 신경 쓸 필요가 있겠는가? 타인의 터무니없는 질책에 대해 우리가 논쟁을 벌일 필요는 전혀 없다. 마치 계곡에 부는 바람처럼 아무것도 남기지 마라. 이런 마음가짐으로 유언비어를 대하면 많은 번뇌를 줄일 수 있다. 자질구레한 일을 초탈할 수 있고 담담하게 문제를 대할 수 있으면 그 사람은 마음이 가볍고 즐거울 것이다!

예전 요순시대에 허유는 덕망이 높은 현인이었다. 제나라 요임금이 자리에서 물러날 때 그의 덕망을 듣고 황제 자리를 그에게 양보하려고 했다. 뜻밖에도 그는 이 소식을 들은 후 고사하고 영천의 물가로 달려가 물로 귀를 씻은 뒤 산속에 은둔해버렸다. 그렇게 허유는 중국 은자의 선조가 되었다.

허유의 행동은 오늘날 보기에 웃음을 유발한다. 그는 자신의 귀를 모욕하는 말을 들었다며 재빨리 가서 귀를 씻으며 자신은 그 말들을 못 들은 셈 치겠다는 것이다. 그의 고결한 품격을 볼 수 있는 대목이다. 하지만 정말 그럴 필요가 있었는가 묻지 않을 수가 없다. 이런 방법은 오히려 너무 가식적인 것 아닌가? 만일 사람의 내면이 깨끗하여 외부 물질에 물들지 않는다면 이런 작은 일을 마음에 둘 필요가 없지 않은가?

번뇌에서 벗어나고 내면의 고요함을 유지하고 싶다면 듣고 싶지 않은 혹은 들어서는 안 되는 것들은 얼른 잊어버려라. 불가에서는 '육근청재'라 부르는데, 소위 '육근'이란 눈, 귀, 코, 혀, 몸, 의지 이 여섯 가지의 감각 기관을 가리킨다. 엄격한 자기 관리를 통해 외부의 유혹에 빠지지 않고 '모든 현상은 공허함'을 깨닫는 경지에 오르는 것이다.

따라서 유언비어를 들었을 때 혹은 더러운 말을 들었을 때 듣지 않고 믿지 않으면 미혹되지 않는다. 수양을 하는 동시에 자기 의지를 단련하고 내면의 욕망을 통제해야 한다. 그래야만 고대 사람들이 말한 '잡아 두지 않고 텅 비우면 사물과 자아를 모두 잊는' 경지에 이른다.

세상에서 많은 사람들이 좌절과 곤란을 겪고 매우 고통스러워하다 막다른 길로 자신을 몰아넣는다. 하지만 사실 그들이 말한 '막다른 길'은 자신에게 적합하지 않은 길일 뿐 새로운 길을 찾으면 곤경에서 벗어날 수 있음을 모른다. 세상에 영원히 순풍에 돛 단 듯 사는 사람은 없다. 사실 좌절을 만나도 두려워할 필요가 없다. 정말로 두려운 일은 내면 깊은 곳에서 연약하고 이미 투지를 잃어버리는 것이다.

'가다가 물이 끝나는 곳에 이르러 앉아서 구름 이는 것을 본다.' 이 두 구절의 시는 선문답 같다. 사람이 깊은 산속에서 고개를 들어 하늘의 구름이 모였다 흩어지는 것을 보면 마음 한편으로는 걱정되는 가운데 즐거운 기분이 생길 수 있다. 역경을 만났을 때 마음속의 고뇌와 슬픔을 없애면 곤경에서 벗어날 수 있으며 위기 중에도 생기가 난다.

장자는 '소요'의 인생 경지를 추구했다. 소요란 정신이 외부의 속박에 붙잡히지 않고 완전히 초탈한 만물 밖의 정신 상태를 말한다. 하지만 이 시대를 살아가는 우리가 진정한 '소요'를 느끼기는 어렵다. 시시각각 자신을 일깨우고, 일시적인 실의나 순탄치 못한 고난으로 자신감을 잃지 말고, 강하게 현재와 미래를 대처하는 법을 배워야 한다.

마음속에 근심이 없으면
몸이 편하다

고요함을 좋아하고 시끄러움을 싫어하는 자는 흔히 사람을 피함으로써 고요함을 찾는다. 그러나 사실 여전히 자신에 집착하는 것이다. 만일 마음이 고요함에 집착하면 바깥세상이 아무리 시끄러워도 나를 방해할 수 없다.

많은 사람들이 유혹으로 가득한 물질 앞에서 어쩔 수 없이 두근거리는 마음이 생긴다. 그들은 안절부절 어쩔 줄 모르는 기분에서 벗어나려 시도하며 어지러운 마음을 안정시키려 한다. 인파 속을 떠나 주변의 사람과 일을 애써 잊으려고도 한다. 그래도 진정으로 안정을 취하지는 못한다. 마음이 지속적으로 고요하지 못하면 외부의 환경이 설사 아무리 고요하고 평안해도 내면의 열정과 조급함에서 벗어나지 못한다. 내면이 늘 고요하고 마음속에 잡념이 없으면 어떤 환경에 있어도 유유하게 자신을 잊는 그런 경지에 도달할 수 있다.

동진의 유명한 문학가 도연명은 관직에서 물러나 은거하며 전원에서 편안하게 살았다. 그는 많은 사람들에게 회자된 전원시를 썼다. 그의 시는 평안하고 자연스러우며 대범하고 진솔하다. 타인과 나를 모두 잊는 유쾌하고 유유자적하는 한적함을 드러냈다.

그는 〈여자엄등소(與子儼等疏)〉에서 자신을 '젊어 금서를 즐기다가 우연히 한가하고 고요함을 좋아했다. 책을 펴니 얻는 바 있어 문득 먹는 것도 잊고, 나무 그늘을 보거나 새소리를 들어도 또한 기쁨이 있었다.'라고 묘사했다. 오늘날 사람들이 읽어도 이 마음이 맑은 대 시인에게 흠모하는 마음이 절로 생긴다.

오늘날 소란스러운 도시의 왁자지껄한 인파와 공명과 이익의 유혹 앞에 많은 사람들이 깊은 고뇌와 곤혹에 빠진다. 그들은 이런 환경과 생활방식에서 벗어나려 애쓴다. 내면의 고요와 자유를 찾기 위해 한 구석으로 피하며 애써 외부와 단절되어 주변 사람들과의 왕래를 줄이기도 한다. 하지만 진정한 고요와 자유를 얻을 수 없을 뿐 아니라 오히려 가까웠던 친구와 소원해지고 성격은 더욱 내성적으로 변하고 우울한 마음에 생활 모두 심각한 영향을 받는 자신의 모습을 발견하게 된다.

사회에서 살아가면서 주변의 사람과 일하고 왕래하는 것을 피할 수는 없다. 그렇지 않으면 우리의 생활과 일은 어디서 왔겠는가? 따라서 우리는 무리를 떠나 홀로 외롭게 지낼 수 없는 운명이다. 사람이 쓸쓸히 홀로 걸으며 속세를 떠나 홀로 서는 것은 일종의 환상일 뿐이다. 사람은 이 세상에서 벗어나면 자유를 얻는 것이 아니라 자신을 잃어버릴 가능성이 더 크다. 이는 매우 위험한 상황이다.

내면의 고요와 한적함은 외부의 경로로 얻어지는 것이 결코 아니며 자신의 내면에 뿌리내려 있다.

하지만 많은 사람들이 이 이치를 모른다. 그들은 자기 내면에서 출발하지 않고 자신을 자세히 살펴보려는 의식도 없다. 사실 수시로 자신을 반성하고 돈, 지위, 여색에 대한 인식이 깨어 있다면 내면은 자연히 깨끗하고 순결할 것이며 설사 지독히 열악한 환경에 있어도 여전히 좋은 덕행과 품격을 유지할 수 있다.

〈금강경〉 시작부분인 〈법회인유분(法會因由分)〉 1회에는 책머리에 우선 책 전체의 요지를 설명하지 않고 석가모니의 일상생활을 소개한다. 예를 들면 옷을 입고 바리때를 들고, 성에 들어가 탁발하고, 식후 발을 씻는 등이다. 처음 불학을 연구하는 사람들은 당혹함을 느낀다. 이런 것은 모두 일반 사람들의 생활이 아닌가? 이게 어디 수행이라 할 만한가?

하지만 석가모니의 눈에는 옷을 입고 바리때를 들든 밥을 먹고 발을 씻든 마음속에 부처가 있으면 모두 수행이다. 따라서 오늘날 수행하는 사람에게 수행 방식은 불가에서 말하는 '육도만행'에 구애되지 않는다. 오직 마음속에 불경을 품고 있고 불가의 뜻을 받들면 이미 불교 신도인 것이다.

〈금강경〉 중에는 "모든 형상이 있는 것은 모두 허망하다"라고도 한다. 그 의미는 무릇 형상이 있는 것은 모두 허망하니 그에 집착하지 않아야 지혜를 얻을 수 있다는 뜻이다. 통속적으로 말하면 마음속에 아무것도 없어야 간섭을 받지 않는다.

불가의 이치처럼 만일 마음속의 한가로움과 고요를 구한다면 외부에서 힘겹게 찾을 필요가 없다. '마음이 안정되면 더위에도 스스로 시원해진다.' 자신의 내면이 본래 안절부절 어쩔 줄 모르면 어떤 조치를 취해 회피

해도 영원히 번뇌에서 벗어날 수 없다. 만일 자신의 내면조차 안정시키지 못하면 육근을 맑게 하고, 무아지경의 최고경지에 달하는 것을 어찌 논할 수 있겠는가?

내면이 맑고 깨끗하면
불경을 외우고 예불할 필요가 없다

본래 타고난 성품이 맑으면 굶주리고 목마른 생활이라도 마음과 몸을 건강하게 못할 것이 없고, 마음이 불안정하고 흐려지면 비록 선을 말하고 게를 풀이할지라도 이는 모두 정신을 제멋대로 놀리는 것일 뿐이다.

한 친구가 있었다. 그는 평소에 불경 읽는 것을 좋아하는데다 그것이 자신을 매우 침착하고 다른 사람들과 달라 보이게 한다고 생각했다. 그래서 침대 머리맡에 하드커버로 된 〈금강경〉을 두었다. 그는 새벽에 읽고 점심 때 읽고, 저녁에도 읽었다. 수시로 구절을 외우며 스스로 의기양양했다. 마치 이미 선을 배우는 최고 경지를 깨달은 것처럼 내면은 이미 범인을 초월해 성인이 되었다.

하지만 사실상 그의 번뇌는 조금도 사라지지 않았다. 밥을 먹는 것과 마찬가지로 음식이 뱃속에 들어가면 잠시 배가 고프지 않다가 몇 시간이 지나면 다시 뱃속에서 꼬르륵 소리가 나는 것과 마찬가지였다. 이는 그의 마음이 불경에 있고, 부처를 만나기 위한 것이 아니라 그럴듯해 보인다고 스스로 만족하기 위함이었기 때문이다. 그는 이런 과정을 즐겼고 이렇게 하면 자신의 품위를 높일 수 있다고 여겼다.

영화 〈쉬즈 더 원〉을 보면 남자 주인공이 일본의 교회에 가서 참회를 하며 목사 앞에 무릎을 꿇고 자신이 어려서부터 저질렀던 잘못을 하나하나 얘기하는 장면이 나온다. 마치 하느님이 그를 용서해 줄 것처럼 말이다. 그의 목적은 무엇이었을까? 진심에서 우러나온 참회가 아니라 대다수의 신도들처럼 심리적 위안을 구한 것이다. 이런 각도에서 보면 명예와 이익을 쫓는 것도 마찬가지다. 내면이 고요하지 않을 때 마음의 고요를 구하기 위해 자신이 저지른 모든 일에 대해 용서를 구한다. 그런 다음 계속해서 깨끗하지 않고 순진하지 않은 일을 한다.

마치 〈금강경〉에서 말하는 '만일 육신으로 나를 보려 하거나 음성으로써 나를 찾으려면 그 사람은 잘못된 길을 가는 사람이라 여래를 볼 수 없다.'는 말과 같다. 즉 망상과 집착을 내려놓고 어떠한 공리의 목적도 강구하지 않고 본래의 모습으로 돌아와야만 진정으로 철저하게 천성을 볼 수 있다.

처세술은 부처를 배우는 것과 마찬가지로 반드시 먼저 마음을 수양해야 한다. 현실 생활에서 우리는 마찬가지로 내면의 근본을 따라야 한다. 그래야만 인생의 진정한 아름다움을 깨달을 수 있다. 생활에서 우리가 얼마나 높은 성취를 이루었든 세속의 시끄러움을 멀리해야 한다. 출가인처럼 자신의 본 모습으로 돌아가 진정한 선의 경지에 이르러야 한다.

현실 속에서 끊임없이 수신하고 도를 배우는 사람들이 오히려 보통 사람들보다 더 쉽게 외부에서 법도를 추구하는 잘못을 저지른다. 평소에 별로 자기반성과 고찰을 하지도 않는 사람이 부처님께 절하고 향만 태우면 내면의 평안을 구할 수 있고 잘못한 일도 모두 없던 일이 된다고 생각한다. 이런 생각과 방법은 우스울 만큼 유치하다. 진정한 '도'를 얻고 싶다면 자신의 본성을 맑고 순진한 상태로 되돌려야 하며 이것만이 자신을 구제하는 가장 좋은 방법이다.

영혼을 비우고 평온해야
예리하게 사물을 관찰할 수 있다

밝은 달이 뜬 눈 내린 밤, 마음도 밝은 달과 백설처럼 맑고 깨끗하고, 따뜻한 봄바람이 불어올 때 사람의 마음과 자연의 정취가 완벽하게 조화를 이룬다. 대자연과 사람의 마음은 모두 섞여서 조금의 틈도 없어진다.

사람의 내면에는 모두 진경이 있다. '거문고나 피리가 없더라도 절로 즐거울 수 있으며, 향이나 차가 없더라도 스스로 청향에 묻힐 수 있나니, 모름지기 생각을 밝게 갖고 듣고 봄에 얽매이지 않고, 물욕을 잊어 형체에 집착하지 않으면 비로소 그 속에 소요할지니라.' 이런 경지는 무엇을 의미하는가? 이는 우리의 마음이 자연에 가까워야 하며 각종 허영과 번화에서 멀어야 함을 의미한다. 허영과 번화는 우리에게 진정한 즐거움을 주지 못한다. 물욕의 자극은 잠시 동안밖에 지속되지 못하며 감각기관이 가져온 즐거움은 영원할 수 없기 때문이다. 우리는 보고, 듣고, 냄새 맡고, 맛보고, 몸으로 느끼고 생각을 통해 쾌락을 느낀다. 이런 체험은 모두 일시적인 것이다. 음악을 한 곡 듣고, 영화를 한 편 보는 것과 마찬가지다. 그 과정은 수백 수천 가지지만 그 결말은 다 한순간이다.

만일 이런 과정에서 영원함을 잡으려 한다면 어떻게 가능하겠는가? 세상일은 무상하다. 인연의 시작이 있으면 인연의 끝이 있고 슬픔과 기쁨이 있으면 만남과 이별이 있다. 물욕을 쫓고 자연에서 멀리하면 영혼의 고요와 맑음은 얻을 수 없다.

따라서 자기 내면의 고요함을 구하려면 몸과 마음을 대자연 속에 두고 영혼과 만물의 조화를 이루게 하고 철저한 평화와 안정을 실현해야 한다. 세속의 일에 대해서는 손에 쥐는 동시에 내려놓을 줄 알아야 한다. 어떠한 곤란과 위험에 맞닥뜨리든 태연해야 하며 교만함을 경계해야 한다. 좌절은 자신을 향상시킬 수 있는 시험대로 여기고 심란해 하고 자책하지 않아야 한다. 하늘을 원망하고 남을 탓하지 않으며 자포자기 하지도 않아야 한다. 그래야 진정한 자유를 얻을 수 있다.

어느 날 맹자와 양혜왕이 연못가에서 경치를 감상하고 있었다. 양혜왕은 주위의 기러기와 사슴을 둘러보며 만족한 표정으로 맹자에게 말했다. "도를 깨우친 자도 이런 즐거움을 누리는지요?" 맹자가 답했다. "도를 깨우친 사람만이 이런 즐거움을 즐깁니다. 도덕이 없는 사람들은 이런 즐거움이 있어도 즐길 줄 모릅니다."

사람을 진정으로 즐겁게 만드는 것은 새로운 체험과 풍족한 물질이 아니다. 이런 물질 위에 세운 즐거움은 대마초를 흡입해 통증을 멈추게 하는 것처럼 고통을 해결하는 동시에 영원히 회복될 수 없는 다른 심연에 빠지게 한다. 감각기관을 자극해 일시적인 쾌락을 주는 것들은 그 쾌락의 본질이 순식간에 사라지기 때문에 오래 갈 수 없다. 여인의 아름다운 용모가 세월이 흐르면 늙는 것과 마찬가지이다. 더 이상 아름답지 못한 그날이 도래했을 때 얼마나 실망감을 느끼겠는가?

내면이 고요함과 진실된 경지를 유지하면 아름다운 음악이 없어도 자연히 편안하고 즐거움을 느낄 수 있으며 향긋한 차가 없어도 온 방안이 향기로운 향으로 가득 찰 수 있다. 사람의 내면이 깨끗하고 순결하다면 자연히 물질에 초연할 수 있고 모든 번뇌와 짜증과 괴로움을 끝낼 수 있다. 이야말로 인생의 진정한 높은 경지인 것이다.

물질문명이 극도로 번성한 이후 생겨난 수많은 유혹에 맞서 수시로 자신의 욕망을 억제하고 이익의 소용돌이 속에 깊이 빠지지 않도록 경계해야 한다. 경각심을 높여야 기회와 함정을 명확하게 구별할 수 있으며 영혼이 깨끗하고 잡념에 빠지지 않을 수 있다. 그러면 깨끗함이 영원히 마음속에 존재할 수 있다.

평상심을
유지하라

사람의 가장 큰 행복은 마음을 괴롭히는 자질구레한 일이 없는 것이며 화 중에 의심이 심한 것보다 더 무서운 것이 없다. 온종일 일에 얽매어 괴롭고 바쁜 사람만이 일이 없음이 가장 큰 행복임을 안다. 마음이 물처럼 고요하고 평화로운 사람만이 다른 사람을 의심하는 것이 가장 큰 화임을 안다.

인생의 가장 큰 행복은 무엇일까? 부귀공명일까 아니면 장수일까? 사실 답은 쉽게 찾을 수 있다. 바로 일을 불러일으키는 화근이 적고 불의의 재난을 최대한 피하는 것이다. 마음이 괴롭지 않고 일이 많지 않은 것이 가장 큰 행복이니 금전과 명예보다 훨씬 더 중요하다.

나이가 들어감에 따라 인생의 체험이 늘어나면서 일은 적고 복이 많은 것이 진리임을 깨닫는다. 왜냐하면 인생의 대다수 재난은 모두 욕망과 의심이 불러일으킨 것이기 때문이다. 만일 자신의 욕망과 의심을 내버려 두면 위험에 직면해서 제때에 정신을 차리지 못하고 잘못된 길로 빠지기 쉽다.

어떤 사람들은 명예와 이익만 쫓는 게 아니라 다른 사람이 자신을 질투하고 나쁜 의도를 가지고 있다는 무고한 의심에 빠져들어 고통스럽게 스스로를 학대한다. 결국 친구는 점점 줄어들고 적은 점점 많아지며 자신에게 무수한 폭탄을 묻어 놓은 것이나 다름없으니 이 어찌 가장 큰 화가 아니겠는가?

고대의 한 지주가 성실한 노력과 조상의 유산으로 재산이 나날이 불어 갑부가 되었다. 새로 첩을 들인 지주는 매우 행복한 나날을 보냈다. 그러던 어느 날 갑자기 근거 없는 의심이 들었다. 아름답고 젊은 첩은 시집을 오기 전 그 마을에서 재주 많기로 유명한 처자였기에 그녀를 마음속으로 사모하던 사람이 많았다. 갑부는 자신의 한 하인이 첩에게 나쁜 마음을 품고 있고 첩도 그 하인과 함께 몰래 달아날지 모른다는 의심을 늘 품고 있었다.

그런 생각이 들자 그는 먹어도 먹는 것 같지 않고, 잠도 잘 수 없고 이 일로 고통스러워 하다가 생각할수록 의심이 사실이라고 믿었다. 결국 그는 끝장을 보겠다고 아예 첩을 우물에 빠뜨려 죽였다. 첩을 죽인 이후 관부가 그를 추궁했고 평소에 그의 약점을 노리던 라이벌도 기회가 오자 그의 밭을 전부 착복해 버렸다. 이후 지주의 집안은 몰락하고 말았고 다시는 회복하지 못했다. 사실 억울하게 죽은 첩과 그의 하인은 결백하였다. 두 사람은 아무런 관계가 아니었고 그저 그 하인이 평소 몇 번 훔쳐보았을 뿐이었다.

의심이 불의의 재난을 불러일으킨 최대 근원이었음을 알 수 있다. 속담에 말하길 '군자는 평온하고 너그럽지만 소인은 늘 근심에 싸여있다.' 라고 했다. 현명한 사람은 아무런 가치 없는 질투에 빠져서는 안 된다. 이런 부당한 생각은 우리의 나쁜 마음과 탐욕을 뒤엉켜 자라나게 한다. 진정한 방법은 냉정하게 마음을 가라앉히고 이성적으로 문제를 생각하는 것이다. 마음이 평화로워 고인 물처럼 차분해야 재앙이 일어나는 것을 피할 수 있다. 평소에 작은 말썽이 생기면 거기에 얽매이지 말고 끈질기게 집착하지 마라. 생각이 많으면 화가 나고 화가 나면 충동적이 되기 쉽다. 세상의 각종 번뇌는 모두 자신의 마음이 만들어낸 것이다. 만족함을 알고 욕심을 덜 부리고, 사심을 버리고 하늘의 이치를 품고 공정한 도의의 마음으로 사람과 세상을 대하면 재앙은 다가오지 않을 것이다.

총애와 모욕을 개의치 않는 것이
인생의 커다란 지혜다

고관이 관직에 있을 때는 욕심 없이 깨끗한 마음을 품고 청정무위의 산림에 취미가 있어야 하며; 산속에서 은거하며 수련할 때 적극적으로 국가 대사에 관심을 가져야 한다.

많은 사람들이 자신이 너무 힘들게 살고, 운명이 자신에게 불공평하다고 원망한다. 이것도 안 되고, 저것도 안 되고, 현실 생활 중에는 어쩔 수 없는 일이 너무 많다. 그렇기 때문에 마음도 환경에 따라 기복이 일정치 않다. 순조로울 때는 기쁜 나머지 우쭐거리고, 자신이 영원히 현재의 위치를 점유하고 다른 이에게 빼앗기지 않길 간절히 바란다. 실의에 빠졌을 때는 속상해서 지하 깊은 곳의 지옥에 빠진 듯 자신이 다시는 일어나지 못할 거라 느끼며 낙담해서는 스스로 포기해 버린다.

모든 사람이 자신의 인생에 대한 이상과 추구하는 사업이 있다. 인생이라는 여정 중에 최선을 다해 성실한 땀을 흘리고 각고의 노력을 기울여 실패가 아닌 성공을 거두기를 희망한다. 하지만 우리가 생활하는 세계는 사람들의 뜻대로만 되지는 않은 많은 일들이 있다는 것을 알아야 한다.

주변의 환경도 자신의 발전에 수많은 불리한 요소가 있다. 어떤 일도 그 자체에 변수가 존재하고 개인의 통제를 받지 않는다. 이는 종종 사람의 운명을 뒤바꿔 기쁨이 슬픔이 되거나 슬픔이 기쁨이 된다.

따라서 생활, 일, 감정 가운데 실의와 득의, 인생의 많은 풍파, 찬란한 성공과 실패의 좌절에 맞설 때 우리는 어떠한 마음가짐으로 대면해야 하는가가 대단히 중요하다.

매우 유명한 대표적 인물에 대해 얘기해 보자. 바로 삼국시대의 제갈량이다. 그는 산 속에 은거하며 천하가 셋으로 나뉜 태세를 보자 적극적으로 대책을 궁리하고 수시로 준비하며 현명한 주인을 기다렸다. 나라를 다스릴 때 신중하게 온 힘을 다했으며 명예 추구나 자신의 향락을 위해 시간을 낭비하지 않았다. 시종일관 검소하고 성실했으며 조심스럽게 일을 처리하고 촉나라의 기반을 다지기 위해 자신의 모든 심혈을 기울였다.

제갈량은 순간의 상황에 일희일비하지 않고 마음속에 천하를 담는 품격을 지녔다. 산속에 있든 사당에 있든 그에게는 장소가 바뀐 것에 지나지 않았다. 그의 뜻에는 아무런 영향도 미치지 못했다. 돈이 아무리 많아도 그에게는 똥처럼 쓸모없었고, 은거하는 곳이 아무리 고생스러워도 나라의 대사를 위해 사색하는 명승지나 다름없었다. 오로지 명예와 이익을 간파하고 세상 규율을 꿰뚫어보는 사람만이 이를 이룰 수 있는 것이다.

역사를 살펴보면 제갈량과 함께 논할 만한 사람은 주원장의 책략가 유백온밖에 없다. 한 시대의 뛰어난 인재로서 유백온은 명태조 주원장을 보좌해 천하를 평정했고 명나라를 세우는 기반을 마련했다. 이 공로를 인정해 주원장도 그를 매우 우러러 존경했다. 당시 사람들은 누구나 그를 존경했으며 그의 능력에 탄복했다. 하지만 유백온은 권신이 되려는 생각이 조금도 없었고 적절한 때 은퇴해 권력을 멀리했다. 권외에서 그는 여전히 정국의 변화를 볼 수 있었으며, 조정의 일에 관심을 기울였고, 천하의 정세에 대해 모든 것을 인지하는 통찰력을 보였다. 유백온은 의심할 여지없이 매우 맑고 분명한 사람이었다. 그는 명예와 이익이 양날의 검인 것을 알았다. 자신의 위치를 바로 잡는 것은 당연히 좋은 일이지만 만일 자신의 위치를 바로 잡지 못한다면 명예와 이익에 의해 죽을 수도 있는 것이다.

그와 동시대를 살았던 호유용이 바로 전형적인 반면교재이다. 그는 주원장의 중용을 받았을 때 명나라가 오로지 그의 손에 의지한다고 여겼다. 목숨을 걸고 권력을 이용해 인재를 구슬렸고 사리사욕을 꾀하며 퇴로를 생각하지 않았다. 황제가 그를 의심하기 시작하고 그의 권력을 줄이려 할 때 그의 선택은 적시에 물러나는 것이 아니라 자기 수하의 책략가들을 통해 반란을 일으켜 명나라의 천하를 자기의 것으로 만들려 하다 결국 멸족을 당하고 말았다.

오늘날 적지 않은 사람들이 경박한 사상과 천박한 안목에다 속물적이다. 약간이라도 명리를 얻으면 바로 자만하여 모든 것을 잊어버리고 꼬리까지 하늘을 향해 쳐들지 못해 안달이다. 실패를 하면 바로 자신이 이전부터 품어온 꿈을 전부 머릿속에서 포기해 버리고 쥐구멍 속으로 파고들지 못해 안달이다. 둘 사이의 감정적 차이가 이렇게 큰 것은 명예와 이익을 너무 중시했기 때문이다. 충분히 냉정하지 못했기 때문이다.

공명과 관록을 내 것이니 네 것이니 하고 서로 빼앗다 보면 혼신의 힘을 쏟고 기진맥진하게 된다. 만일 지나치게 득실에 연연하고 감정의 기복이 크면 일단 자신이 원한 물건을 얻기 어렵게 되었을 때 희망은 물거품이 되고 실의에 빠져 의지를 잃고 만다.

〈채근담〉의 이 단락의 말은 몇 마디 말로 인생 진리의 핵심을 찔러 말해 준다. 우리가 사물에 대해, 명예와 이익에 대해 가져야 할 태도는 무위라 는 두 글자로 귀결된다. '운명 속에 그렇게 있다고 할 때는 끝내 반드시 그렇게 될 것이지만, 운명에 없다고 할 때는 억지로 구하지 말라.' 오직 그래야만 우리의 마음이 평화로울 수 있다.

은총이 집중될 때는 명리의 속박에 초탈하고 수시로 평범한 생활로 돌 아갈 준비를 해야 한다. 반대로 인생이 실의에 빠졌을 때는 담담하게 받 아들이고, 일이 호전될 기미가 보이면 융통성 있게 대처해야 한다. 범중 엄의 '사물 때문에 기뻐하지 말고 자신 때문에 슬퍼하지 말라'는 말은 초 연한 경지를 표현한 담담한 그의 풍류를 엿볼 수 있게 한다.

모든 사람이 이런 마음을 연마해야 한다. 멀리 내다보는 안목과 감당하 고 내려 놓을 수 있는 기백을 가져야 명리에 지치지 않고 실패에 타격 받 지 않는다.

만물에 초연해야 영혼이라는
깨끗한 영토를 지킬 수 있다.

자기 한 몸에 대하여 온전히 깨달은 사람만이 만물을 각자의 본성에 따라 자유롭게 발전하게 하고 천하를 천하에 돌려주는 사람은 진정으로 속세에 처하면서 속세에 초연할 수 있다.

속세에 살면서 우리는 많은 일들이 내 마음대로 되지 않아, 수시로 어쩔 수 없는 피동적인 정서로 처세를 한다. 삶은 종종 우리 마음처럼 순조롭지 않다. 마치 사방이 누수된 벽처럼 서쪽 벽의 구멍을 막으면 동쪽 벽의 구멍이 새고 동쪽 벽 구멍을 막으면 다시 서쪽 벽 구멍이 샌다. 결국 끝나지 않는 구멍에 매일 바빠서 숨 돌릴 새 없어 기분도 나날이 저조해진다.

많은 사람들이 매일 일과 생활 속에 머리를 묻고 마치 수학공식처럼 규율에 꽁꽁 묶여 '물질적 만족을 위해 정신이 육체적 노예가 되'어 점차 경직되고 무감각해지는 모습을 보면 누가 '귀거래혜(歸去來兮)'의 한적함을 직접 느낄 수 있을까? 하는 생각이 든다.

때때로 냉정하게 자신을 살펴보고 최근의 변화를 관찰하여 스스로 저속하고 졸렬하기 그지없게 변하지는 않았는지, 영혼이 이미 무감각해지지 않았는지, 여전히 건강을 유지하며 향상되고자 하는 마음을 가지고 있는지 살펴볼 필요가 있다.

중국 역사상 유명한 은둔자 희이조사가 있다. 그는 5대 전란이 연이어 일어나던 시대에 태어났다. 사람들이 모두 명리를 좇고, 야심만만한 사람은 심지어 천하를 점령하던 시대에 그는 천하를 놀라게 할 재능 (사료에는 어려서부터 재능이 뛰어나며 백가의 경전을 한 번 보면 다 기억하고, 훌륭한 논리로 대중을 놀라게 하였다고 기록되어 있다)을 가졌음에도 은거하며 부귀를 뜬 구름처럼 여기고 속세에서 벗어나 홀로 지냈다.

예로부터 희이조사처럼 진정으로 만물에 초연하고 만사에 매여 있지 않은 사람은 매우 드물었다. 게다가 이처럼 명리를 추구하는 세계에서 사람들은 모두 권력과 부를 위해 분주히 뛰어다니며 수고하는데 우리도 예외가 아니다. 우리는 그렇게 높은 경지에 도달 할 수 없기 때문이다. 우리가 할 수 있는 건 수시로 자신을 일깨우고 반성해서, 물욕에 머리가 혼미해져 진흙탕에서 스스로 빠져 나오지 못하는 일을 막는 것이다. 우리는 깨끗한 정신을 유지하도록 노력해야 한다. 자신이 무엇을 하는지, 무엇을 하려 하는지, 무엇을 하지 말아야 하는지 알아야 한다. 절대로 작은 일 때문에 감격하여 움켜쥐고 내려놓지 못해서는 안 된다. 그런 집착은 자신을 더욱 곤경에 처하게 만든다. 현실 생활을 아는 것이 가장 중요한 것이다. 인터넷, 가상의 상상 모두 정신적인 자아가 마비되고 도피하게 하는 일종의 만성적 독약이다. 결국은 방향을 잃게 만들고 타락하게 만든다.

매주 한 번씩 자신을 반성하고 정기적으로 자기의 행위와 언어와 정신

사상을 검토한 뒤에 자신의 현실 생활을 잘 살펴보아야 한다. 현실의 번잡한 사회를 살아가는 사람은 끝없는 변화 속에서도 자신을 자세히 살펴보고 더 깊이 자신을 인식하는 동시에 우리가 사는 세계를 인식해야 한다.

고요하고 욕심이 없는 가운데
인생의 진리를 체험하라

고요하고 욕심이 없는 환경에서 인생의 진정한 경지를 발견할 수 있다. 오직 소박하고 청빈한 생활 중에서 진면목을 체험할 수 있다

지금까지 여러 번 '고요함'의 개념에 대해 언급했다. 오로지 고요해야 우리는 인생의 본질을 체험할 수 있고 인생의 소박함을 찾을 수 있다. 고요함은 언행만이 아니라 영혼의 수양에 대해 더 많이 착안한다. 즉 행복의 근원이다. 영혼이 침착하고 고요해야 행복감이 더 깊어지기 때문이다. 마음이 고요하지 못하면 수시로 조급하고 충동적이 되며 당신이 다 쓰지 못할 돈을 가졌더라도 진정한 행복을 느끼기 어렵다.

인생의 최고 경지는 비단 옷을 입고 번화한 도시에 산다고 도달할 수 있는 것이 아니다. 자신의 욕망을 무제한으로 풀어 놓거나 사업의 성공을 추구하는 것도 아니다. 인생의 최고 경지는 고요하고 담담한 마음을 추구하는 것이다. 〈장자, 외편, 선성〉중에 '고요함으로 지혜를 기르다'는 주장이 나온다. 장자는 오로지 스스로 기르고 숨겨야 '그 본성을' 잃지 않는다고 여겼다. 진정한 깨달음과 통찰의 경지에 오르려면 반드시 마음속의 과

다한 욕망을 버려야 하며 생활 속에서 청빈할 수 있으면 사치하지 않고 욕심내지 않으면 원시의 본성으로 돌아갈 수 있다.

제갈량은 사람들의 마음속에 지혜의 상징이다. 그는 도(道)로 나라를 다스리고 원대한 책략을 세웠다. 관우 장비 같은 장사들은 그의 지휘 하에 동과 서로 정벌을 나서 혁혁한 공을 세웠다.

〈융중대〉를 읽어보면 제갈량이 당시 정세에 대해 얼마나 깊이 이해하고 있었는지 알 수 있다. 그는 몇 마디 말로 삼국이 병립하는 구조를 그려내었다. 미래에 대한 예측 또한 정확하여 사람들의 탄복을 자아냈다. 공명의 지혜는 어째서 그렇게 뛰어났고 안목은 어떻게 그리 멀리 내다 볼 수 있었는지 묻지 않을 수 없다.

원인은 오로지 하나이다. 제갈량은 항상 다음과 같이 여겼다. '무릇 군자의 행실은 고요함으로써 마음과 몸을 닦고 꾸밈없는 수수함으로써 덕을 기르나니, 욕심 없고 마음이 깨끗하지 않으면 뜻을 밝힐 수 없고 마음 편안하고 고요하지 않으면 원대함을 이룰 수 없으니라. 무릇 배움은 모름지기 고요해야 하고 재능은 모름지기 배워야 하나니 배우지 않으면 재능을 넓힐 수 없고 뜻이 없으면 학문을 이룰 수 없다. 미혹에 빠지고 나태하게 되면 세상의 중심을 알 수 없고 자칫 조급하게 되면 바탕의 안팎에서 나를 다스릴 수 없으니라.'

짧은 한 단락의 말이 그의 인생 가치관을 요약해서 보여준다. 즉 '고요함' '뜻' '격려' 세 글자로 요약할 수 있다. 그는 평안하고 고요함으로 마음을 다스리고, 지혜와 기교로 일을 하지 않고 마음으로 고요함과 평안함을 길러낸다. 따라서 언제 어디서든 제갈량은 물처럼 고요함을 유지하고 담담하고 태연한 상태를 유지했으며, 사물에 대해 깊은 통찰력을 유지했다. 그는 평안하고 고요한 마음을 조절하여 인자하고 지혜로운 본성을 이루었다. 원대한 뜻을 품은 동시에 자신의 이상을 정도로 이끌고 명리를 탐하지 않으며 나아가고 물러섬을 알고 재능과 지혜를 감추고 겉으로는 어리석게 보여 수많은 역경을 겪어도 무너지지 않았다.

물질이 풍족해지면서 생활의 리듬이 빨라진 현실 속에서 내면의 고요함과 소박함을 시종일관 유지할 수 있는 사람은 나날이 줄어들었다. 필자는 평소에 발코니나 길가에 서서 조용히 지나가는 행인을 관찰하는 것을 좋아한다. 관찰의 결과는 실망스럽다. 행인들의 걷는 속도가 갈수록 빨라지고 얼굴의 표정도 점점 냉정하고 경박해지기 때문이다.

점점 더 많은 사람들의 눈은 오로지 이익, 명예, 등에 고정되어 아주 작은 이익에도 죽기 살기로 다투니 어디 반 푼어치라도 고요함과 침착함이 있겠는가? 일부 사람들은 부귀할 때는 함께 해도 가난하고 고난에 처했을 때는 함께 하지 못한다. 그들은 우정을 도구로 여기고 애정을 거래로 본다. 이런 사람들은 안빈낙도의 본성을 잃어버렸다.

세상을 살아가는 처세는 마땅히 '고요함'을 방향으로 삼아 자신의 정신적 경지를 향상시켜야 한다. '소박한 마음'으로 도덕과 지조를 배양해 사업에서는 끊임없이 분투하여도 생활 속에서는 최대한 소박함을 유지해야 한다. 우리의 마음을 고요하고 평안하게 하여 정신이 복잡하지 않게 해야 깊고 넓게 배울 수 있다.

제4장

말과 행동을 각별히 조심하라

─모든 일은 정도가 있는 법이다. 절대로 일을 극단적으로 해서는 안 된다. 이는 자신을 보호하고 자손 후대를 위해 덕을 쌓는 것이다.

─처세는 단순히 자신만을 위한 것이 아니다. 자신의 생명을 아끼고 자신의 명성 을 보호해야 가정의 행복을 보장할 수 있다.

─세 번 생각하고 행동하라. 일시적인 욕심으로 내면의 규범을 포기해서는 안 된다.

─처음으로 큰 깨달음을 얻었을 때 사상이 가장 순수하다.

─사람들은 욕망을 위해 악행을 저지른다. 선악에는 그에 따른 인과응보가 있으니 마음속에 반드시 이 도리를 명심해야 한다.

─금전은 어쩌면 잠시 동안 다른 사람의 존경과 부러움을 사게 할 수 있지만 도덕은 만인의 존경을 받게 한다. 덕이 있는 사람은 기대 밖의 영예를 얻으며 덕이 없는 소인은 갈수록 많은 사람의 경멸을 받을 뿐이다.

말과 행동을
조심하라

즐거울 때 고려하지 않고 가벼이 승낙하지 말고, 술에 취했을 때 억제하지 않고 마음대로 성내지 마라. 유쾌함에 들떴을 때 검토 없이 사방에 일을 일으키지 말고 피곤할 때 태만하게 방임하여 시작만하고 끝을 내지 않아서는 안 된다.

이 이치는 우리에게 언제든지 어디서든 사람을 대하고 일을 할 때 절제해야 하며 어떤 말을 해야 하고 어떤 말을 하지 말아야 하고, 어떤 일을 해도 되고, 어떤 일을 해서는 안 되는지 알려준다. 환경이 어떻게 변하든지 내면이 얼마나 충동적이든 맑은 두뇌를 유지해야 하며 세 번 생각한 후 행해야 한다.

〈예기(禮記)〉에서 '군자는 사람을 인도하는 데 말로 하며 조심시키는 데는 행실로 한다. 그러므로 말은 반드시 그 마칠 것을 두려워하며 행실은 그 가려진 것을 생각해야 하나니 백성은 말을 삼가고 행실을 조심해야 한다.'라고 말했다. 따라서 말 한마디, 행동 하나 모두 조심해야 한다. 말할 때는 반드시 뒷일을 고려해야 하며, 일을 할 때는 반드시 그 폐단을 정밀히 관찰해야 한다. 따라서 군자의 도를 수행할 때 반드시 말을 조심해야 하며 신중히 행동해야 한다. 말과 행동을 조심하는 태도는 본인 스스로를 위해서든 다른 사람과의 교제를 위해서든 모두 꼭 필요한 태도다.

많은 사람들이 기분이 좋을 때 흥분해서 우쭐거리다 다른 사람과 함부로 약속을 한다. 상대는 그 말을 듣고 자연히 기쁘지만 말하는 사람은 당시에 이 일을 내가 할 수 있을까? 상대에 대한 약속을 이행할 수 있을지 진지하게 생각하지 않는다.

내 주변의 예를 들어 보겠다. 친구들과의 모임에서 술이 세 번 돌자 한 친구가 얼굴에서 목까지 붉어질 정도로 취했다. 그는 탁자를 치며 술잔을 들고 일어나 기세등등하게 '형제애가 깊다' 는 등 한바탕 연설을 쏟아냈다.

연설이 끝난 후 그는 가슴을 두드리며 말했다. "나중에 자네들한테 무슨 어려움이 있으면 언제든 나한테 찾아와 말하게. 내가 도울 수 있는 일이라면 절대 거절하지 않을 테니!" 당시 우리는 모두 감동하여 "아이고, 이 친구 진짜 의리 있는 친구일세!"라며 그에게 술을 권했다.

시간이 흐른 후에 몇몇 친구가 모였다. 한 친구가 매우 경멸하는 말투로 그에 대해 얘기를 꺼냈다. 도대체 무슨 일이 있었는지 몰랐던 우리는 그에게 이유를 물었다. 알고 보니 이 친구는 지난번 모임 후에 그에게 작은 도움을 청했지만 한마디로 거절당했다는 것이었다. 게다가 그 친구는 그 이후 전화까지 수신 거부하고 혹여나 다시 찾아와 귀찮게 할까 봐 종적을 감추었다는 것이다.

우리는 그 얘기를 듣고 깜짝 놀라서 고개를 저으며 탄식했다. "아이고, 알고 보니 그 자식 하는 말마다 전부 과장이었군!" 후에 사람들은 모두 그와 소원해 졌으며 이후 모임에도 더 이상 그를 부르지 않았다. 서서히 그 녀석은 우리 동창 모임에서 외톨이가 되어 만날 수 없게 되었다.

말을 하기 전에 먼저 뒷일을 고려해야지 가볍게 상대에게 '공수표'를 날려서는 안 된다. 일단 상대에게 무엇인가 약속했으면 힘써 이행해야 한다. 만일 힘이 부족하면 위에 말한 동창처럼 가슴을 두드리며 큰소리치지 말 것을 권한다.

사람은 여의치 않을 때 술의 힘을 빌려 근심을 해결한다. 하지만 술에 취해서 마음대로 되지 않는 일을 생각하면 근심만 더 깊어지고 화산처럼 화가 솟구쳐 수습할 수 없는 후회 막급한 일을 저지르고 만다.

〈삼국연의〉를 읽은 친구들은 장비가 어떻게 죽었는지 알 것이다. 술을 마신 뒤에 살해 되지 않았는가! 관우는 맥성에서 패하고 손권에게 생포되었다. 이 부고를 들은 장비는 밤낮을 울며 슬픔을 이기지 못해 형제를 잃은 슬픔을 술에 의지했다. 그에게는 술에 취하면 불같이 화가 나서 장사들을 편달하고 수하의 동생에게 화를 내는 나쁜 버릇이 있었다.

후에 그는 병사들을 데리고 손오를 치려고 삼일 내에 흰 깃발과 흰 갑옷을 준비하고 삼군이 상복을 입을 것을 명령했다. 채비를 맡은 두 장군은 임무가 너무 촉박해 장비에게 며칠의 말미를 달라고 했으나 그는 크게 노하여 말했다. "내가 당장 복수를 하고자 내일 당장 오나라에 가지 못하는 것이 한인데 너희들은 나의 명령을 감히 위반하는 것이냐!"하며 두 장군을 나무에 묶어서 각각 50대씩 채찍질 했다. 그 두 명의 장군은 임무를 완성하지 못하고 머리를 베일까 두려워 먼저 선수를 쳐서 장비가 술에 취해 잠든 틈을 타 그를 살해했다.

영웅이 영웅의 손에 죽으면 그것은 가치 있는 죽음이며 영광스런 장렬한 죽음이지만 무명의 병졸에게 죽는 것은 비할 데 없는 비극이다.

불가에서는 '욕심, 화, 어리석음'을 '삼독'이라고 한다. '화'는 많은 사람이 간파하지 못하는데 화가 가져온 고뇌도 무궁무진하다.

맹자는 '스스로 자기를 해치는 사람과는 말하지 말라'라고 했다. 다시 말해서 성정이 포악하고 변하지 않으려는 사람은 그와 이치를 따지지 말라는 것이다. 이런 사람과 이치를 따져도 아무 소용이 없다. 당신이 많이 말할수록 그는 당신을 더욱 마음에 들어 하지 않을 것이고 당신에게 가져올 상해와 불이익도 더욱 커질 것이다. 따라서 말과 행동을 조심하는 법을 배워 자신의 기분을 통제해야 한다. 어떤 말을 해야 사람의 마음을 편안하게 하는지 생각해야 하고 어떤 일을 해야 다른 사람의 미움을 사지 않을 지 생각해야 한다.

사람은 의기양양할 때 특히 말과 행동을 조심해야 한다. 작은 실적을 거두고는 교만하여 신중하지 않은 태도를 보이고 시비를 불러일으키기를 좋아하면 주변의 동료와 친구들에게 경멸을 사고 동료의 신임과 친구의 우정을 잃어버린다.

서양의 한 철학자가 한 말과 같다. 사람이 만일 교만하면 설사 천사였어도 악마로 몰락하고 만일 겸손하면 설사 평범한 사람이어도 성현이 될 수 있다.

생활 속에서 우리는 어떤 일을 할 때 많은 좌절을 겪고 지치기도 한다. 이럴 때는 마음처럼 힘이 따라 주지 않고 중도에서 물러난다. 그래서 우리는 갖은 수를 써서 핑계를 대 거절하고 게으르게 방임하다 일은 아직 성공하지 않았는데 파산하고 끝을 낸다.

이런 사람은 절대로 성공할 수 없다. 성공을 갈망해도 노력을 기울이지 않으며, 일을 하며 시작은 해도 끝은 맺지 않으면 환상의 공상주의 일 뿐이다.

〈채근담〉에서는 '고달프다고 해서 끝나기도 전에 그치지 말라'라고 경고한다. 자신의 몸이 힘들다고 시작만 하고 끝을 맺지 않고 중도에 포기하지 마라. 성공하는 자의 성공 경험은 무엇일까? 우선 마땅히 견인불발의 의지가 있어야 하며 일을 할 때 신중하게 고려하고 자신이 한 일에 대해 끝까지 책임을 지며 목표를 달성하지 못하면 절대로 그만 두지 않는다는 끈기와 인내심이다. 오로지 이래야만 성공할 수 있다. 최소한 중간에 포기하지 않고 유지한다면 이미 절반은 성공한 것이다.

이 세상에는 후회를 치료하는
약은 팔지 않는다.

배불리 먹고 마신 뒤 맛을 생각하면 모든 맛의 구분은 사라진다. 남녀가 만족스러운 관계 후에 다시 성욕을 떠올리면 남녀 간의 환락의 즐거움은 이미 전부 사라진 뒤다. 따라서 만일 일이 끝난 후에 느끼는 후회와 깨우침을 가지고 다른 일을 시작할 때 참고한다면 모든 착오를 없애고 총명한 본성을 회복할 수 있다. 이렇게 하면 원칙이 생기고 모든 행위가 자연히 의리에 맞게 된다.

사오(事悟)란 우리가 어떤 일을 완전하게 체험하고 그 안의 도리를 철저하게 깨달아 그 본질에 맞닿고 일의 방향을 명확히 본다는 뜻이다. 성정(性定)이란 우리가 스스로 충동을 조절하고 외부의 유혹을 거절하며 내면의 양심을 확고히 해 자신의 의지력을 제고하는 것을 말한다. 이 두 가지를 실현하면 우리는 자신의 행위를 규범화할 수 있다.

〈백유경〉에 재미있는 이야기가 하나 있다. 예전에 아름다운 아내를 둔 어리석은 사람이 있었다. 부부는 서로 간의 감정이 깊었으며 화목하게 잘 지냈다. 하지만 어느 날 갑자기 그의 아내가 다른 남자와 왕래를 하기 시작하더니 남편을 떠나 정부와 몰래 도망가려 하였다. 그녀는 몰래 노파에게 부탁하였다. "내가 떠난 후에 여인의 시체를 하나 구해서 집안에 두세요. 제 남편이 돌아오면 그에게 제가 이미 죽었다고 얘기해 주세요."

그래서 노파는 남편이 외출한 틈을 타서 여인의 시체 한 구를 그의 집에 가져다 놓았다. 어리석은 남편이 집에 돌아오자 노파는 그에게 말했다. "당신의 아내가 죽었다오." 남편은 급한 마음에 흘깃 보고는 사실이라 믿고 대성통곡을 하였다. 그는 목재를 쌓아 '아내'를 태운 뒤 뼈를 모아 재로 만들어 항상 몸에 지니고 다녔다.

세월이 흐른 뒤 정부에게 싫증이 난 여인은 원래의 집으로 돌아와 남편에게 말했다. '제가 당신 아내예요." 그녀의 남편은 그녀에게 대답했다. "내 아내는 이미 죽었는데 당신은 누구요? 어찌 내 아내라고 헛소리를 하는 것이요?' 그 여인은 반복해서 그에게 설명하였지만 그는 믿지 않았다.

이 이야기 중의 남편은 분명 어리석다. 하지만 그의 아내는 더 말할 나위 없이 어리석다. 자신을 사랑하는 남편이 있음에도 여전히 만족할 줄 몰랐으니 말이다. 멍청이의 아내는 집으로 돌아온 후 남편이 자신을 몰라보자 마음속으로 분명히 후회막급했을 것이다.

하지만 사후에 후회한들 무슨 소용이 있겠는가? 일은 이미 저질렀고 게다가 이미 돌이킬 수 없는 결과까지 만들어졌지 않은가. 일단 잘못을 했으면 뒤를 돌아보아서는 안 된다. '세상에는 후회를 치료할 약을 팔지 않는다'는 말이 있다. 어떤 일을 할 때 자기 의견만 고집하고 일의 결과를 자세히 고려하지 않은 채 한 방면만 자신에게 유리한지 보고 전심을 기울여 그 안에 투입해서는 안 된다. 그랬다가는 전면적이고 현명한 판단을 내리지 못해 전체적인 파악을 하지 못하고 결국 일의 결과는 뜻대로 되지 않을 것이다. 이는 당연한 결과다.

현실 생활에서 우리는 종종 이익과 욕망 때문에 그 당시에는 연연해하다가, 나중에 후회하는 경우가 있다. 일시적인 목적을 이루기 위해 마땅히 준수해야 할 이성적 사고와 객관적 평가 같은 원칙을 소홀히 했다가 일의 결과가 나쁘면 그제야 불현듯이 깨닫는다. '애초에 어찌 그리 어리석게 성급한 결정을 내렸을까!'

이는 잘못이 아니다. 필경 사람은 성현이 아니기에 자신의 사심이 있기마련이다. 하지만 슬픈 것은 분명 이미 한 가지 일을 잘못했는데 다시 같은 상황이 생겼을 때 우리는 조금도 주저하지 않고 같은 잘못을 저지른다는 것이다. 이처럼 악성 순환이 계속된다. 이는 '화장실 갈 때와 나올 때가 다르다' 는 속담과 같은 것이리라.

처세에서는 일을 하기 전에 결과를 생각하고 이로움과 폐단을 심사숙고해야지 조급하게 매진해서는 안 된다. 세 번 반성하고 시종일관 맑은 두뇌를 유지하는 것이 정확한 처세 원칙이다.

증국번의 일기에 나오는 이야기다. 어느 날 밤 꿈을 꾸었는데 꿈속에서 친구가 의외의 돈을 벌어 자신도 모르게 부러운 마음이 생겼다. 아침에 잠에서 깨어 꿈속의 상황을 되새겨 보니 자신이 품지 말아야 할 욕심을 품은 것이 스스로 매우 부끄러워 깊이 반성했다. 바로 이처럼 시시각각 경계하고 반성하는 좋은 습관이 있어 그는 관운이 형통하고 북경에서 머무는 동안 연속으로 승진했으며 청나라 말기 조정의 역경에 굴하지 않는 튼튼한 기둥이 되었다.

사실 우리가 잘못을 저지르는 것은 대부분 '생각' 의 훼방으로 생기는 일이다. 일시적인 욕심, 어리석음으로 일의 본질을 아직 제대로 보기 전에 이미 자신을 잃어버리고 눈앞의 가짜 유혹에 의해 비이성적인 선택을 내린 것이다.

세상에는 후회를 치료해줄 약을 팔지 않는다. 물욕이 만연한 사회에서 권세, 부, 명성은 모두 사람들이 열중하고 손에 넣기를 희망하는 것이다. 하지만 우리는 이런 것들을 추구할 때 진정한 나를 잃어버리지 않도록 명심해야 한다. 사물의 본질을 파헤치는 법을 배워 단정히 행동하고 정확한 판단을 내리는 동시에 교훈을 획득하고 경험을 쌓아 '같은 실수'를 하지 말아야 한다.

감정적으로
일을 처리해서는 안 된다

꾀꼬리 노래 소리를 들으면 기쁘고 개구리 울음 소리를 들으면 싫어하며 꽃을 보면 재배하고 싶고, 잡초를 보면 뽑고 싶은 것 모든 것은 인지상정이며 완전히 자신의 희로애락에 근거해 판단한다. 사실 생물의 천성에 따라 꾀꼬리의 울음은 귀에 듣기 좋고 개구리의 소리는 사람을 귀찮게 하는 것도 좋다 모두 그들의 감정을 토로하는 것이다. 꽃이 피든 잡초가 자라든 그것들은 모두 자신의 생명력을 펼치는 것이 아닌가?

때때로 사물을 관찰할 때 개인의 호감과 편견으로 주관적 의식이 생기는 경우가 있다. 그렇기 때문에 사물에 대한 인식은 종종 불완전하고 비객관적이다.

일을 할 때나 생활하면서 감정적으로 일을 처리하면 성공할 확률이 크지 않거나 바라는 대로 되지 않는다.

삼국시기에 서천의 유장에게 매우 유능한 장송이라는 사람이 있었다. 장송은 유장의 세가 약해 자신이 뛰어난 정치적 재능을 지니고 있음에도 불구하고 발휘할 기회를 얻지 못하는 불운을 탄식했다.

그러다 마침내 그는 조위의 출사가 되는 기회를 얻었다. 그는 조조에게 의탁하고자 암행 전에 몰래 서천 지리 형세를 그린 지도를 몸에 숨기고 조조에게 투항하며 선물했다.

조조는 원래 사람을 적재적소에 잘 쓰는 것으로 유명했지만 그도 주관적이고 감정적으로 일을 처리할 때가 있었다. 그는 장송의 '이마가 뾰족하고, 들창코에 뻐드렁니, 오 척도 안 되는 단신'의 생김새를 보고 마음속으로 반쯤 혐오스런 생각이 들었다. 게다가 장송이 말대꾸를 하자 조조는 크게 노하여 그의 목을 치라는 명을 내렸다. 다행이 양수와 순역이 죽음을 무릅쓰고 간언하여 장송의 목숨을 보존할 수 있었다.

우울한 마음으로 서천을 향해 돌아가던 장송은 형주를 지나다 유비의 접대를 받았다. 장송은 인재를 중시하는 유비의 기품에 내심 감탄하고 감동하여 그에게 지리도를 꺼내 보여주고 서천을 공략할 방법도 알려주었다. 후에 유비가 한중의 땅을 차지하고 나라를 세울 때 장송의 공도 한 몫을 차지했다.

조조는 용모로 사람을 취하는 큰 잘못을 저질렀다. 생각해 보자. 만일 조조가 장송이라는 인재를 중시하였다면 장송은 자연히 서천의 지도를 두 손으로 봉헌했을 테고 조조의 지략으로 한중의 땅을 빼앗는 것쯤은 손바닥 뒤집듯 쉽지 않았겠는가? 만일 그렇다면 역사의 방향은 완전히 변했을 것이다.

따라서 어떤 일을 할 때 자신의 주관적 생각에 따라 문제를 처리해서는 안 된다. 처세를 할 때 최대한 이성적으로 처리하고 사물을 대할 때 객관적으로 인식해야 하며 맑은 두뇌를 유지하고 이성적으로 사고해야만 일을 할 때 막다른 길로 들어서지 않게 된다.

친구를 사귈 때는 더욱 조심해야 한다. 친구의 언행을 관찰하고 감정적으로 일을 처리하거나 함부로 교제해서는 안 된다.

주변의 '친구' 중에 늘 달콤한 말을 하는 친구들이 있을 것이다. 이때 인성의 약점이 쉽게 드러난다. 사람이잖은가. 누가 듣기 좋은 말을 싫어하겠는가? 하지만 당신이 진정으로 그들의 도움이 필요할 때 이들은 당신을 멀리 피한다. 심지어 남의 어려운 틈을 타서 해를 가해 설상가상으로 남의 불행을 이용한다.

반대로 어떤 친구들은 평소에 당신에게 과묵하니 별 말이 없고 심지어 냉정한 태도를 보인다. 당신이 어떤 일을 하려고 자신의 생각을 그에게 말해도 그의 지지를 얻지 못할 수 있다. 하지만 당신이 정말 어려움에 처했거나 위험한 지경에 빠졌을 때 그들은 있는 힘을 다해 전적으로 도와주며 당신을 위해 고생도 마다하지 않고 분주히 뛰어다닌다.

만일 당신이 이런 일을 겪은 적이 있다면 분명 감회가 새로운 것이다. 이 사회에서 웃음 속에 칼을 품고 있는 사람이 적지 않다. 이런 사람과 교제를 할 때는 그에 대해 깊이 이해해야 하고 그가 과연 믿을 만한지, 진실한 사람인지 관찰해야 한다. 지나치게 독단적, 주관적으로 그 사람의 좋은 면만 보아서는 안 된다.

당태종이 위징에게 물었다. "어떻게 하면 훌륭한 군주가 되고 어떻게 하면 어리석은 군자가 되는가?" 위징이 대답했다. "여러 측면에서 말을 들으면 현명해 지고, 한쪽 말만 들으면 어리석어집니다." 사실 친구를 사귀는 것도 같은 도리다.

옛 사람들이 말했다. "이로운 벗은 셋이 있고 해로운 벗도 셋이 있다." 그중 "정직한 벗, 이해하는 벗, 유식한 벗은 유익한 친구이고, 편협하고, 유약하고, 교묘한 말로 환심을 사는 사람은 해로운 친구다."

정직하고 관용으로 남을 대하고 박학다식한 사람은 유익한 친구라고 할 수 있다. 반면 성정이 포악하고, 다른 사람과 영합하고 환심 사기를 좋아하고, 꿍꿍이를 숨기는 사람은 틀림없이 손해를 끼치는 친구이다.

옛 사람의 말은 일리가 있다. 벗을 사귈 때 반드시 이성적이고 신중해야 한다. 만일 개인의 기호에 따라 가리지 않고 친구를 사귀면 결국에는 피곤해질 수밖에 없다!

일거수일투족
모두 신중해야 한다

만일 사악한 생각으로 귀신의 금기를 범하거나 한마디 말로 인간의 상서롭고 평온한 기를 해치거나 천지의 이치를 해하는 일을 하면 자손 후대에 재앙을 끼칠 수 있다. 이런 모든 행위는 반드시 특별히 경계하고 수시로 본보기로 삼아야 한다.

많은 경우 일의 옳고 그름은 모두 우리의 한순간의 선택에 달렸다. 선택의 기로에서 왼쪽이 천국이라면 오른쪽은 지옥이다. 충동은 마귀다. 일을 할 때 생각이 부족하면 한순간의 생각의 차이로 돌이킬 수 없는 잘못된 선택을 하고 실패가 정해진 씨앗을 뿌리거나 혹은 평생 후회하고 영원히 보상할 수 없는 잘못을 저지른다.

불가에서는 사람은 마음이 움직이는 순간에 원인과 결과를 동시에 심는다고 말한다. 당신의 마음속에 사념이 자랄 때 자신에게 후환을 만드는 것뿐만이 아니라 자손 후대에까지 재앙이 생길 수 있다. 당연히 전제는 '만일 당신이 나쁜 일을 했다면' 이다.

속담에 '말 한마디 신중하지 못해 신세를 망치다' 는 말이 있다. 말을 할 때 신중하지 못해 자제하지 못하고 한마디를 잘못하면 이전에 노력하여 얻은 모든 것을 잃어버리게 된다. 일도 마찬가지 이치다. 몇 십 년 동안 당신이 힘겹게 경영하고 꽤 괜찮은 명성을 쌓았어도 어느 날 생각이 조금 느슨해져 나쁜 생각이 떠올라 이 힘겹게 만든 좋은 이미지를 훼손할 수 있다.

따라서 한 사람의 입신 처세는 자손 후대에게 무궁무진한 재앙을 끼치지 않으려면 절대로 제 마음대로 도리에 어긋나는 짓을 해서는 안 된다. 어떤 사람들은 단순히 '이익'을 위해 잘못된 길로 들어서 예법에 어긋나고 사람의 도리에 어긋나는 일을 한다. 사후에 이를 본보기로 삼지 않을 뿐 아니라 오히려 '자신이 한 일은 자신이 책임진다'는 생각으로 죄악이 폭로되더라도 자신이 부담하고 가족은 자신으로 인해 연루되지 않을 거라 생각한다. 하지만 실상은 정말 그럴까? 일부 범죄자, 부패 관리들의 진상이 밝혀진 후 그들의 가족은 물론 법률상의 책임을 질 필요는 없지만 그들 때문에 타인의 시선과 손가락질을 받고 힘든 생활을 해야 한다. 어쩌면 평생 가족이 저지른 잘못이라는 벗어나지 못할 무거운 그림자 속에서 살아야 할지도 모른다.

그래서 다른 사람을 대할 때는 자신의 자손을 위해 덕을 쌓는 것임을 반드시 기억해야 한다. 인의에 어긋나는 일을 하지 말아야 자손들에게 재앙이 가지 않고 자신도 좋은 이미지를 남길 수 있다. 어떤 일이든 크고 작은 유혹에 맞서 신중하게 선택해야 한다. 수시로 자신의 행위를 통제해야 하고 깊이 생각한 후에 선택을 해야 한다.

왜냐하면 일단 충동이 자신의 생각을 통제하면 한 순간의 생각으로 다른 사람에게 해를 끼칠 뿐 아니라 간접적으로 자신에게도 해를 끼치기 때문이다. 몇 년 전 상하이의 한 여대생이 기숙사에서 자살을 했다. 경솔하게 자신의 젊은 생명을 마친 것이다. 그녀의 어머니가 학교로 그녀를 만나러 왔을 때 친구들의 무시를 당한 일이 원인이었다. 그녀는 이 일을 받아들이지 못한 것이다. 비록 사람들의 질책을 받을 사람은 그녀의 친구이지만 그녀의 자살은 그 자체로 어리석은 행위였다. 일시적인 충동으로 일의 결과는 전혀 고려하지 않고 감정적으로 자살을 선택한 것이다. 자신은 죽으면 그만이지만 가족들에게는 무한한 고통을 남겼다.

우리는 자신만을 위해서 사는 것이 아니라는 점을 알아야 한다. 일부 사람들은 이렇게 사는 것이 너무 힘들다고 느껴 자살이라는 방식으로 소위 인생의 '고통'을 끝내려 한다. '멋스럽게' 자신이 혐오하는 인간 세상을 떠나는 것으로 보였던 선택은 동시에 가족에게 평생을 따라가는 슬픔을 남긴다. 따라서 자살을 선택하는 것은 가장 이기적인 행위중 하나다. 생활이 얼마나 어렵든 절대로 자살을 생각해서는 안 된다. 살아만 있다면 역경을 해결하지 못할까 걱정할 필요가 있는가? 사실 역경은 출현과 동시에 역경을 해결한 방법도 따라서 온다. 설사 자신의 가족을 위해서든, 모든 자신을 사랑하고 자신에게 관심을 가지는 사람을 위해서라도 신중하고 조심스럽게 자신의 생명을 보호해야 하며, 일을 받아들이는 강한 힘을 유지해야 한다.

아득히 먼 인생에서 분명 접촉할 수 없고, 할 수 없는 일이 있다. 그로 인해 자신에게 미안할 것도 없고 가족과 친구에게 미안할 것도 없다.

일부 어리석은 일은 해서는 안 된다. 일부 물건은 건드려서도 안 된다. 약물 흡입, 알코올 중독, 같은 나쁜 습관 같은 것들이다. 시작은 모두 일시적인 호기심과 충동으로 시작한다. 어쩌다 한 번 시도해봤다가 스스로 빠져 나오지 못하고 중독되고 결국에는 평생을 가는 나쁜 습관으로 발전한다. 만일 당신이 호기심으로 그것들을 손대고 일단 물들면 일생이라는 시간을 들여서 이 악습에서 벗어나려 노력해야 할 것이다. 자신에게 미안할 뿐 아니라 다른 사람에게 더욱 미안한 일이다. 따라서 반드시 끊어야만 한다. 기왕에 자손을 위해 덕을 쌓을 거면 영원히 만족하지 못하는 탐욕을 부리지 말고 관직에 있든 회사의 대표이든 법을 준수하고 욕심 부리지 않아야 한다.

  한 부패한 관리가 법관의 심문을 받을 때 눈물 콧물을 흘리며 말했다. "그 공금은 본래 손을 대려 하지 않았는데 갑자기 별거 아니라는 생각이 들어 충동적으로 돌이킬 수 없는 잘못을 저질렀습니다." 많은 사람들이 한 번 잘못 내디딘 발이 천고의 한이 된다. 길을 잘못 들어서는 것은 모두 이런 '원래는 아니었던' 마음에서 시작 한다. 일을 하기 전에 신중하게 그 결과를 고려하지 않은 것이다. 잘못을 저지른 후에 이미 큰일을 저질렀음을 발견해도 보완할 방법이 없다. 또 어떤 탐관은 기왕에 다른 사람들도 모두 돈에 욕심을 내는데 나도 조금 가져간다고 안 될 게 뭐가 있겠어? 라고 생각한다. 이렇게 자신이 저지른 잘못에 정당한 이유를 부여하고 법률과 도덕을 완전히 머릿속에서 내팽개치고는 후에 어떤 벌을 받게 될지는 생각도 하지 않는다.
  우리 같은 보통 사람들은 생활 속에서 자신을 사랑하고 자신에게 잘해주는 사람들에게 가정의 책임을 지고 일시적인 쾌락과 즐거움 때문에 생활 속에서 잘못을 저질러서는 안 된다. 당신은 최대한 노력해서 좋은 아내, 좋은 남편이 되어 아이들에게 모범이 되어야 한다.

153

만일 목적을 달성하기 위해 수단과 방법을 가리지 않고 자신의 일시적인 쾌락만 생각하고 사람의 도리에 어긋나는 일을 하고 의롭지 못한 돈을 벌면 스스로 구덩이를 파서 뛰어내리고 자신의 미래를 우환아래 묻어버리는 것과 마찬가지이다. 그때가 되면 뼈 속까지 후회해도 구제할 수 없다.

특히 사회에 막 들어서 직장 생활을 시작한 젊은이들은 경험 부족으로 자신을 방임해서는 안 된다. 잘못을 저질러도 용서받을 거라고 생각하는데, '하룻강아지 범 무서운 줄 모른다'는 말을 믿지 말고 자신의 생각과 행위를 마땅히 억제하는 법을 배워야 하며 여러 번 생각한 후에 행동해야 한다. 말을 하고 행동함에 모두 생각을 한 후 말하고 주도면밀하게 계획하고 한 발을 내디뎌야 한다. 여러 방면에 고려를 다 해보아야 한 순간의 어리석음으로 돌이킬 수 없는 손해를 가져오는 큰 잘못을 저지르지 않을 수 있다.

사람됨과 일에 모두
선량한 마음을 가져야 한다.

한순간의 자비로운 마음은 사람과 사람 간의 평화로운 기운을 만들 수 있고, 순결하고 깨끗한 마음을 간직하면 자신의 명성을 천고에 남길 수 있다.

선량함은 일종의 지혜일 뿐 아니라 선경지명이고 고귀한 정신적 힘이다. 만일 당신이 〈채근담〉 전편에서 말하는 것이 도대체 무엇이냐고, 우리가 세상을 살아가는 교활한 도리인지 묻는다면 그들에게 할 대답은 "아니다." 처세방법은 우리 인생의 도구일 뿐이고 마음의 수련이 우리 인생의 경계를 높이는 큰 길이다. 다시 말해 〈채근담〉은 어떻게 마음을 다스릴 것인지를 우리에게 알려준다. 마음이 선하면 광명의 길이 열린다. 한순간의 자상함이든 깨끗한 마음이든 우리 자신의 인생을 위해 일종의 '길고 긴 세월 맑고 향기로운' 미명을 열 수 있다.

선량함은 천진 혹은 초연함과 함께 연결된다. 대다수 상황에서 선량한 사람은 나쁜 일을 하지 않는다. 결코 할 수 없어서가 아니라 나쁜 일을 하지 않고 나쁜 일을 하기를 원치 않기 때문이다. 선량한 사람은 방어와 항쟁을 할 줄 몰라서가 아니라 또한 간교하고 계략을 부릴 줄 몰라서가 아니라 이런 소위 '정당방위'와 '세속적인 투쟁의 지혜'의 권리를 남용하고 싶지 않을 뿐이다.

사실 종종 이렇다. 우리 생활 속에는 아이들은 선량하고 천진하고 사랑스럽다. 인생과 세상에 대한 사리가 밝은 내면이 강한 사람, 그들의 내면은 선량하다. 왜냐하면 그들은 모든 것을 깨닫고 인생의 최고 지혜를 터득했기에 이미 애초의 순수함과 순박함으로 돌아갔기 때문이다. 하지만 나이가 젊고 스스로 똑똑한 줄 알지만 실제로는 어슬렁거리는 사람은 오히려 선량하지 않고 가장 냉담하고 무정하다.

어째서 이렇게 말하는 것일까? 왜냐하면 아이의 눈에 세상은 모두 아름답고 조금의 악도 없기 때문이다. 내면이 강한 사람은 그들은 세상의 투쟁을 진작 간파하고 처세의 최고 지혜를 장악했지만 사실 그 자체로 선하다. 그러나 뱃속에 별 보배도 없이 야심이 가득한 사람은 잘못 인지하고 있다. 사람이 착하면 남에게 속고, 말이 온순하면 사람이 타게 마련이다.

군자는 어느 경우나 태연자약한데 소인은 언제나 근심걱정으로 지낸다는 말이 있다. 악인은 더욱 사면초가로 일을 심각하게 여기고 그 울음도 처량하고, 그 행위도 황당하며 조화도 부족하고, 그 마음도 두렵고 불안하다. 악인은 제멋대로 날뛰어도 일시적으로 날뛸 뿐이다. 최후에 승리하는 자는 영원히 마음이 선량한 사람이다. 왜냐하면 그들의 마음이 자비롭고 전혀 개의치 않으며 줄곧 미소 지으며 현실을 대면하고 영원히 인생에 대한 믿음을 잃어버리지 않고 이상에 대한 추구를 포기하지 않는다. 오직 이런 사람만이 잠깐의 좌절로 순수한 본성을 잃어버리지 않고 악을 만나 이성을 잃어버리지 않고 악으로 악을 제압하고 자신을 정확한 궤도에서 벗어나게 하지 않는다.

그렇다면 악은 어떻게 생기는 것일까? 가장 주된 것은 욕망에서 근원한다. 사람은 욕망이 생기면 특히 욕망이 만족되지 못할 때 다른 사람과 이익상의 투쟁을 벌인다. 투쟁으로 얻어내지 못했을 때 수단을 가리지 않고 윤리와 도덕에 위배되는 남들로 하여금 넋이 나가게 하는 일을 한다. 가난한 집안은 역경에 서로 돕고 골육의 정을 더욱 중시한다. 부귀한 집안은 권력과 이익을 얻기 위해 부자간에 전쟁을 벌이거나 형제간에 서로 다투는 상황이 자주 발생한다. 큰 악은 종종 이 때문에 생긴다.

웅주 한무제는 노년에 장안 성내에서 자신의 아들과 전쟁을 일으켰고 결국 아들을 궁지에 몰아 자살하게 만들었다. 이 한 편의 비극은 근원을 추적해 들어가면 진정한 원인은 사실 권력과 이익의 다툼이다. 무측천은 정권을 빼앗고 당나라 천하를 얻기 위해 자신의 친 자식을 죽였다. 역사상 공인된 영주 당태종은 자신이 둘째 아들이라 황위를 계승할 수 없자 마음을 모질게 먹고 '현무문의 변'을 일으켜 친형제를 죽이고 부친을 핍박해 자신을 태자로 세우게 했다. 심지어 친아버지는 연금까지 했다. 가장 잔혹한 사람은 수양제다. 그 자신은 비록 이미 태자로 책립되었지만 빨리 황제가 되어 대권을 장악하기 위해 반란을 일으켜 친부인 수문제를 모략을 꾸며 죽였다. 〈이십사사〉 중 이런 사례는 어디서나 볼 수 있다. 사실 결론적으로 말해 당시 사람은 생각 하나의 잘못으로 일을 완전히 다른 양 극단으로 가게 했다. 선이 아니면 악이다.

인간의 감정은 항상 이성적이지는 않다. 심지어 본질은 감성이다. 인간의 선은 한 생각에서 나온다. 설마 악도 그럴까? 어떻게 해야 생각 하나의 잘못된 악을 피할 수 있고 자기 마음의 선량함을 유지할 수 있을까? 〈채근담〉은 여기서 우리에게 수시로 자신을 구속하는 절개, 내면을 수시로 살피는 좋은 습관으로 마음의 선량함을 키워야 한다고 알려준다. 오로지 자신의 일상 행위를 반성하는 법을 배워야만 매일의 행위가 타당한지 살펴보고, 생각이 부끄럽지 않은지 자신의 언어와 행동을 재는 척도가 되며 원칙에 따라 일을 한다. 그래야만 내면의 '악'은 효과적으로 억제되고 내면의 '선'도 최대한도로 발휘될 수 있다.

도덕의 힘을
저평가해서는 안 된다

한 사람의 명성이 만일 도덕적 수양으로 얻은 것이라면 깊은 산속에서 자라는 화초처럼 끊임없이 번식할 것이다. 만일 업과 이익을 추구하는 행위 중 얻어진 것이라면 화분 속의 꽃과 같아서 조금만 옮겨 심으면 꽃의 성장에 심각한 영향을 끼친다. 만약 권위와 권력을 써서 얻은 것이라면 화병에 꽃은 꽃과 같아서 그 뿌리가 진흙에 깊이 뿌리내리지 못해 머지않아 시들어 버릴 것이다.

사람의 진정한 영예는 그의 도덕적 품성에서 그가 세운 업적이나 재산에 달린 것이 아니다. 이는 어째서 상인들이 전 세계를 사들일 돈이 있어도 역사상 그들의 평가는 여전히 높지 않았는지를 설명해 준다. 역사상 유명한 사상가들은 비록 그들의 일생이 가난해도, 어떤 이는 심지어 친구의 도움으로 살아가도 대대로 이름을 남겼다. 이는 그들의 도덕적 수양이 전 인류의 모범이 될 만하기 때문이다.

중국 고대 사람들은 기나긴 수천 년의 역사를 통해 덕으로 보답하라고 제창하였다. 고대 사람들이 보기에 부와 명성은 좋은 것이었지만 그것들은 덕이 있는 사람만이 오랫동안 가질 수 있는 것으로 덕이 없는 소인은 오래 소유할 수 없다. 도덕의 수양은 하루아침에 얻을 수 있는 것이 아니다.

옛 사람들은 군자도 재물을 좋아하지만, 도리를 지켜 그것을 얻는다고 말했다. 명예와 부는 모두 조금씩 정당한 행위를 통해 획득하고 쌓는 것이다. 반대로 만일 부당한 수단이나 음모를 써서 단 기간 내 획득하면 부와 명예는 견실하지 못해 공중누각처럼 얻자마자 순식간에 와해되어 수포로 돌아간다. 그렇기 때문에 부는 정당한 노동을 지불하여 취득해야 하며 사회지위도 자신의 도덕적 역량으로 획득해야 한다.

동한 초기의 대사공 송홍은 사람됨이 정직하고 관직에 있으면서도 청렴하며 황제에게 충심을 다하고 직언을 간한 사람이었다. 황실을 위해 30여 명의 인재를 추천하고 선발하였는데 그 중 어떤 사람은 심지어 재상의 위치까지 올랐다. 광무제 유수는 그를 매우 신임하고 중용하여 선평후로 봉하였다.

광무제의 누나인 호양공주는 과부로 수년을 지냈다. 유수는 공주를 송홍에게 시집보내려 하였으나 공주가 동의할지 몰랐다. 어느 날 광무제는 호양공주와 함께 조정의 대신들에 대해 얘기했다. 호양공주는 "송공(송홍)이면 생김새도 괜찮고 재덕도 군신 중에 따를 사람이 없지요"라고 말했다. 유수는 이를 듣고 매우 기뻐하며 급히 송홍을 황궁으로 부르고 공주더러 병풍 뒤에서 몰래 듣게 했다.

유수가 송홍에게 물었다. "고귀해지면 친구를 바꾸고 재산이 늘면 아내를 바꾼다고 하는데 이것이 인지상정인가요?" 송홍은 이 말 속에 특별한 의미가 있다는 것을 알아차리고는 대답했다. "신이 들은 바로는 가난하고 천할 때 사귄 친구는 잊을 수 없고 술지게미와 겨를 먹으며 고생을 함께

한 아내는 집에서 내쫓지 않는다고 합니다."라고 했다. 광무제는 그의 대답을 들은 후 고개를 돌려 안쪽의 호양공주에게 말했다. "아, 이 혼사는 안 되겠구나." 후에 이 말은 조강지처의 유래가 되었다.

이숙동 선생도 기품 있고 고상한 사람이었다. 그는 지주의 가정에서 태어나 가산이 풍족하여 일찍이 해외로 유학을 갔었다. 그의 경력으로 당시 정부 안에 한자리 차지하고 권력과 부를 모두 얻어 평생을 호사롭게 살기에 충분했다. 하지만 그는 중국의 교육 사업을 위해 모든 것을 봉헌했다. 〈장정송별〉의 노래와 죽은 후의 사리가 모두 그의 존재를 증명해 준다. 그의 정신과 지혜는 이미 철저하게 중화 민족의 정신 속에 녹아있고 그 자신도 중화 민족 도덕의 전형적인 대표가 되었다. 그와 비교해서 단기간 내 폭리를 취한 투자상들은 모래알만큼 하찮다.

기독교 문화에서도 이런 전통이 있다. 비록 청교도들이 부를 거의 광적일 정도로 배척하지만 그들은 동시에 한 사람이 죽기 전 자신의 모든 부를 기부하지 않으면 천국에 가고 싶어도 바늘구멍을 통과하는 것보다 더 힘들다고 말한다. 바꿔 말해 한 사람이 천국에 들어갈 자격은 이번 생에 얼마나 많은 돈을 벌었느냐를 보는 게 아니다. 당신의 도덕 수준을 보고 대중을 위해 사회를 위해 얼마나 봉사했는지에 따라 천국의 입장권을 구할 수 있다.

이는 '숲 가운데 꽃'이다. 한 사람의 고귀 품격은 그가 세상을 떠났다고 사라지지 않는다. 오히려 후세 사람들이 영원히 보고 배울 모범이 된다. 반대로 만일 어떤 사람의 품격과 도덕이 수준이하라면 아무리 큰 공을 세워도 다른 사람들에게 멸시당할 것이다. 살았을 때 돈의 역할에 의지하는 것은 한 순간이고 사람이 죽으면 그 모든 것은 구름처럼 사라진다. 겨우 얼마 안 되는 사람이 그를 기억하고 아무도 그를 진정으로 존중하지 않는다. 그의 가치가 잘못되었기 때문이다. 그가 추구하던 명망과 지위는 금전으로 획득한 것이고, 이것들은 허공에 쌓은 것이기에 호화롭고 부귀한 것들의 일생은 매우 짧다. 그가 만일 역사의 긴 강에서 도덕군자의 앞에 서게 되면 그가 가진 공명과 부는 너무나 보잘것없을 뿐이다.

제5장

변화에 침착하게 대응하라

-복잡한 인생에서 가장 어려운 일은 명예와 이익을 내려놓는 것이다. 잡고 내려놓음을 자유롭게 해야 최고의 경지에 오른다.

　-번뇌는 마음속의 잡념에서 온다. 필요할 때는 쾌도난마의 기백이 필요하다. 명예와 이익의 장에서 물 만난 고기처럼 살고 멋지게 물러나는 것이야말로 지혜로운 자의 처세철학이다.

　-똑똑한 사람은 소유한 것이 적을수록 더 멋지다. 그들의 영혼이 진정으로 초탈한 경지에 도달했기 때문이다. 도량이 넓어야 공명과 이익에 좌우되지 않고 행복을 느낄 수 있다.

　-인생을 살다보면 기쁨과 실의를 피할 수 없다. 잘나갈 때 교만하지 말고 실의에 빠졌을 때 의기소침하지 말며 책임질 때 책임지고 포기할 때 포기할 줄 아는 것이 최고의 처세술이다.

처세에서 잡고 놓음을
자유자재로 하는 것이 최고의 경지다

백거이(白居易)는 그의 시에서 '몸과 마음을 놓아버리는 것이 눈감고 되어가는 대로 맡기는 것이 상책이라'고 하였으며 조보지(晁補之)는 말하기를 '몸과 마음을 굳게 거두어 응당 정적으로 돌아감이 상책이다'라고 했다. 이는 서로 상반되는 관점이다. 사실 심신을 방임하면 자신을 과대평가하기 쉽고 반대로 심신을 지나치게 구속하면 융통성이 없다. 자신의 마음을 잘 다루는 사람만이 사물의 규율을 장악하고 거두고 놓음을 자유자재로 하는 경지에 다다를 수 있다.

살면서 수시로 자신의 내면을 각성시켜야 한다. 자신의 내면을 잘 조절해야만 거두고 놓음을 자유자재로 할 수 있다. 세상을 살아가면서 생활 속에서 생기는 각종번뇌를 피할 수는 없다 이때 자신의 마음을 잘 다잡아야 한다. 열악한 환경의 무례한 대우를 참으며 무기력하게 운명에 끌려가서는 안 된다. 그렇다고 스스로 막다른 골목으로 들어가서도 안 된다.

당신이 마음먹은 대로 쥐고 놓을 수 있다면 진정으로 그 안의 즐거움을 깨달을 수 있다. 따라서 놓아야 할 때 포기하는 법과 쟁취해야 할 때 절대로 타협하지 않는 법을 배워야 한다.

거두고 내려놓음을 마음대로 하는 것은 쉬운 일이 아니다. 많은 사람들이 공명과 이익을 추구하는 발걸음을 멈추지 못한다. 중국역사를 돌이켜보면 지위가 높은 많은 중신들이 손에 쥐고 있던 권력에 미련을 놓지 못해 결국 목숨을 잃었다. 나이가 들어 수중의 권력을 내려놓고 고향으로 돌아가 화초를 가꾸고 새를 키우며 몸과 마음을 보양하여 유종의 미를 거둔다면 얼마나 좋은 일이겠는가. 하지만 인생은 종종 그렇게 흘러가지 않는다. 나이가 많을수록 명예와 이익을 쫓는 마음이 더욱 불타올라 귀신에 홀린 사람처럼 반역을 일으켜 자신이 황제가 되려하다 자멸의 길을 걷고 만다.

이는 마음가짐과 관련 있다. 만일 한 사람이 어떤 일을 간파하였으면 주동적으로 수중의 권력을 인계해 복잡하고 위험한 명예와 이익시비의 자리에서 물러나야 한다. 이 방법은 생명을 보존할 수 있을 뿐 아니라 아무런 구속 없이 자유롭게 살 수 있는 상당히 현명한 방법이다.

당나라의 명장군 이정(李靖)은 관직의 정점에 있을 때 자리에서 물러난 지혜로운 사람이었다. 그는 평생 군인으로서 대당의 건설과 판도의 확장을 위해 무수한 공을 세웠다. 〈구당서(舊唐書)〉 중 그에 대한 기록으로 '남으로는 오회를 평정하고 북으로는 사막을 서로는 막용을 정벌했다'라고 되어있다. 그가 전장에서 세운 혁혁한 공을 알 수 있는 대목이다. 하지만 그는 신하로서 공로가 너무 크면 군주의 위세를 압도할 위험이 있음을 잘 알고 있었다. 수차례 상서문을 올려 사직을 청하고 고향으로 돌아 온 후에는 조정의 사람들과 철저하게 관계를 단절했다. '문을 굳게 닫고 손님을 사절하여 친척도 함부로 드나들 수 없었다'고 한다. 황제에게 자신이 조정을 떠난 후 아무 일도 하지 않는다는 것을 보여준 것이다.

그는 순조로울 때 관직에서 물러나야 할 기미를 알아채고 총명하고 사리에 밝아 자기 몸을 보전할 줄 알았다. 그 결과 24명의 개국공신중 하나로 능연각에 그의 그림이 걸려 있으며 후대에 널리 이름을 남길 수 있었다. 이처럼 시야가 넓으면 그 안의 규율을 간파하고 이를 자신이 지킬 준칙으로 삼으며 사물의 변화에 대해 한눈에 본질을 꿰뚫어 볼 수 있다. 이로 인해 모든 일이 순조롭고 정확한 결정을 내려 쥐고 놓음을 자유자재로 할 수 있다. 하지만 많은 사람들이 작은 좌절과 고난에도 자포자기하여 물러 날 생각을 한다. 일단 일에 대한 열정이 사라지면 동력이 결핍되어 뒷심 부족으로 성공 가능성이 없어진다. 마음속의 이상이 전진할 수 있는 동력이 됨을 알아야 한다.

역경에 부딪친 사람의 결말은 두 가지이다. 왕이 되거나 도적이 된다. 여기에는 예외가 있을 수 없다. 힘껏 분투하고 버텨내는 사람은 왕이 되고 투지의 의지를 잃고 의기소침해하는 사람은 패자가 된다.

항우는 비극적이게도 후자가 되었다.

기원전 202년 초패왕 항우는 해하에서 한신의 군대에게 둘러싸여 많은 병사를 잃고 양식도 끊겼다. 어찌해도 사방에 매복한 한신의 군사들에게서 벗어날 방법이 없었다. 다음날 새벽 그는 마침내 한나라 진영을 벗어났지만 신변을 따르던 병사들은 겨우 26명만 남았다. 그는 이 26명을 데리고 계속 남으로 향해 오강(烏江)에 도착했다.

오강가에 작은 배가 하나 묶여 있었는데 정장(亭長)이 항우에게 빨리 강을 건너 나중을 도모하라고 말했다. 하지만 항우는 '하늘이 나를 망하게 한 것이지 내가 전쟁을 잘못한 죄가 아니다' 라 말하고 오강에서 자결하였다.

영웅이 패업을 이루고 흙으로 돌아갔으니 이 어찌 슬프지 않은가. 하지만 그는 결정적인 시기에 깨닫지 못했다. 자신이 애초에 우유부단하여 범증(范增)이 홍문연에서 한 말을 듣지 않은 것이다. 유방을 없애지 않고 호랑이를 길러 화를 키웠으면서 '하늘이 나를 망하게 했다' 는 이유를 대며 자신의 행동을 얼버무렸다. 어쩐지 이를 두고 태사공(太史公)이 '잘못되었도다' 라며 평하지 않았는가.

신중히 조심하든 대담하게 부딪치든 자신을 지켜야 한다. 자신이 행동의 주체가 되어 복잡한 인생사에 맞서야지 유약하고 흔들려서는 아무 소용이 없다. 진지하고 고집스럽게 견지해나가야 탈출구가 있다. 자신은 세상의 유일한 존재다.

타인의 비웃음 때문에 자기 뜻대로 과감히 일을 하지도 못하고, 그렇다고 조심스럽게 살아가는 것에도 만족하지 못하는 그런 삶을 살아서는 안 된다. 우리는 수시로 반성하며 강인하게 자신을 지키고 자신의 인생에 대한 믿음을 가져야 한다. 그것만이 생활의 유일한 출구다.

잡념이 없으면
번뇌도 사라진다

마음속에서 음모와 교활한 책략이 사라지면, 당신은 가볍고 편안함을 느낄 수 있을 것이다. 왜냐하면 더 이상 인간사의 번뇌와 고통이 없기 때문이다. 당신의 사상이 세속에서 멀리 초탈하면 자연히 외부의 시끄러운 소리를 듣지 못할 것이다. 또한 은둔 생활을 그리워할 필요도 없다.

신경 쓰지 않으면 번뇌도 없다. 잡념과 욕망이 없으면 고통스럽지 않다. 번뇌는 모두 욕망에서 오기 때문이다. 얻지 못하거나 만족하지 못하면 마음이 평화롭지 못하고 세상이 불공평하다 느끼고 깊은 근심에 빠진다. 경솔함, 음모, 교활한 마음 모두 이렇게 생기는 것이다.

어떤 때 우리는 세상을 너무 복잡하게 여긴다. 성공하려면 반드시 속셈과 교활한 마음으로 다른 사람을 물리치고 세상에 맞서야 하며 명예와 이익 목표를 손안에 획득해야만 스스로를 보호할 수 있다고 여긴다. 하지만 반대로 어떤 성정이 어떤 일을 선택하는지 생각해 보자. 만일 자유를 숭상하는 사람이라면 겉과 속이 다르고 교활하고 음흉할 필요가 있겠는가? 사람이 살면서 즐겁고 편안한 마음으로 살면 족한 것이다.

중국 역사에 나오는 이임보(李林甫)는 음흉하고 교활한 사람이었다. 입으로 달콤하게 말하면서 뱃속에 칼을 품다라는 뜻의 '구밀복검(口蜜腹劍)' 네 글자가 바로 그에게서 유래한 말이다. 현종은 재위 시절 재능 있는 인사를 등용하고자 했다. 당시 재상이었던 이임보는 재능 있는 사람들이 현종의 중용을 받은 후에 자신의 자리가 위협받을 것을 두려워하여 배후에서 갖은 수단을 써서 방해를 하였다. 결국 전국에서 아무도 선발이 되지 못했고 그는 거짓으로 황제에게 재야에 남은 현인이 없다고 고했다. 당시 엄정지(嚴挺之)라는 대신은 학문이 뛰어나고 나라를 다스리는 능력이 이임보보다 훨씬 앞섰다. 현종이 그를 중용하고자 했으나 이임보가 중간에 농간을 벌여 엄정지는 나이가 많고 허약한데다 질병에 걸렸으니 휴양을 보내라고 권했다.

　이임보같이 시종일관 교활한 생각을 품고 있으면 그의 마음이 편안할 수 있겠는가? 스스로도 많은 사람들과 원한을 맺고 있음을 알았기에 항상 자객이 자신을 해하지 않을까 전전긍긍하며 자택에 높은 담을 쌓고는 도망가기 편한 비밀통로까지 만들었다. 사람이 매일 이처럼 걱정하며 산다면 편안하게 지낼 수 없을 것이다. 겁에 질려 지냈으니 한순간도 평화롭게 지내지 못했을 것이기 때문이다.

　송나라 때 여단(呂端)은 매우 재능 있는 대신이었다. 당시 송태종은 그를 재상에 임명하고 싶었지만 신하들이 여단을 어리석은 사람이라 칭하며 높은 직위를 맡겨서는 안 된다고 반대했다. 태종은 여단이 작은 일에는 어리석은 잘못을 저질러도 큰일은 현명하게 잘 처리한다며 대신들의 반대에도 의연히 그를 재상에 임명했다.

여단과 당시의 신하 구준(寇准)은 모두 참지정사의 직위를 맡았다. 여단은 자신의 이름이 구준보다 위에 있자 태종에게 상서를 올려 구준의 아래로 이름을 내려 달라고 청했다. 얼마 후 그는 재상의 지위로 승진했으나 구준이 마음에 불만을 품을 것을 걱정하여 다시 태종에게 참지정사와 재상을 돌아가며 맡게 해달라 청했다. 황제가 여단을 신임하고 중용하니 그도 근면하고 성실하게 맡은 일을 처리하며 조금도 다른 마음을 품지 않았다.

　큰일 앞에서 약간의 시기심도 품지 않는 것은 어렵다. 그래서 부드러운 가운데 강하고 강한 가운데 부드러워야 하며 전진과 후퇴를 알아야 한다. 〈채근담〉은 우리에게 양쪽에서 모두 승리하는 처세의 이치를 가르쳐 준다. 즉 우리는 절대로 다른 사람에게 음모를 꾸미고 간교한 일을 해서는 안 되지만 밝은 눈을 가지고 형세를 파악해 지혜롭게 결단을 내려야 한다. 다른 사람이 우리에게 음모를 꾸미면 재빠르게 파악한 뒤 신속하게 대책을 마련해야 안절부절 하지 않는다. 이렇게 하면 큰 실수가 생기지 않는다.

　속세를 살아가는 한사람으로 우리는 모두 마음속으로 추구하는 바가 있으며　가지고 싶은 것을 갈망한다. 이런 추구하는 마음자체도 사실 일종의 욕심이다.　만일 이런 욕심조차도 벗어날 수 있다면 권모술수 같은 나쁜 마음은 언급 할 필요도 없다. '바닷물이 거세게 흐르면 영웅의 본 면모가 드러난다' 는 말이 있다. 마음속에 음모와 권모술수가 없고 속세에 대한 욕심이 없으면 이야말로 아름다운 생활이 아닐 수 없다.

우유부단하면
무질서하다

무슨 일을 하던 손을 저으며 그만 두어야 할 때 결심을 하고 끝내야 한다. 우유부단하게 좋은 기회를 찾아서 끝을 내려 하면 안 된다. 남녀가 결혼하면 종신대사를 완성한 것처럼 보이지만 집안일이며 부부간 자녀 간에 문제가 잇달아 일어나는 것과 마찬가지다. 승려와 도사가 하기 쉽다고 생각해서는 안 된다. 사실 그들의 칠정육욕은 완전히 끊어 버렸다고 하기 어렵다. 옛사람들 말이 맞다. '지금 그만 둘 수 있으면 어서 그만 두어라. 만일 그만둘 기회를 찾는다면 영원히 그 기회를 찾지 못할 것이다' 이는 대단히 고명한 견해이다.

결단을 내려야 하면 내려라. 포기해야 할 때 주저하지 마라. 가야할 때 머무르지 마라. 자르지 못하면 혼란스럽다. 일을 할 때는 분수를 알아야 하며 선택할 시기를 고를 줄 알아야 한다. 어떤 일은 멈춰야 할 때 바로 정지해야 귀찮은 일이 계속되지 않고 생활에 영향을 끼치지 않는다. 일과 휴식도 쉬고 싶을 때 손안의 일을 멈춰야지 기다렸다가는 영원히 기회를 찾지 못한다. 업무는 영원히 끝이 없다. 기다리기만 해선 아무리 시간이 흘러도 결과가 나지 않는다. 반드시 직접 시기를 잡아 결단을 내리고 취사선택을 해야 한다.

〈채근담〉은 우리에게 두 가지를 알려 준다.

첫째, 어떤 포부는 반드시 버려야 한다. 현실의 업무, 정신적인 스트레스 모두 기회를 찾아 내려놓아야지 끝없이 스트레스를 견뎌서는 안 된다. 둘째, 내려놓을 때는 피동적으로 기다리지 말고 주동적으로 내려놓아라. 심지어 문제를 의식한 순간 바로 버려야 한다. 안 그러면 평생을 골칫거리 중에 살며 머릿속에서 끝없이 다투다가 마지막에 죽을 때까지도 시름을 내려놓지 못한다.

퇴직 후 주룽지(朱鎔基)총리는 한 가지 원칙이 있었다. 업무 얘기를 하지 않는 것이다. 그는 매우 높은 지위와 풍부한 경력을 가진 명망 있는 전임 국무원 총리로서 첨예하고 격렬한 투쟁의 중심에서 수많은 업무로 바빴던 사람이었다. 이런 역할에서 벗어나 '일개 민초' 로서 국민들과 동고동락하려면 얼마나 넓은 가슴과 큰 용기가 필요하겠는가! 주총리는 '쉴 때 쉬고 끝낼 때 끝내는' 결단을 내리고 퇴직 후 바로 뒤로 물러나 다시는 어떠한 일도 묻지 않았다.

일반적으로 사람들은 한낱 시골의 당서기도 물러난 후에 여전히 '하늘을 찌를 듯한 거만한 태도' 로 '지도' 를 해달라고 여기저기서 요청을 받을 거라 생각하는데 전임 국가 총리는 더 말할 것도 없다. 하지만 주총리는 정말로 내려놓는 언행일치와 표리일치로 조금의 여지도 남기지 않고 철저하게 한가로운 생활을 하였으니 그야말로 지혜롭고 안목 높으며 포부가 큰 사람이다.

'당장 쉬면 쉴 수 있으나, 일이 끝날 때를 찾으면 끝이 없으리라.' 이것이 바로 〈채근담〉의 고명한 견해이다. 우리 주변의 다수의 사람들이 지지도 못할 짐을 지고도 멈추고 싶어 하지 않는다. 평생을 명예에 끌려가고 이익에 갇혀 그 그물에서 스스로 빠져 나오지 못한다. 일이 힘들다는 것을 알고 쉬어야 함을 알면 용퇴할 줄 알아야 한다. 하지만 입으로만 말하고 행동으로 보이지 않는다. 도연명처럼 공명에 연연해하지 않고 전원에 회귀한 사람이 몇 명이나 되는가? 수 천 년의 역사 동안 이를 해낸 사람은 매우 적다. 떠나려 했으나 머물렀고 그만두려 했으나 쉬지 못했다.

한나라 때의 장량은 '용퇴'로 자신을 보존했으나 한신은 공명에 탐을 내어 죽임을 당했다. 제 때에 놓지 못하면 때로는 결과가 이렇게 잔혹하다. 사업과 권세는 모든 사람들에게 강렬한 유혹이 되어 그 안에 빠지면 스스로 빠져 나오기 어렵다. 사람들은 다섯 되의 쌀을 위해 허리를 굽히지 않는 도연명의 정신을 탄복하고, 세상사를 간파하고 산야로 은퇴한 장량의 선택을 높이 산다. 그러면서도 자신을 돌아보면 어떠한가?

말로는 쉽지만 실천 하기는 어렵다. 대다수의 경우 연연해하다 끝내지 못한다. 오로지 위인이나 도리를 통달한 사람만이 이 이치를 꿰뚫어 본다. 그들은 각성한 후 만사가 모두 끝이 있으니 연연해 할 필요가 없음을 안다. 이것이 바로 그들이 보통 사람보다 훌륭한 점이다. 문제와 선택의 앞에서 그들은 끊을 때 끊으며 절대로 주저하지 않는다. 그래서 큰일에 성공할 수 있고 멋지게 물러날 수 있다. 이것이야 말로 지혜로운 자의 처세 철학이다.

부족하면 얻고
많으면 흔들린다

돈이 너무 많은 사람은 항상 자신의 재산을 다른 사람에게 빼앗길까봐 걱정한다. 돈 있는 사람이 가난한 사람보다 더 많은 걱정을 안고 사는 것을 알 수 있다. 신분과 지위가 높은 사람들은 자신의 지위를 다른 사람에게 빼앗길까 근심한다. 사실 관직에 있는 것이 평민이 유유자적하며 사는 것보다 못하다.

속담에 부자는 비록 돈이 있어도 자신이 가난하다고 느끼고, 가난한 사람은 돈이 없어도 때로는 부자처럼 지내며 걱정거리가 없다고 느낀다는 말이 있다. 무엇이 빈부와 귀천 사이의 강력한 차이를 만드는 것일까? 관건은 여전히 '돈'이다. 돈 있는 사람은 더 많은 돈을 벌려고 하며 자기 재산의 안전을 걱정하니 종일 안절부절 하지 않을 수 있겠는가? 돈 있고 권세 있는 사람은 자신의 재산을 보호하고, 관직을 굳건히 지키기 위해 전전긍긍한다. 평범한 사람들은 비록 가난해도 수입에 따라 지출하니 가난한 가운데도 여유가 있고, 만족하고 기뻐할 줄 아니 관직이 없어도 홀가분한 생활을 한다.

우리는 내면의 욕망이 너무 강하여 늘 위로 올라가려고만 한다. 개인의 영욕 득실에 대해 연연하다가는 결과가 그다지 아름답지 못할 것이다. 사람은 필연적으로 늘 불만족스런 상태에 있기 때문이다. 충분히 많이 얻었어도 만족하지 못하고 걱정하고 계산하기에 덧없는 고통과 번뇌만 증가할 뿐이다.

사람됨의 시각에서 보면 누구나 아무 것에도 얽매이지 않고 사는 삶을 바란다. 하지만 만일 환경이 자유롭고 의식주에 아무 걱정이 없다면 내면은 세속의 잡념을 없애지 못하고 마음은 수시로 욕망에 포획되어 아무리 좋은 환경에 있어도 아무 쓸모가 없다. 우리는 반드시 마음의 수양에 공을 들여 부와 명예를 추구하지 않고 야욕과 명리에 흔들리지 않고 완전히 잊어버리는 경지에 다다라야 한다. 부에 현혹되지 않고 관직에 빠지지 않으면 자연히 고통스럽지 않고 재앙도 없다.

공자는 '예순에 듣는 대로 이해할 수 있었고, 일흔 살에 마음 가는 대로 해도 법도에 어긋나지 않았다' 라고 했다. 이는 바로 '오고 감이 자유롭고 조화로운' 수양에 속한다. 처세는 자신의 위치를 잡아야 한다. 즉 사람은 자신을 정확하게 아는 것이 중요하다. 자신에게 속하지 않은 것은 강구하지 말아야 한다. 부자이면 어떻고 가난하면 어떤가? 이렇게 생각하면 우리는 초탈하여 시비와 은원에 연연해 않고 시원스러운 기질로 인생의 진정한 멋을 알아 마음이 흔들리지 않고 추구하는 바도 없는 자유로운 경지에 들어선다.

현실 속에서 사람들은 부와 명예를 추구하기에 바쁘다. 부가 생기면 이를 잃지 않고 계속 소유하고 싶어 한다. 이것이 바로 탐욕의 근원이다. 많은 탐관이 모두 이렇게 되었다. 그들은 가난하게 살고 싶지 않아 매일 부정 축재한다. 많으면 많을수록 끊임없는 요구를 따르다 갈수록 멀어져 다시는 처음으로 돌아올 수 없게 된다.

하지만 진정한 공무원은 아무리 높은 직위에 있어도 백성을 위해 봉사하며 포부를 펼쳐 보인다. 그들의 마음속에는 사리사욕이 없으며 오로지 공덕뿐이다. 이런 사람은 재산과 명예에 대한 생각이 트였다. 그들은 높은 위치에 있을 때 자신의 명예와 이익을 지키지 못할까 우려하는 게 아니라 천하의 백성들이 행복하고 건강한 삶을 살아가는지 걱정한다. 가난할 때 그들이 걱정하는 것도 자신의 처지가 아니라 백성들이 잘 지내는지 자신이 사랑하는 나라가 평화로운지 걱정한다.

한원제 때 이야기이다. 구강(九江) 수춘(壽春)사람 소신신(召信臣)은 남양군에서 태수를 지내며 농민들에게 농상을 권장하고 부지런히 백성을 위해 일했다. 역사 기록에는 그를 '백성들의 이익을 위해서 애썼다'고 기록되어 있다. 그는 백성들이 빨리 부를 얻게 하기 위해 직접 농경지를 지도하고 수시로 밭에 나가 민가에 살면서 불편을 감수하며 지냈다. 그의 치하에서 남양군은 '백성들이 돌아와 인구가 늘었으며 도적들은 줄었다' '백성을 다스리기를 자식과 같이 하여' 백성들이 그를 '소부(召父)'라고 불렀다. 이런 사람은 부를 누려도 천하를 근심하고, 신분이 귀해도 백성을 아낄 줄 안다.

이것이야말로 진정한 초탈의 경지로 삶을 이해하고 행복과 불행의 맛을 알고 인간 세상의 진면목을 간파하니 행복의 대문을 찾은 것이다. 이런 사람은 재산이 아무리 많이 늘어도 여전히 가난했을 때처럼 검소하고, 신분과 지위가 높아져도 여전히 일반인의 생활로 돌아간다. 이것이야말로 도량이 넓은 처세의 태도다.

뜻을 이루었을 때는 담담하고
뜻을 이루지 못했을 때는 태연하라

고난과 역경 중에 있을 때는 성공을 추구하는 희열과 무궁한 기쁨을 느낄 수 있고, 뜻을 이룬 뒤에는 정점을 지난 후 밀려오는 실의의 슬픔이 숨겨져 있다.

사람들은 지금 현재 처지뿐 만이 아니라 미래에 어쩌면 생길지도 모르는 일에 정서적 영향을 받기 쉽다. 이는 자연스러운 현상이다. 예를 들어 당신이 지금 매우 곤란하고 어떤 일이든 다 순조롭지 못하다면 당신은 아마 현재의 난관만 넘어 문제를 해결하면 장래의 성공은 머지않아 실현될 것이라고 생각할 것이다. 이렇게 생각하면 기분도 즐거워져 고통스럽지 않을 것이다. 이는 기대의 힘이다. 반대로 많은 사람들이 성공을 거둔 후 오히려 마음이 답답하고 우울해진다. 그들은 정점을 지난 후에 내리막이 있고 성공은 영원하지 못하기에 미래에 자신이 파국의 시기에 직면할 것이라고 생각하기 때문이다. 그래서 그의 기분은 현재의 성공에도 즐겁지 못한 것이다.

고통 중에 즐거움이 있고 즐거움 중에 고통이 있는 것이다. 이런 상황을 우리는 어떻게 처리해야 할까?

우선 우리는 용기를 내어 고개를 들고 가슴을 펴 고난에 맞서야 한다. 곤경 중에 좌절이 몰려올 때 이런 고통 속의 즐거운 심리를 이용하여 자신을 도와 난관을 이겨내고 성공을 맞이해야 한다.

두 번째는 마음가짐을 조정하고 균형을 잡아 즐거움 중에 고통이 있는 현실을 받아들여야 한다. 일을 더 잘 할 수 있다고 자신을 격려하고 곧 다가올지 모르는 내리막을 자연스럽게 받아들여야 한다. 이렇게 해야만 우리의 인생이 안정되고 즐거울 수 있다. 어떠한 변고도 우리의 마음에 영향을 미치고 우리의 행복을 파괴할 수 없다.

작가 오스트롭스키(Aleksandr Nikolaevich Ostrovsky)는 말했다. "내가 살아 있는 매일은 거대한 고통과의 전쟁을 의미한다." 창작의 화려한 성공을 거둔 후에 그는 매우 기뻐하며 말했다. "각종 고통과 싸워 승리한 것보다 더 행복하고 기쁘게 하는 것은 없다." 그의 말은 어떻게 고통 중에 즐거움을 찾는지 통찰력 있게 보여준다. 시선을 목표에 고정시키면 어떠한 곤경도 우리에게는 식은 죽 먹기 일뿐 대단한 것이 아니다. '강철 전사' 류치(劉琦), 짱하이디(張海迪)는 장애의 고통을 극복하고 병마와 싸워 이기는 의지와 끈기로 세상 사람들이 배울만한 모범이 되었다.

하지만 현실 속에는 다른 경우가 더 많다. 아무 것도 없을 때는 죽을힘을 다해 노력하고 머릿속에 미래의 성공에 대한 상상으로 가득하여 이 시기에는 앞으로 다가올 성공의 기쁨만 맛볼 뿐이다. 근심 걱정과 역경은 그에게 모두 일시적인 것일 뿐이다. 하지만 일단 성공하여 재산과 지위가 생기고 원하던 것을 얻으면 잃을 것에 대한 걱정으로 변한다. 잃어버릴까 두려워 온종일 초조한 가운데 살아간다.

친구 중에 그런 사람이 있었다. 막 창업을 했을 때 그 친구는 주머니에 돈 한 푼 없을 정도로 가난한데다 곤란한 상황이 많이 있었다. 하지만 그는 의욕이 넘쳐 하늘을 천막 삼고, 땅을 침대 삼으며 새벽부터 밤늦게까지 열심히 일했다. 딱딱한 만두를 먹으면서도 한마디 원망도 하지 않았다. 당시 그와 전화 통화를 하며 잡담을 할 때면 그는 항상 희망으로 가득 차서 자신이 앞으로 누릴 아름다운 미래를 내다보며 온몸에 적극적인 투지로 가득했다.

몇 년간의 노력으로 그의 기업은 청도에서 자리를 잡았다. 아직 많지 않았지만 꾸준하게 이윤을 냈고 한 가족이 행복하게 생활하기에는 충분했다. 하지만 요즘 그를 보러 가니 오히려 그는 매우 우울해했다. 게다가 이미 오랜 시간 그렇게 지낸 것 같았다. 어찌된 일인지 묻자 그는 회사의 경영 상황에 대해 이것저것 걱정하며 고민을 늘어놓았다. 시장이 변할지, 제품은 팔릴지 걱정하다 제대로 먹지도, 자지도 못해 젊은 나이에 정수리의 머리카락이 모두 빠져 버렸다.

그는 고통 중에도 즐길 줄은 알았으나, 기쁨이 찾아오자 고통스러워하기 시작한 매우 전형적인 예다. 마음가짐을 바로 잡지 못하면 행복이 와도 잠시 동안만 머물 뿐 조만간 빠져나간다.

우리도 어떤 일이든 발전하고 변화한다는 것을 알아야 한다. 고통도 전환될 수 있고 득실도 영원하지 않다. 이런 상황에서 우리가 어떤 마음가짐으로 인생을 대하느냐에 따라 인생은 우리에게 그대로 보답한다. 보고 듣는 것이 오로지 슬픔과 고통이라면 당신은 비관적 생각에 빠지기 쉽다. 만일 당신이 적극적인 면을 본다면 환경이 어떻게 변하든 생활의 즐거움을 즐길 수 있다.

제때에 고뇌의 싹을 제거해 버리지 않으면 뜻을 이룬 뒤에 실의의 비애가 뒤를 이어 찾아 올 것이다. 일시적인 득실로 자신의 일생을 결정해서는 안 되고 일시적 고통과 즐거움 때문에 인생의 목표를 이루기 위한 분투를 포기해서는 안 된다.

움켜쥐고 놓을 줄 알아야
진정한 영웅이다

세상일은 때로는 용기 있게 감당해야 하고, 때로는 제때에 벗어나고 포기할 줄 알아야 한다. 만일 용감하게 감당하지 못하면 세상에 발붙일 사업도 안 될 것이며, 벗어날 줄 모르면 넉넉한 마음을 가지지 못한다.

우리가 이 세상에 온 것은 생존을 위한 동시에 더 높은 것을 추구하고 책임을 지며 나와 남을 위해 이로운 일을 하기 위해서다. 하지만 적당한 때에 과감하게 내려놓고 번뇌에서 벗어나 용감하게 밖으로 뛰쳐나갈 줄 알아야 한다. 즉 손에 쥘 줄도 내려놓을 줄도 알아야 한다. 이런 마음을 가져야 생활 속에서 분투와 초탈의 즐거움을 느낄 수 있다. 또한 안목이 없고 겁이나 기회를 잃어버리거나 지나치게 걱정해 그 안에서 길을 잃지 않게 된다.

근본적인 의미에서 말하면 사업에서 우리가 성공하든 실패하든 행복하든 불행하든 그런 것은 상관없다. 이 경력들은 우리의 인생에 있어서 모두 덧없는 역사가 되도록 정해져 있고 서로 간에 실질적인 차이가 전혀 없다. 그것들은 우리 생명 중 반드시 겪어야 한 과정 일 뿐이다. 흥미와 힘이 있을 때 체험해 보고, 지치면 내려놓고 쉬어라. 이 이치를 깨달으면 인생의 난관을 간파하고 더 높은 수준의 추구를 할 수 있다. 우리에게 성공과 영예보다 더 중요한 것은 그 모든 것을 초월하는 한가함과 평온함이다.

서한의 명장 위청(衛青)은 용감하고 책임감이 강하며 내려놓을 줄 아는 넓은 가슴을 가진 유명한 장군이었다. 한무제 등극 초기 흉노가 끊임없이 변방을 침범하여 백성들을 죽이고 재물을 빼앗았다. 나라에 우수한 통솔력 있는 인재가 나서야 할 때 위청은 조금도 주저하지 않고 황제가 내린 중임을 받들었다. 총 다섯 차례 출정하여 큰 성공을 거두고 흉노를 정벌했다. 한 순간에 당시 한나라에서 가장 중요한 군사 총사령관이 되어 인생의 최고봉에 올랐다.

하지만 황제가 다른 젊은 장군 곽거병을 중용하기 시작하자 위청은 질투와 권력에 대한 미련 대신에 과감하게 수중의 권력을 내려놓는 선택을 한다. 자기 인생의 황금기에 은퇴하여 정무에 간섭하지 않고 모습을 드러내지도 않았다. 이렇게 물러나 십 여 년이 지나 죽을 때까지 한 마디도 원망의 말을 하지 않았다.

이런 고귀한 품격 때문에 그는 죽은 뒤 한무제 능 옆에 묻히는 최고의 영예를 누리고 역사에 이름을 남겼다.

감당하고 놓을 줄 아는 사람으로 불리기에 위청은 부족함이 없다. 하지만 어떤 사람은 전혀 다르다. 예를 들면 명나라의 개국공신 호유용(胡惟庸)은 실질적인 사람으로 일 처리 능력이 매우 뛰어나 주원장의 총애를 받았다. 단번에 최고의 경지에 오른 데다 황제의 총애까지 받았으니 호유용은 너무 흥분하고 자만하여 모든 것을 잊어버리고 점점 교만하고 안하무인으로 변했다. 명나라를 세운 후 승상의 자리에 오른 그는 대신 중 최고의 관직에 올라 국정을 책임지며 물러날 생각은 전혀 없이 안이하며 대처했다. 내려놓지 않을 뿐 아니라 패거리를 모아 역모를 꾀하다 멸족을 당하는 비극적 결말을 맞았다.

어떤 사람들은 감당하지 못할 역경을 만나면 도망가고 싶어 한다. 또 어떤 사람들은 욕심을 내려놓지 못해 동료가 승진해 자신보다 권력이 커진 것을 보면 배후에서 흉계를 꾸미려 한다. 어떤 사람은 일이 순조롭지 못해 포기하고 다른 길을 가야 할 때 놓지 못하고 끝까지 달려들어 눈에 흙이 들어가기 전까지 절대로 그만두지 않는다. 두 가지 다 가서는 안 될 길이다.

우리는 공명에 미련을 두고 일에 집착한다. 이는 당연히 나쁜 품질이 아니다. 하지만 그 한계를 잊어서는 안 된다. 어떤 일은 당신이 하기 적당하지 않을 때 제때에 놓아야 한다. 어떤 번뇌는 미리 예감하고 제때에 피해야지 그 안에 빠져서는 안 된다.

할 수 없는 것을 분명히 알고 있고 난이도가 커 이루어질 수 없는 일임에도 기어코 그 길을 가면 숨을 쉴 수 없을 정도로 짓눌릴 것이다. 사람은 누구나 자신의 역량을 가늠하고 행해야 한다. 놓을 땐 놓고 중압감, 명리, 허영을 내려놓아야 가벼운 중에 진정으로 자신에게 속한 성공을 거둘 수 있다.

운동선수가 정신적인 부담이 유달리 클 때는 평소 제아무리 고강도의 훈련을 해왔어도 정식 시합에서 좋은 성적을 거두기 어렵다. 하지만 때때로 신인선수가 명확한 목표도 없이 경험을 쌓고 배우겠다는 태도로 시합에 참가했다가 오히려 다크호스가 되어 깜짝 놀랄 좋은 성적을 거둔다. 욕심을 내려놓은 마음이 그의 잠재 능력을 폭발시키고, 결과를 생각하지 않고 정신적인 스트레스를 없애주어 모든 역량을 발휘는 물론 평소 실력 뛰어 넘게 된 것이다.

타인에 대한 혹은 사회에 대한 자신의 중요성을 과대평가하지 말고 자기 생활의 질을 중시하고 태연자약하게 살아야 한다. 인생은 한 번뿐이고 꽃은 한 해 한 번 핀다. 생활을 감당할 용기가 없다면 살아도 땅강아지나 개미와 무엇이 다르겠는가? 당연히 가장 두려운 것은 이게 아니다. 더 두려운 것은 개미처럼 온종일 바쁘게 살며 무엇을 위해 사는지 모른 채로 마땅히 내려놓아야 할 짐을 어깨에 지고 있다는 것이다. 내려놓을 줄 모르는 것이 가장 큰 슬픔이다. 물러나고 나설 줄 알고 취하고 버릴 줄 알고 감당하면서도 벗어날 줄 아는 것이 처세의 최고 경지다.

인생의 절정의 지혜는
만물을 통찰하는데 달려있다

산천 대지도 무한한 우주와 비교하면 한낱 티끌에 불과하다. 인류는 티끌 중의
티끌이다. 우리의 신체도 무한한 시간에 비하면 거품처럼 짧거늘 부귀공명은 거품
의 거품에 불과하다. 그러니 최고의 지혜가 아니면 진실한 깨달음도 있을 수 없다.

어째서 이렇게 말하는가? 왜냐하면 우리의 지혜는 생활의 경험과 관련
있기 때문이다. 사람의 연령이 높을수록 경험한 생과 사도 많다. 생로병
사와 온갖 세상살이를 많이 겪으면 그 안에서 얻은 체험도 당연히 깊어진
다. 따라서 '최고의 지혜'를 접하면 '마음속으로 분명히 알게' 된다. 세상
만물을 간파하고 자신이 어떻게 일을 처리해야 하는지 알고 사람과 사물
을 대한다. 이것이 바로 총명함과 어리석음의 차이이다. 진정으로 똑똑한
사람만이 진리를 통찰할 수 있고 어리석은 사람들을 물리치고 가장 많은
사회의 자원을 차지하고 대다수의 사회의 부를 지배한다. 하지만 여기까
지 이루었다면 이는 단지 중간 단계의 지혜이지 최고의 지혜는 아니다.
부의 본질을 꿰뚫어 보고 그것이 그저 물거품에 불과함을 이해하고 인생
의 짧음을 아는 것이야말로 진정 인생의 본질을 이해하고 행복의 진정한

의의를 이해한 것이다.

　누구나 지혜가 필요하다. 토지에 물이 필요한 것과 마찬가지이다. 토지에 물이 없다면 초토로 변한다. 사람이 지혜가 없다면 산송장이나 마찬가지로 다른 사람에게 이용되는 도구가 되고 만다. 다시 말해서 생활 속의 지혜의 운용은 토지에게 물의 작용과 마찬가지다. 물은 지세가 움푹 파인 곳에만 고이고 지세가 높은 곳에는 건조한 암석만 볼 수 있다. 진정한 지혜를 얻으려면 세상의 규율을 간파하는 것 외에 겸허한 품성을 유지하고, 배움을 즐기고, 스스로 절제하는 우수한 태도를 가져야 한다. 그래야 자만하는 사람들을 물리치고 인생의 승리자가 될 수 있다.

　동서고금을 살펴보면 성공과 실패를 거둔 수많은 사례 중 예외의 경우는 거의 없다. 예전에 절대적 강자 하나라 걸과 은나라 주처럼 말이다. 그들은 맹목적으로 우쭐대며 잘난 척하고 안하무인으로 어리석게 행동했다. 열세에 처했던 상나라 탕과 주나라 무왕은 오히려 총명했다. 제초연한조위 여섯 나라가 연합하여 역량이 거대했지만 연합의 효과는 거두지 못했다. 진나라는 세력이 미미했지만 가장 현명한 방법으로 그들을 물리쳤다. 초와 하나라가 서로 겨룰 때 비록 초왕 항우의 세력이 더 크고 병사도 많았지만 유방의 저항에 당하고 말았다. 유방은 자기 위치를 바로 잡고 지혜로 물을 비축하였으나 항우는 물을 내보냈다. 하나는 높고 하나는 낮았으나 대응은 오히려 생과 사로 나뉘어 초는 망하고 한나라는 흥하였다.

　세상사 큰 일이 이렇다면 작은 일은 말하지 않아도 알 것이다. 우리의 생활 속에도 무수한 예가 있다. 예를 들면 성공한 자와 실패자의 차이는 무엇일까? 말하고 일하는 방식과 자세의 차이에 따라 처지도 천양지차다. 지혜로운 자는 항상 상대방에게 하고 싶은 말을 하게 한다. 하지만 어리석은 자는 다른 이의 말을 경청하는 인내심이 없어 자기 말만 하려 하지 양보나 타협의 중요성을 모른다.

이 이야기들은 우리에게 지혜는 경험과 관련 있으며, 태도와 더욱 관련 있음을 알려준다. 사람의 경험이 많아진다고 지혜가 증가하는 것은 아니다. 오히려 줄어들 수 있다. 경력이 많은 사람이 매우 어리석을 수 있다. 왜냐하면 그는 과거의 경력 때문에 자신이 무엇이든 할 수 있다고 여기며 자만하기 때문이다. 경력이 적은 사람은 별다른 경험이 없을 것이다. 하지만 그도 낙관적으로 인생을 대하고 겸허하게 배우는 자세로 의욕적으로 실제 생활 속에서 충분한 지혜를 발휘할 수 있다. 이것이 두 사람간의 차이다.

처세의 최고 경지
– 모든 것을 간파하고 모든 것을 포용한다.

번뇌에서 벗어나는 것은 자신의 의지를 얼마나 통제하느냐에 달려있다. 마음이 깨끗하면 도살장이나 잡화점에 있든 그곳이 정토라고 느낀다. 그렇지 않으면 거문고나 학을 벗 삼고, 화초와 연을 맺어도 이로운 점이 없고 마음속에 평정을 얻지 못하고 헛될 뿐이다. '마음이 깨끗하면 속세도 성지가 되고 마음속에 잡념이 있으면 출가해도 번뇌에서 벗어나지 못한다'고 했다. 현실이 바로 이렇다.

사람들은 점점 더 많은 것을 추구하고 욕망한다. 그래서 사람들은 항상 권력과 이익을 위해 다투고 서로 속고 속이는 환경 속에서 몸부림친다. 만일 항상 이렇다면 우리의 마음은 어떻게 안정될 수 있겠는가? 안정을 얻지 못할 뿐 아니라 마치 마음속에 커다란 돌을 묶어 놓은 것처럼 사는 게 힘들다.

많은 사람들이 자신에게 이익이 되는 사람과 일을 발견하면 갖은 수단과 방법을 써서 그 일을 접촉하고 그 사람과 관계를 맺으려 한다. 그 안에서 도모할 이익을 찾지 못하면 쳐다보지도 않는다. 사실 안정은 자신의 내면에서 기원하지 외부에서 찾을 필요가 없다. 어떤 사람은 외부에서 찾으려 시도하지만 결국 안정은 자신의 내면 깊은 곳에 있었다는 것을 깨닫는다. 우리의 내면이 가장 바라는 삶은 평안하고 고요하면서 한적한 구속 없는 삶이다. 하지만 일이 항상 바라는 대로 되지는 않는다. 시대의 소용돌이에 휘말리면 자신도 어찌할 수 없이 다른 사람 앞에서 언짢아도 억지로 웃으며 배후에서는 항상 우울해 한다. 일단 세속의 노예가 되면 모든 안정, 만족, 관용은 전부 사라진다.

'모든 것을 간파하고 모든 것을 포용한다' 는 말은 모든 사람들이 쉽게 할 수 있는 것이 절대 아니다. 하지만 이를 해내었을 때 당신은 이미 성공한 것이다. 오직 세속의 모든 공명과 이익을 내려놓았을 때 당신의 내면은 진정한 안정에 도달한다. 사람들은 종종 명예와 이익에 구속되어 탐욕이 시도 때도 없이 마음속에서 훼방을 놓거나 번뇌가 연이어 온다.

아마도 기나긴 세월이 우리의 포악한 기운을 마모시키면 우리는 안정으로 되돌아 갈 수 있을 것이다. 수많은 고난 후에 눈물과 슬픔을 겪은 후에도 삶은 여전히 그 모습이며 당신이 어쩐다고 이 세상이 멈추지는 않을 것이라는 걸 발견할 것이다. 아마도 처음에는 이 모든 것을 어쩔 수 없이 받아들이고 무표정하게 고통 중에서 걸어 나와 계속해서 자신의 삶을 살아갈 것이다. 하지만 시간이 흐른 뒤 자신의 생활이 원래 이렇게 평온하고 안락했으며 어떤 일만 생기지 않으면 이처럼 평온하게 일생을 보내는 것도 좋다는 점을 발견할 것이다. 사람들이 자주 말하는 대로 크게 좋은 것을 바라지 말고 소박하고 검소하게 안락하게 생을 마치면 족하다. 따뜻한 봄날의 햇살아래 흔들의자에 앉아 흔들흔들하는 노인을 보며 당신은 깨달을 것이다. 안정과 안락하게 지내는 것이 사람들이 가장 만족하는 아름다운 삶이라는 것을.

　어떤 때는 여행 중 스스로 즐거움을 찾는다. 예를 들어 높은 산에 오르고 숲 속을 거니는 이런 한가롭고 유유자적한 취향은 당신으로 하여금 순간의 즐거움을 찾게 할 것이다. 산의 아름다운 풍경 속에 우리는 평범한 사람이 되고 진정한 즐거움을 찾도록 시도하면서 마음속에서 자신에게 속한 안정을 찾아야 한다!

제6장

고상한 취미를 추구하라

-지식인은 내적 수양과 심미관을 추구한다. 물질적인 즐거움만 추구하는 사람은 단조롭고 지식이 얕아 행복한 감정을 느끼기 힘들다.

-사람을 대하고 일을 할 때 마땅히 사람의 본성을 따라야 한다. 자연스럽게 내버려두고 강요하지 말아야 홀가분하고 자유롭게 살 수 있다. 그렇지 않으면 끝없는 고해일 뿐이다.

-기분이 좋으면 눈에 보이는 세상도 아름답다. 기분이 나쁘면 눈에 보이는 세상도 모두 마음에 들지 않는다. 사람에게 마음이 곧 세계이고 내면의 품위가 인생의 궁극적인 멋이다.

-생활 속에서 속된 것은 기본이며 우아함은 그 기본에서 승화한 것이다. 인생은 세속의 즐거움도 있어야 하고 우아함에 대한 추구도 있어야 한다. 그렇지 않으면 산송장이나 마찬가지다.

-욕망의 수갑을 부수고 철저하게 벗어나 가벼운 마음으로 생활하면 행복하지 않을 수가 없다!

-성공한 사람들은 모두 현실에 발을 붙이고 노력한 사람들이다. 현실에 부합되지 않는 공허한 생각은 무한한 실의에 빠뜨릴 뿐이다.

-적절하게 영혼에 휴식을 주고 자주 자연을 가까이 하면 자신도 모르는 사이 삶에 대한 만족이 스며들 것이다.

행복한 생활에는
고상한 생활 취미가 필요하다

항상 산림과 계곡 사이를 거닐며 아름다운 경치의 영향을 받으면 내면의 속된 생각이 점차 사라진다. 항상 시서와 그림의 아름다운 경지에 노닐면 아름답고 고상한 분위기에 영향을 받아 속된 기운이 점차 사라진다. 덕과 수양을 갖춘 사람은 사냥에 빠져 본래의 뜻을 잃어버리지만 기회를 만들어 자연에 근접하고 자신의 마음을 바로 잡아야 한다.

현대 사회의 사람들은 과도하게 물질적인 쾌락을 추구하고 돈을 벌고 이름을 알리는 데 바빠 내면의 회복과 심미적 취미는 소홀하다. 손과 시선은 밖으로만 향하고 목숨을 걸고 취하려 하지만 시간을 들여 자신을 살피고 수련 하며 내면을 한 단계 높이는 일은 잊어버린다. 물질적 쾌락만 중시하고 정신적인 자유와 즐거움은 찾지 않는다면 인격을 연마하는 법을 모르게 되고 그렇게 되면 단조롭고, 천박하고 교양 없는 사람이 될 것이다.

고대의 많은 인재와 명사들은 시끄러운 속세를 떠나 숲과 계곡을 거닐기를 좋아했다. 그들은 순수함과 순박함으로 돌아가 세상과 다툼 없는 생활, 내면에 아무 잡념이 없는 삶을 사랑했다. 그들에게는 고상한 인생의 지향점과 생활의 즐거움이 있었으며 그들의 시문도 영혼을 담고 있어 이승의 속물에 물들지 않았다. 그들에게서는 품위 있는 교양이 풍겨 나왔으니 세속의 사람들과 비교할 수 없었다.

속담에 말하기를 '붉은 인주를 가까이 하면 붉어지고 먹을 가까이 하면 검게 물든다' 는 말이 있다. 한 사람의 생활 정취는 그가 생활하는 환경과 밀접한 관계가 있다. 바로 환경이 인생을 결정한다는 이론이다. 물질만능의 세상에 살면 이 사람은 명예와 실리를 추구하게 변하고 그의 모든 사랑과 열정은 전부 돈, 차, 집에 집중된다. 하지만 그가 처한 환경이 비교적 평화롭고 예술적 교양이 높은 가정이나 사회에서 생활한다면 그의 생활은 크게 다를 것이다.

자연을 유유히 거닐며 돌 하나 나무 하나, 꽃 한 송이, 풀 한 포기 모두 마음속에 깊이 새기면 그 사람의 내면은 속물적인 생각이 점차 사라질 것이다. 만일 서화에 심취하고 문학, 음악과 바둑 등 문인의 고상한 취미에 감화되어 우아한 예술적 기운에 물들면 어떨까. 학식 있는 사람이 되어 몸에서 통속적인 기질이 사라지고 평범한 사람보다 견해가 뛰어날 것이다.

어떤 사람이 매일 돈과 권세에 연연하며 금전을 숭배하고 권세에 대한 욕망이 내면을 가득 채워 정신세계를 지배한다면, 이 사람의 성정과 교양은 어떠할지 생각해 보라. 의심할 여지없이 참을 수 없을 정도로 저속할 것이다.

현실 생활에서 우리가 추구하는 것은 물질적인 것만 이어서는 안 될 것이다. 영혼의 위안과 정신의 충만함을 더 많이 추구해야 한다. 한 사람의 학식과 품성, 말투나 태도 풍격은 그 사람의 평소 생활환경 속에서 누적되어 드러난다.

〈자치통감(資治通鑑)〉 중 '손권권학(孫權勸學)'의 이야기가 있다. 삼국시기의 여몽(呂蒙)이 병사를 데리고 전쟁만 할 줄 알지 가슴 속에 학문적 책략이 전무하자 손권이 그에게 말했다. "자네가 이제 부대를 관리하게 되었으니 책을 좀 읽게나." 여몽은 군의 일이 바쁘다는 핑계로 어물어물 넘기려 하자 손권이 그를 설득하며 말했다. "내가 설마 자네에게 문학박사를 전공하라고 요구하겠는가? 단지 자네가 역사를 대략적으로 훑어보고 좀 더 이해했으면 하는 거네. 공무가 바쁘다고 말하지만 나보다 더 바쁜가? 나도 자주 책을 읽으며 스스로 학식과 교양에 진전이 있다고 느끼고 있다네."

여몽은 손권의 권유를 받아들여 책을 읽기 시작했고 후에 여몽과 만난 노숙(魯肅)이 대화를 하다 깜짝 놀라 말했다. "옛날 오나라에 있을 무렵의 어린 여몽이 아니다."

이것이 '선비와 3일 만에 만나면 두 눈을 비비고 볼 만큼 발전했다.(士別三日, 當刮目相看)'라는 속담의 유래가 된 이야기이다. 사람의 기질과 내면은 후천적으로 교육받고 훈련된 결과이지 선천적으로 결정된 것이 아님을 알 수 있다.

고상하고 세속적이지 않은 사람이 되고 싶다면 자연과 융화하고 대자연의 우아한 환경을 자주 나가 느끼며 몸과 마음의 즐거운 정서를 조절하는 법을 배워 영혼이 고요하고 쾌적해야 한다. 일을 하고 난 뒤 여유 시간에는 음악과 문학, 서화를 섭렵하여 책 향기에 물든 분위기에 자신을 연마하고 승화시켜라.

생활의 정서가 고상한 사람은 언행에서 지혜와 지성이 풍겨 나와 사람들에게 편안하고 친절한 느낌을 준다. 이런 사람은 직장에서든 생활 속에서든 점점 더 많은 친구를 사귀게 되고 활동 범위도 나날이 넓어져 처세도 마음먹은 대로 이루어진다.

하지만 생활의 정서를 기르고 함양하는 동시에 절대로 좋아하는 것에만 빠져서 이상과 꿈을 잃어버리지 않도록 조심해야 한다. 과도하게 몰입하면 극단적이 되기 때문이다. 오늘날 많은 사람들이 돈을 사랑하지는 않지만 쾌락에 현혹되고 순수한 오락성 사물을 좋아하여 이를 생활의 주로 삼고 모든 에너지를 쏟아 넣는다. 이 또한 비극이다. 결국 일에 영향을 끼치고 가정의 행복에 영향을 미치기 때문이다.

복권이나 스포츠 도박 같은 나쁜 취미에 많은 사람들이 심취하여 심지어 매달 받는 월급을 전부 쏟아 부으니 그 결과는 자연히 비참하지 않을 수 없다. 적지 않은 사람들이 돈을 벌지 못할 뿐 아니라 빚을 지고 가족이 흩어지며 인생이 무너진다. 우리 모두가 경계해야 할 것이다!

더 많이 솔직 담백하고
더 적게 실리를 추구하라

천성이 한가롭고 내면이 깨끗하여 세속에 적게 물든 사람은 모든 것을 자신의 본성에 맞추는 것을 원칙으로 한다. 따라서 술자리에서 그에게 술을 권해도 많이 마시지 않으며 적당량에 즐거워한다. 바둑을 두는 것도 한가한 소일거리일 뿐 승패를 겨루는 마음으로 승리를 노리지 않는다. 피리를 부는 것도 기분에 따른 것일 뿐 선율을 정확히 맞추려 강조하지 않는다. 거문고를 타는 목적은 한가함을 즐길 뿐으로 줄 없는 거문고를 최고의 경지로 삼고, 친구와 약속은 우의를 다지려는 것 뿐으로 시간의 제약을 받지 않으며 작은 일에 연연해하지 않는다. 손님의 방문으로 주객이 모두 즐거우니 마중과 배웅을 하지 않는 것을 가장 자연스럽게 여긴다. 반면에 세속적인 인정과 예절의 구속을 조금이라도 받는다면 우리는 속세의 고해에 빠져 아무런 즐거움도 느끼지 못할 것이다.

평범한 보통 사람으로 세상을 살아가며 기본적인 세속의 예의범절이라는 테두리를 벗어나기 어렵다. 모든 일은 마음과 뜻에 따라 행동하고, 자유롭게 본성에 따르는 옛사람들의 소요의 경지에 다다르기는 어렵다. 심지어 어떤 때는 진심이 아닌 말을 하고 마음에 없는 행동을 하기도 한다.

매일 이렇게 살다 보면 몸과 마음이 지친다. 이는 솔직한 본성이 구속되어 있기 때문이다. 우리 영혼은 실리의 그늘에 덮여 있고 예법이라는 밧줄에 묶여 있다.

진나라 때 완적(阮籍)의 형수가 친정에 가게 되어 완적이 형수를 배웅하였다. 이는 예를 철저히 따진 진나라 예법에 어긋나는 행동이었다. 어떤 이가 이를 비웃자 완적은 그 사람을 경멸하며 말했다. "어찌 예로 나를 구속하겠다는 말인가?"

그의 이웃에 술을 파는 아름다운 여인이 있었다. 완적이 한 번은 그곳에 가 술을 마시다 취해 여인의 옆에 쓰러졌으나 이 일을 개의치 않았다. 또 한 번은 어느 집안의 세상을 떠난 딸이 용모와 재주를 다 갖추었다는 얘기를 듣고 비록 그녀의 부모님과 형제자매를 모르지만 찾아가 애도를 표했다.

고대에만 해도 완적처럼 솔직 담백한 사람이 적지 않았다. 그들은 행적에 아무런 속박 없이 자연에 마음을 두었으며 세속 예법의 구속을 탈피해 마음 내키는 대로 살아가 후세 사람들의 동경을 받았다.

〈소오강호〉를 읽어본 사람은 영호충에 대한 인상이 깊을 것이다. 그는 솔직 담백하고 세속의 예법에 구속되지 않으며 친구 사귀기를 좋아하여 선악과 빈부귀천을 논하지 않고 오직 마음이 맞으면 벗이 되었다. 하지만 그렇다고 남의 장단에 춤을 추거나 무리를 지어 못된 놈들과 한 패가 되지 않으며 혼탁한 시대와 환경 속에서 자신의 지조를 지켰다.

간단한 예를 하나 들어 보자. 모임에서 많은 친구들이 자네에게 술을 권할 때 당신은 마시지 않겠다고 말 할 수 있는가? 만일 안마시면 친구를 우습게 본다는 뜻이고, 최소한 친구는 그렇게 받아들일 것이다. 만일 당신의 주량이 세다면 아무 문제가 되지 않겠지만 주량이 평범하다면 친구들이 권하는 술이 괴로울 것이다.

많은 사람들이 일이 순조롭지 못하고 생활이 마음대로 되지 않는다며 원망을 쏟아 낸다. 원인은 한 가지다. 우리의 현실 사회에서 몸과 마음은 해탈하지 못하는데, 현실과 마음속의 이상은 거리가 있고 심지어는 서로 상반되기 때문이다. 이러면 우리는 일을 할 때 전심을 다해 몰입할 수 없고 획득한 결과도 바라는 만큼 좋지 않다.

우리가 살아가는 시대는 우리가 하는 어떠한 일도 마음이 하고자 하는 대로 하지 못한다. 하지만 적어도 솔직하고 자연스러운 영혼을 유지할 수는 있다. 그러려면 사람과 일을 진실 되게 대하고 친구에게 솔직하고 담백하며, 너무 많은 실리추구를 하지 말아야 한다.

일을 할 때 마다 이 일이 당신에게 어떠한 이익을 가져다줄지 생각하고, 친구를 한 명 사귈 때 마다 이 사람이 당신에게 어떠한 좋은 점이 있을지 고려한다. 이렇게 시시각각 실리를 마음에 새기는 사람이 가볍고 편안한 만족을 느낄 수 있을까?

사람은 세상에 태어났으니 마땅히 즐겁게 살아야 한다. 만일 사는 게 소탈하고 자유롭지 못하면 무슨 재미가 있겠는가? 때문에 지나치게 자신을 다그치지 말고 사람과 일을 대할 때 자신의 자연스런 본성에 따르고 자연스럽게 흘러가게 두는 것이 좋다! 절대로 애쓰지 마라. 특히 특별한 이익을 목적으로 애쓰지 마라. 더욱이 자신을 위선적으로 만들어서는 안 된다. 이런 생활을 오랫동안 계속한다면 고해가 아니겠는가!

우주가 내 마음이고
내 마음이 우주다

인류의 정신은 본래 우주정신의 근원이다. 다시 말해 사람의 영혼은 대자연이 표현하는 현상과 일치한다. 한순간의 기쁨은 자연계의 빛나는 별, 구름의 상서로운 기운과 같고 한순간의 분노는 천둥과 울부짖는 폭풍우요, 한순간의 자비로움은 따뜻한 바람 달콤한 이슬이며, 한순간의 냉혹함은 작열하는 태양과 가을 서릿발의 기운과 같다. 사람은 희로애락의 감정이 있으며 하늘은 바람, 서리, 비, 이슬의 변화가 있으니 모두 대자연의 변화를 따라 흥했다가 사라진다. 만일 사람의 수양이 이 경지에 도달하면 천지와 한 몸이 되리라.

사람의 마음과 정서는 공부와 업무, 생활에 모두 중요하다. 우리의 기분이 좋으면 무엇을 보든 다 편안하지만 마음이 우울하고 슬프면 주변의 사물도 자신의 기분에 물들어 설사 아무리 아름다운 풍경과 아름다운 물건이라도 짜증나고 싫증난다. 만일 어떤 사람이 별 것 아닌 작은 일로 화를 내고 그냥 보아 넘기지 못하면 그 사람의 업무와 생활의 태도는 보지 않아도 알 수 있다. 반대로 어떤 사람이 마음이 넓고 박애의 정신으로 사람과 사물을 대하면 매일 즐겁게 지낼 수 있을 것이다.

많은 사람들이 역경을 겪은 뒤 정서가 불안정해진다. 주변의 어떤 일에 대해서도 정신을 차리지 못하며 교류를 할 때도 냉정한 태도를 보이다 마지막에는 자신의 생활도 갈수록 처량해진다.

처음에는 웅장한 뜻을 품고 마음속에 만물을 담고 나라와 국민을 위하는 원대한 포부를 품는 사람들이 있다. 어떤 사람은 훌륭한 기업가가 되어 많은 돈을 벌어 자선 사업을 하려는 뜻을 세우고, 어떤 사람은 위대한 정치가가 되어 나라와 국민을 구하기 위해 자신의 일생을 바치겠다고 생각한다. 하지만 막상 시작하고 나면 상상과는 전혀 다르다는 것을 발견한다. 겨우 몇 번의 작은 역경에도 버티지 못하고 내 팽개치거나 험한 말을 쏟고 끊임없이 원망을 늘어놓으며 다른 사람과 사회 심지어 국가에 책임을 전가한다. '나는 시기와 나라를 잘못 타고 났다' 는 태도이다. 이 같은 사람은 속이 좁다. 기분을 조절하지 못하고 마음가짐을 바꾸지 않으면 평생 성공하기 어렵다.

반면에 사람들의 존경을 받는 사람은 역경과 좌절 앞에서 시종일관 미소를 짓는다. 설사 미소 뒤에 남들이 모르는 고통과 인내가 있을지언정. 이런 사람이야 말로 원대한 포부를 품고 역경 중에도 강인하게 생존할 수 있다.

미국의 저명한 소설 〈바람과 함께 사라지다〉를 읽어본 사람은 소설 속의 두 남자 주인공인 레트 버틀러와 애슐리 윌크스에게 깊은 인상을 받았을 것이다. 이 두 남자가 남북 전쟁이 끝난 후 보인 행동은 완전히 달랐다. 레트는 재난 중에도 부자가 될 기회를 잡고 암거래로 손쉽게 백만장자가 되었다. 비록 국가적 재난 상황에 투기를 한 행동은 사람들의 비난과 멸시를 받았지만 불안한 시대에 삶을 모색한 것은 오히려 미국인 특유의 현실적인 정신을 반영했다. 반면에 애슐리는 큰 변화를 겪은 후 전쟁이 끝남과 동시에 정신도 함께 사라져 버린 듯했다. 귀족의 기질은 더 이상 존재하지 않고 허약하고 무기력하게 변해 결국 스칼렛의 도움을 받는 처지가 된다.

레트가 난세에도 생존하고 잘 지낼 수 있었던 반면 애슐리는 전쟁의 희생물로 전락해 버렸다. 비록 그는 전쟁에서 죽지 않았지만 이미 산송장이나 마찬가지로 죽은 사람과 진배없었다. 그가 적극적으로 분투하던 정신이 이미 완전히 훼손되었기 때문이다. 두 사람의 결과는 어째서 전혀 달랐던 것일까? 본질적으로 두 사람이 전쟁의 충격에서 전혀 다른 마음가짐을 가졌기 때문이다. 레트는 좌절을 겪을수록 용기를 내었고 애슐리는 패기가 사라지고 영원히 과거에 살았던 것이다.

이는 사람의 정서에 따라 생활과 일에 중요한 영향을 미친다는 것을 보여준다. 그러니 우리도 생활 속에서 자신의 기분을 통제하려 노력하고 건강에 유리하게, 적극적인 방향으로 발전하도록 인도하여 최대한 이로움을 따르고 해를 피해야 한다.

한 사람의 정신 수양이 만물에 따라 움직이지 않고 늘 건강하게 더 나아지려는 마음가짐을 유지할 수 있다면 반드시 좋은 결과가 있을 것이다.

고상함을 추구하고
저속함을 버려라

화려한 의상을 입은 고관과 귀인들 가운데 만일 지팡이를 든 산속 은둔자가 나타난다면 고상한 운치를 더할 수 있을 것이다. 어부와 나무꾼이 왕래하는 길에 화려한 옷을 차려 입은 고관 귀족이 나타난다면 오히려 저속해 보일 것이다. 그래서 농염은 담백함만 못하고 저속함은 고상함만 못하다고 말한다.

고상함과 저속함의 대비는 영혼의 심미관을 말하기도 하고 생활에 대한 태도를 비유하기도 한다.

불경 중에 한 이야기가 있다. 오조 법연 선사가 말했다. "황소가 창살을 넘어갈 때 어째서 그 머리와 다리는 건너가도 꼬리는 넘어가지 못하는가?"

다른 이야기도 있다. 예전에 어느 나라 국왕의 꿈에 소 한 마리가 창밖으로 기어 나가려고 했다. 소의 몸뚱이는 이미 나갔는데 꼬리가 나가지 못하고 결국 창에 끼고 말았다.

이 이야기 속에는 깊은 철학적 이치가 담겨 있다. 이야기는 출가하여 수

행하는 승려를 비유하는 것이다. 가족을 버리고 출가하였지만 마음속에 여전히 명예와 이익, 욕망에 대한 유혹이 멈추지 않는다. 꼬리는 바로 세속의 명예와 이익을 말하는 것이다.

살면서 우리는 모두 이 꼬리가 필요하다. 이는 일종의 물질적인 기초이다. 만일 몸에서 떨어지면 소꼬리도 더 이상 꼬리가 아니다. 소의 꼬리는 당연히 명예와 이익에 대한 생각이다. 하지만 우리가 추구하는 고상함과 담백함이 공명과 이익에 충만하지 않은 적이 있었는가? 이런 각도에서 본다면 농염과 담백, 저속함과 고상함은 대치되는 것이 아니라 우리가 어떠한 마음가짐으로 대하고 이해하는가에 달린 것이다.

옛날 두 젊은 서생이 있었다. 그들은 모두 가난한 가정 출신으로 함께 고생스럽게 공부를 하였지만 10년 후 두 사람은 전혀 다른 처지가 되었다. 한 서생은 과거에 합격하여 비록 조정에 들어가지는 못해도 현지의 현관이 되었다. 수입이 풍족해지자 그는 전답을 사고 집을 짓고 매일 진기한 음식을 먹으며 비단 옷을 입고 화려한 생활을 했다. 다른 한 명은 역시 어렵게 고생하며 공부했으나 과거에 응하지 않았다. 그는 집안의 몇 마지기 땅에 농사지으며 비록 예쁘지는 않지만 정숙하고 어진 아내와 결혼하여 궁색하지만 먹고 살만한 삶을 살았다. 어느 날 두 사람이 시장에서 우연히 만났다. 올챙이처럼 배가 불룩한 '현령 나으리'는 한 눈에 상대를 알아보고는 비웃으며 말했다. "자네 지금 궁상맞은 꼴 좀 보게나. 나를 보게. 이건 완전 하늘과 땅 차이로군!" 현령 주변에서 그를 따르던 사람들도 그의 비웃음에 따라서 웃기 시작했다. 뜻밖에 그 서생도 담담히 웃으며 말했다. "우리는 확실히 하늘과 땅 차이로군. 하지만 내가 하늘이고 자네가 땅이네!"

이에 현령이 더 큰 소리로 웃자 사람들이 주변으로 몰려들었다. 현령이 말했다. "우리 집은 어마어마한 재산과 웅장하고 화려한 집, 그리고 6-7명의 아내까지 있네. 자네는? 아직도 뻔뻔스럽게 허풍을 떨고 있군!" 서생 역시 웃으며 말했다. "그러네. 자네는 분명 나보다 우월한 삶을 살고 있군. 하지만 매일 이 같은 생활에 갇혀 사느라 자네의 내면은 이미 더할 수 없이 저속하게 변해 버렸는데도 본인은 모르지. 비교해보면 예전의 자네보다도 못하네. 하지만 나는 비록 곤궁하게 살지만 마음이 편하고 착실하게 지낸다네. 내 영혼은 아무런 속박이 없어서 자유롭고 즐겁게 지내고 있는데, 자네도 이렇게 지낼 수 있나?"

현령은 이 말을 듣고 어안이 벙벙하여 그 자리에서 얼이 빠져 서 있었고, 옆에서 구경하던 사람들도 조용히 서생이 한 말을 곱씹었다.

'짙음은 담백함만 못하고, 속됨은 고상한 것만 못하다' 영혼의 추구에서 보면 이는 높은 경지다. 어째서 아름다우면서 저속한 것은 고상함에 비교되지 못하는 것일까? 왜냐하면 이 둘이 함축된 의미가 완전히 다르기 때문이다. 생활 속에서 우리는 꼬리가 필요하다. 그 꼬리는 바로 저속함이다. 저속함도 없어서는 안 된다. 서로 비교할 대상이 있어야 고상함의 고귀함을 알 수 있기 때문이다. 그렇지 않은가?

생활과 일 사실 모두 같은 이치이다. 속됨은 우아함의 기초이고 우아함은 속됨의 위에 있다. 둘 다 없어서는 안 된다. 마치 신 문물이 반드시 구 문물의 기초위에 점차적으로 발전하는 것과 마찬가지이다. 인생의 행복은 사물의 본질에 대한 이해에서 나온다. 만일 기초적이고 일상적인 것이 없다면 사람은 공허의 심연에 빠지고 공리 중에 길을 잃을 것이다. 하지만 만일 세속의 쾌락만 있고 고상한 추구가 없다면 우리는 산송장으로 변해 영혼이 사라질 것이다.

평온하고 고요히 마음을
가라앉혀야 목표를 수립할 수 있다

당신이 대나무 울타리 밖에서 숲과 샘을 감상할 때 돌연 개 짖는 소리와 닭 울음
소리가 들려오면 환상적이고 즐거운 신화의 세계에 있는 듯한 느낌이 든다. 당신
이 서재에 조용히 앉아 있는데 갑자기 매미울음과 까마귀의 소리가 들리면 당신은
고요한 가운데 속세를 초탈한 세상을 경험하게 된다.

현대의 사람들은 사회에서 자리를 잡기 위해, 부를 축적하기 위해, 명
성을 날리기 위해 끊임없이 분주히 뛰어다닌다. 하지만 우선 눈앞의 바쁜
일을 멈추고 진지하게 자신의 마음이 태연하고 고요함을 느낄 수 있는지
생각해 보아라.

우리는 매일 번화한 거리를 배회하며 지난날과 다름없이 숨 가쁘게 흘
러가는 일과 생활을 해나간다. 마음속의 고요함, 차분함, 만물과 영합하
는 초탈의 기운은 아마도 진작 속세의 자질구레한 일들에 구속되었을 것
이다.

사람들은 점차 사회 환경에 동화되어 하루 또 하루 똑같은 생활을 반복
한다. 사람도 이에 마비되어 산송장이나 다름없다. 많은 사람들이 자신의

밥그릇을 잃어버릴까 두려워 하루 종일 일에 파묻혀 지낸다. 어떤 사람은 시험에 떨어져 미래가 불확실해질까 걱정하며 책 무더기에 파고들고 어떤 사람의 생활 속 자질구레한 일에 연연해하며 하루 종일 아무 가치 없는 일에 장광설을 늘어놓는다.

금전, 명예, 지위는 우리의 영혼에 만연하여 우리 행동을 혹사시키고 우리 자신을 완전히 잃어버리게 하고 내면의 고요함을 하나도 남기지 않고 완전히 없애 버린다.

샤오류는 장사머리가 있는 사람이었다. 어려서부터 각종 경로로 돈을 버는 법을 배워왔고 마음은 온통 돈을 버는 데 썼지만 본인이 즐거우니 피곤할 줄도 몰랐다. 그는 부지런하기도 하여 우수한 성적으로 최고의 경영대학원에 들어갔고 졸업 후 자신의 뛰어난 두뇌로 사업을 구상해 곧 자신의 철물점을 소유하게 되었다. 2년도 안되어 몇 개의 체인점을 열었고 상당한 부와 명성을 얻었다. 하지만 그의 마음은 조금도 즐겁지 않고 스스로 행복하지 않다고 느꼈다.

금전과 지위에 대한 추구가 샤오류로 하여금 자신의 행복을 추구하지 못하게 만들었다. 명리와 욕망에 모든 육신이 점거되어 열심히 일하고 열심히 돈을 벌었지만 결과는 스스로 돈 버는 기계로 전락하고 말았다. 그의 내면 깊은 곳에는 평안과 즐거움을 느끼지 못하게 되었고 신심은 평안함과 자유를 얻지 못했다. 그러니 억만장자가 되어도 무슨 소용인가? 금전은 우리에게 물질상의 만족을 가져다 줄 수 있다. 하지만 금전은 절대로 고요하고 평안한 마음과 바꿀 수 없다!

210

어떻게 평안할 수 있을지 자세하고 냉정하게 생각해 보자. 자신은 현재의 생활 상태에 만족하는가? 자신의 일, 생활과 학습은 스스로 기꺼이 받아들인 것인가? 애초의 이상과 추구에 위배되지는 않는가? 자기의 내면은 한 조각 평안을 얻은 적이 있는가?

많은 사람들이 공명과 이익을 위해 분주한 시간을 보내며 내면은 이미 물욕에 점거되었다. 사상이 자유를 얻지 못하면 자기의 바람과 위배되는 일을 하게 되어도 어쩔 수 없다.

만일 한 사람의 내면세계가 욕망으로 가득차면 그는 아마 속되게 변하고 심지어 저속하게 되어 세속을 초월하는 일은 절대 하지 못할 것이다.

생각해 보라. 당신이 모든 욕망의 굴레를 부수고 철저하게 그것들로부터 벗어나 가벼운 마음으로 주변의 사람과 일을 대하면 이는 어떤 느낌일까? 만일 당신이 이를 해낼 수 있다면 어떤 일이든 잘 처리할 수 있고 심지어 생각지도 못한 기쁨을 얻을 수 있다고 믿는다.

실로 고대 사람들은 마치 이미 오늘날 시대가 이처럼 변할 것을 예감이라도 했듯이 수 백 년 전에 우리에게 경고를 보냈다. 마음속의 고요와 평안을 이루려면 외부 물질에 자신의 본성을 잃어버려서는 안 된다. 우리가 자질구레한 일들에 얽매일 때 고대 사람들의 한적하고 담백한 마음을 생각하고, 도연명을 떠올리고, 속세에 마음이 걸리지 않은 현명한 은사들을 생각해라.

이 시대에 우리는 당연히 모든 물건을 내려놓을 수는 없다. 하지만 수시로 생각하고 항상 자신을 되돌아보면 괜찮다.

화려한 봄날은
실질적인 가을보다 못하다

봄날 사방에 온갖 꽃이 피고 새들이 지저귀며 생기가 넘쳐흘러 사람들로 하여금 편안하고 즐거운 기분을 느끼게 한다. 하지만 높은 하늘, 얼굴을 스치는 상쾌한 바람, 은은히 풍기는 난초와 계수나무 향, 물과 하늘이 같은 색으로 사람의 정신을 깨끗하고 경쾌하게 만드는 가을만은 못하다.

고도의 물질 발달로 현대화된 생활은 봄날처럼 번화하여 사방이 모두 공간과 기회를 즐긴다. 하지만 〈채근담〉에서는 평온하고 진실한 가을이 사람의 마음을 움직이는 것만 못하다고 하였다. 우리는 고대 사람과 마찬가지로 평온한 미를 찾고, 나를 위하는 지기 한 명이 있으면 이 생은 여한이 없다. 이는 어떤 경지인가? 바로 정신과 영혼상의 추구가 물질의 소유를 크게 뛰어넘는 다는 것이다.

사랑의 초기에 얼마나 뜨겁게 불타오르든 결국에는 물처럼 잔잔해 진다. 애정이 가장 뜨거울 때 사람은 그 안에서 길을 잃어 언젠가는 분명 가을이 찾아올 거라는 것을 쉽게 잊어버린다. 하지만 만일 우리가 일찍부터 심리 준비를 한다면 지나치게 헤매거나 짧은 달콤함에 심취하지 않을 것이며 더 이해하고 더 포용하며 그러면 평범함이 습격해 올 때 모든 사람이 순조롭게 지나가고 평범함 안에 포함된 아름다움을 느끼고 가을의 맑은 자연을 체험할 수 있다.

고전 속의 우정 중에 총명한 사람들끼리 서로를 아끼는 아름다운 이야기가 있다. 정자 밖, 옛 길가에 '도화담 물 깊어 천 길이나 된다지만, 왕윤이 나를 떠나보내는 아쉬운 정에는 미치지 못하리.' 같은 짙은 애정이 있다. 지위의 고저가 있든 연령의 차이가 있든 오직 진심으로 서로 대했다. 종자기와 백아의 우정처럼 의미심장하게 세상에 아름다운 이야기가 전해 내려 온다. 그들은 화려한 봄과 실질적인 가을의 관계를 간파했기 때문에 일시적인 소유를 구하지 않고 영원한 우정을 구한 것이다. 고대 사람이 말한 군자의 사귐은 담담하여 물과 같다는 말이 바로 이 이치이다.

사람들의 호방한 감정과 원대한 포부는 아무런 원망과 후회도 없는 경지에 이르러야 한다. ' 속세에서 보낸 나날을 돌이켜 보건대 외로움의 빛으로 스스로를 비출 때면 간담이 빙설처럼 맑아지곤 했다네.' 의 허심탄회하고 호방하거나, '손으로 허리춤을 만지니 날카로운 검이 여전히 있네. 평정하지 못하면 마음이 편하지 못하네' 같은 강인하여 흔들리지 않는 의지도 있다. 이런 시구들은 봄의 화려함과 가을의 실속을 간파하지 못한 것이 없다. 이는 모두 사람들이 흠모하는 이상주의이고 더욱이 세속을 초탈한 열정과 신앙이다.

고효율, 빠른 변화의 현대 사회에서 우리는 자신의 발걸음을 멈추고,

몸을 돌려 냉정하게 주위의 소소함을 관찰하고 생활의 평범함을 즐기고 영혼의 고요함을 추구해야 한다. 사람됨으로 실리를 추구하지 말고, 일을 하며 공리를 추구하지 말며 인생은 이상이 있어야 한다. 봄처럼 오색찬란하며 화려한 외투를 벗고 가을처럼 담백한 미를 지키면 우리가 힘겹게 추구한 것이 원래는 줄곧 우리의 주변에 있음을 어렵지 않게 발견할 수 있다.

화려한 봄에 실질적인 것을 추구하지 마라. 오직 그 공허한 현실에 동떨어진 생각을 벗어버리고 생활 속의 사소한 일들을 열심히 느끼면 길고 영원한 아름다움을 느낄 수 있을 것이다.

얽매이지 않는 인생의 경지
- 혼연일체가 되어 남과 나를 모두 잊다

창의 발을 높이 들어 올리고 안개가 뿌옇게 낀 청산녹수를 보면 그제야 대자연이 얼마나 자유로운지 안다. 창 앞의 화목이 무성하고 푸른 대나무가 흔들리고 제비새끼 울부짖고 겨울이 가고 봄이 오면 하늘 높이 솟아올라 물아가 혼연일체가 되고 물아 모두 잊어버리는 경지에 오른다.

생활의 리듬이 나날이 빨라지는 현대사회에서 우리는 어떤 마음가짐을 가져야 할까? 어떻게 해야 오늘날의 격렬한 경쟁을 더 잘 적응하고 가장 적절한 태도로 생활 속의 다양한 도전을 맞이할 수 있을까?

답은 바로 평화이다.

노자가 말했다. "인법지, 지법천, 천법도, 도법자연(人法地, 地法天, 天法道, 道法自然)" 포괄적으로 말하면, 사람은 자연을 스승 삼아 자연에게 배우고 그로부터 일체의 사물과 나를 모두 잊는 건곤이 자재하는 감각에 다다르는 것이다. 비록 자연, 건곤, 만물이 시시각각 변하고 인간 속세는 사람의 뜻대로 되지 않지만 만일 우리가 시종일관 평화로운 마음으로 대할 수 있으면 무엇을 보든 아름답게 느낄 수 있고 어떤 일을 겪든 침착하고 태연하게 대할 수 있다.

문학의 대가 첸종수(錢鍾書)는 평화로운 태도로 인생을 살았다. 그의 명저 〈위성(圍城)〉이 베스트 셀러가 된 후 수 많은 매체에서 그에게 인터뷰를 요청했지만 모두 거절했다. 대부분의 문인들이 명성을 좋아하지만 첸종수는 진정으로 외로움을 달갑게 받아들이고, 명예와 지위를 추구하지 않는 학문가였던 것이다. 그는 독서에 몰입하고 학문에 매진하는 것을 좋아했으며, 친구들의 방문과 외부 인사들이 찾아오는 것을 좋아하지 않았다. 손님이 왔을 때도 아프다는 핑계로 만남을 거절하곤 했다. 팬레터가 산처럼 쌓였어도 개의치 않고 오로지 모든 시간을 학문 연구에 힘썼다.

싯다르타가 성불한 이야기를 보자. 전하는 바에 의하면 싯다르타 태자는 혼자 잎이 우거진 나무 아래에서 나뭇잎으로 자리를 만들고, 동쪽을 향해 가부좌를 틀어 정좌한 뒤 맹세 했다. "깨달음을 얻지 못하면 여기서 죽더라도 절대 일어서지 않겠다."

어느 날 새벽 마침내 싯다르타는 마지막 번뇌를 이겨내고 깨달음을 얻어 커다란 지혜를 깨우친 불타가 되었다. 그는 자신의 사유가 이미 우주와 일체됨을 느꼈다. 그 보리수나무가 없었다면 싯다르타는 각성하여 성불이 되기 어려웠을 것이다.

이 이야기는 무엇을 설명하는가? 보리수나무는 바로 자연의 창조물이다. 사실 우리 내면에 들어온 창조물은 보리수 일수도 있고 아득한 바다, 높은 산, 천둥 번개일 수도 있다. 또는 봄날의 꽃과 여름날의 달, 겨울의 눈과 가을의 바람일 수도 있다. 무릇 자연계의 모든 생명력을 가진 사물은 우리로 하여금 '물아(物我)가 하나로 돌아갈 수 있게' 한다. 핵심은 바로 우리가 현실의 번뇌, 도시의 번잡함을 떠나 주동적으로 자연에 다가가 대자연의 모든 것을 받아들이고 몸과 마음으로 생기가 가득한 자연 가운데로 몰입할 수 있는가 이다.

오늘날 성공한 기업가들 가운데 많은 이들이 주말에 교외에 가서 휴가를 보내며 조용한 곳을 찾아 산수를 보고 자연을 누리며 생명의 의의를 깊이 생각한다. 이는 물아 모두를 잊는 경지를 찾는 것이다.

치열한 시장 경쟁과 빠르게 변화하는 도시에서 생활 하면서 사람들은 자신을 잃어버리고 내면의 심성을 잊고 자아의 근원을 잃어버렸다. 이런 경박한 환경에서 사람들은 점점 성공과 이익을 추구하고 사상은 물질의 욕망에 포로로 잡혀 점차 마음을 배신하고 만다.

따라서 다음과 같은 방법을 모방하는 것도 괜찮다. 바쁘게 일하며 한 주를 보낸 후 분주한 일을 내려놓고 사무실을 떠나 교외로 가서 푸른 나무를 감상하고 길가의 풀과 야생화를 감상하며 조용히 맑은 새의 노래 소리를 귀 기울여 들으며 유연하게 아름다운 자연 속으로 떠나는 것이다.

자연은 우리가 자유와 행복을 획득하는 원천이다. 자연은 지구의 영혼이고 인류의 고향이고 영혼의 서식처이며 더욱이 행복의 수호자이다. 따라서 자연과 조화를 이루며 현재를 살면 평화롭고 담담하게 이 세계를 대할 수 있고 명리의 욕망을 버리고 세속의 매듭을 풀어버려 부지불식간에 생활에 만족하고 인생의 행복 느끼게 될 것이다.

제7장

처세에 달관하는 인생의 철학

-먼저 엄격했다가 후에 관용을 베푸는 지혜가 있어야 우수한 관리자로 성장할 수 있다. 우선 엄격한 관리 제도를 채택한 후 풀어줘야 직원들을 관리하기 좋다. 조직이나 개인이 권위를 세우려면 처음부터 원칙을 세우고 그 원칙에 따라 세력을 행해야 한다.

-정말 재능이 있는 사람은 애써 뽐내지 않고 자신의 능력을 숨겼다가 적당한 시기를 선택해 재능을 드러낸다.

-평범하게 사는 것이 가장 어렵다. 진실한 자신을 찾고 받아들이는 것 또한 가장 하기 어려운 것이다. 진정으로 평범하고 진실 되게 사는 것이 가장 행복한 것이다.

-시간을 들여 충분히 준비하는 것이 시작하자마자 경솔하게 전진하는 것보다 성공하기 쉽다.

-권력자에 빌붙어 아부하는 자는 나무에 붙어사는 등나무에 비유할 수 있다. 나무가 죽으면 따라서 순장될 것이다.

-도전은 자신을 한 단계 상승시키는 방법이다. 차분하고 침착하게 도전에 응하고, 시기와 형세를 명확하게 인식하고 일을 하면 순풍에 돛 단 배처럼 적은 노력으로 많은 성과를 이루어 낼 수 있다.

진정으로 재능이 있는 사람은
자신의 재능을 애써 뽐내지 않는다

술의 진함, 기름짐, 맵운맛, 단 맛은 모두 진정한 맛이 아니다. 진정한 맛은 일종의 품성으로 바로 담백한 평화이다. 행실이 특별한 사람 또한 진정으로 덕행이 완벽한 사람이 아니다. 진정으로 덕행이 완벽한 사람은 보통사람과 행위가 완전히 일치한다.

옛날에 조예가 깊은 승려가 하나 있었다. 어느 날 묘지를 지나다가 나무 아래에서 부르르 떨며 얼굴에 땀을 줄줄 흘리고 있는 사람을 발견했다. 영문을 모르는 고승이 어째서 그러고 있는지 묻자, 그 사람은 전전긍긍하며 수풀을 가리켰다. 그가 가리킨 방향을 바라보니 커다란 뱀이 자기만큼 커다란 뱀을 삼키는 중이었다. 두 마리의 커다란 뱀이 한 마리는 배가 터져 죽으려 하고 다른 한 마리는 숨이 막혀 죽으려 하니 두 마리 모두 사경을 헤매고 있었다. 묘지에서 이 광경을 목격한 그 사람은 두려움에 어쩔 줄 몰랐던 것이다. 고승이 상황을 알려주자 그자는 마음을 안정시키고 두 마리의 뱀을 가지고 집으로 돌아갔다.

이야기 속의 고승은 신기한 법력을 가진 것이 아니라 단지 평상심을 가진 것뿐이다. 만일 외부의 변화에 두려워하지 않고 평상심으로 주위의 사물을 대할 수 있다면 그 사람은 덕행이 완벽한 사람이라고 부를 만하다. 우리 주위에는 이런 고인이 적지 않게 존재하고 있다. 비록 그들의 언행과 행동이 보통 사람과 차이가 없지만 역경을 만났을 때 차이를 발견할 수 있다. 그들은 시종일관 평소 같은 부드러움을 유지하고, 조급해 하지도 않으며, 화를 내거나 두려워하지 않고 마치 모든 것이 정상인 듯 대한다. 우리가 이런 마음가짐을 유지할 수 있다면 우리의 영혼은 돈, 권력, 여색 등 욕망에 침식당하지 않고 시야가 넓어져 각종 문제에 직면해도 적절하게 해결할 수 있다.

오늘날 사회는 너무 많은 사람들이 이미 평상심을 잃어버렸다. 그들은 번지르르한 말을 떠벌리고, 큰소리치며 뽐내고 작은 성과를 내고선 전 세계가 다 알게 하다. 마치 다른 사람에게 드러내지 않으면 자신이 무시당한다고 여기는 듯하다. 이런 사람은 본질적으로 열등감을 가지고 있다. 진정으로 재능이 있고 능력이 뛰어난 사람은 애써 자신을 자랑하지 않는다.

유명한 무협소설 작가 김용이 악록서원(岳麓書院)의 청으로 강연을 하며 겸손하게 말했다. 자신은 이 천 년의 역사를 지닌 서원을 흠모하고 공경하는 마음을 가지고 있으며, 자신이 거기에 앉아서 강연을 하는 것이 '번데기 앞에서 주름잡는' 격이라 '아주 조심스럽다'고 했다. 자신의 저서가 자기 키만큼이나 많은 무협소설 대가가 그토록 많은 업적을 쌓았음에도 산골짜기만큼 깊은 겸허한 마음을 보이니 숙연한 마음이 들지 않을 수 없다. 반대로 현대 사회의 수많은 자칭 '국학대사'라는 학자들은 어디를 가든 커다란 강연장에 고액의 출장비를 요구하며 자신의 관점을 함부로 주창하고 다른 사람의 관점에 대해 무절제하게 얕잡아 보고 짓밟기도 한다. 이런 행위는 그의 학술적 관점을 지지할 수 없게 할 뿐 아니라 심지어 그의 인품에 대한 의구심마저 들게 한다.

가난하지만 아첨하지 않고 부유하면서도 교만하지 아니하다(貧而無諂, 富而無驕)라고 했다. 뜻을 이루었을 때 담담하고, 뜻을 이루지 못했을 때 태연한 것이야 말로 진정한 평상심이다.

평상심을 지닌 사람은 교만하지 않고 성급하지 않으며 쉽게 본심을 잃지 않는다. 설사 곤경에 처해도 담담함을 유지하고 스스로 곤경에서 벗어난다.

어떤 사람이 한 밤중에 황량한 야외의 좁다란 길을 가다 실수로 사냥꾼이 파놓은 함정에 빠졌다. 다리가 부러졌지만 남자는 당황하지 않고 자신이 단지 사냥꾼의 덫에 잘못 뛰어 들은 것뿐이라 믿으며 침착하게 바닥에 누워 기도를 했다. 다음날 아침 과연 그 사람은 사냥꾼에게 발견되어 구조되었다. 후에 다른 사람이 같은 함정에 빠졌다. 그는 큰 소리로 구조 요청을 하고 발버둥 치며 온 힘을 다해 깊은 함정에서 기어 올라오려고 애썼다. 그의 의지력은 반복되는 좌절에 무너지고 깊은 공포에 빠진 그는 자신이 영원히 빠져나가지 못할 거라고 생각하고는 스스로 생명을 버리기로 결심했다. 결국 다음날 아침 사냥꾼이 발견했을 때 그는 이미 죽어 있었다.

곤경중의 평상심은 이처럼 암흑 속의 빛줄기 같다. 평상심을 가지면 희망을 볼 수 있고 평상심을 잃어버리면 절망에 빠져버린다. 평범한 생활 속에서 평상심은 우리가 마땅히 배우고 연마해야 하는 품성이다.

많은 사람이 빠른 출세와 평생 써도 다 못 쓰는 부와 높은 권력, 명성과 지위를 갈구한다. 그들의 눈에는 이 모든 것이 성공의 전부이다. 그렇지 않으면 실패자일 뿐이다. 이 모든 것을 성공의 최고 기준으로 삼을 때 그는 사실 이미 실패한 것이다. 사람의 내면이 이미 물욕에 혹사되어 영원히 좁은 테두리에 갇혀 살아야 하는데 어떻게 평화롭고 담백한 마음으로 사람과 사물을 대할 수 있겠는가?

물론 평화롭고 담백한 마음을 유지하는 것이 진취적이지 않고 현실에 안주하는 것을 의미하는 것은 아니다. 자신의 물욕을 최대한 희석시키고 지나치게 사리사욕에 정신이 팔려서는 안 된다. 안 그러면 명예와 이익에 단단히 구속되어 생활, 일과 학업에 모두 간섭을 받게 된다. 평상심을 유지하는 것은 속세의 음식을 먹지 말고 현실에서 벗어나라는 것이 아니다. 자신의 인생의 방향을 잘 잡고 샛길로 빠지지 마라는 것이다.

제갈량은 〈계자서(誡子書)〉에서 "고요함으로 수신을 하고, 검소함으로 덕을 기른다. 말은 신실해야 하고 행함은 반드시 바르고 곧아야 한다."고 말했다. 송나라의 범중엄도 "바깥의 사물로 인하여 즐거워하지 않고, 자기 일로 슬퍼하지 않는다"라고 했다. 이것이야말로 높은 경지의 평상심이다.

결정적 순간에
깜짝 놀랄 만한 재능을 펼쳐 보여라

가벼운 바람이 드문드문 자란 대나무 숲 사이를 지날 때 샤샤삭 소리가 난다. 하지만 바람이 지나간 후 대나무 숲은 다시 정적이 감돌고 바람 소리의 흔적을 남기지 않는다. 기러기가 차가운 깊은 연못을 날아 지나갈 때 그림자가 연못 위에 비춘다. 하지만 기러기 떼가 지나간 후 수면에는 기러기의 그림자가 남아있지 않다. 때문에 군자는 일이 생겼을 때 자신의 능력을 드러내고 일이 끝난 후에 본성은 다시 고요하게 돌아간다.

공자가 말했다. "군자욕눌어언이민어행(君子欲訥于言而敏于行)" 군자는 말하는데 있어서 신중하고 행동하는데 있어서는 민첩하고 신속하라는 뜻이다.

능력이 있는 사람은 제아무리 자신의 능력이 뛰어나도 사방에 가서 자랑하지 않는다. 하지만 결정적인 순간일수록 자신의 비범한 능력을 드러낸다. 문제가 해결된 후 다시 '평소의 상태'를 회복해 조용하게 변한다. 반면에 어떤 사람들은 별다른 재능이나 학문이 없음에도 많은 사람 앞에서 드러내고 뽐내고 심한 허풍 떨기를 좋아한다. 하지만 어려움에 처하면 걱정만 하고 해결은 못하며 어쩔 줄 몰라 한다. 한 사람의 능력이 진정으로 드러나는 것은 누구나 할 수 있는 작은 일이 아니라 가장 위급하고 결정적인 순간에 발휘된다.

〈천용팔부(天龍八部)〉중에 인상 깊은 인물로 소지승이 있다. 소림사의 이 노승은 장경각 청소를 10년 동안이나 한 이름 없는 승려였다. 하지만 소림사에 누구도 해결할 수 없는 위기 상황이 생겼을 때 그가 별안간 나타나 손쉽게 재난을 해결하고는 다시 조용히 자신의 자리로 돌아갔다.

군자는 항상 '그릇을 몸에 감추어 두었다가 때를 기다려 행동한다'는 이치를 이해해야 한다. 이는 우리에게 능력은 있으나 환경이 자신이 발전하기에 적당하지 않을 때는 물러나고 자신의 분수를 알아야 한다고 알려준다. 남을 뛰어넘는 재능은 경우에 따라서는 여러 번거로움을 불러일으킨다. 특히 다른 사람의 질투를 불러일으킨다. 따라서 자신의 실력을 감추고 환경이 당신에게 유리하게 되었을 때 두각을 드러내어 자신의 능력을 발휘해야 한다.

능력이 부족할 때는 환경이 당신에게 유리해도 계획과 행동을 즉시 멈출 줄 알아야 한다. 커다란 빌딩이 견실한 토대가 없으면 오래 동안 무너지지 않고 서있을 수 없다. 사람의 성장도 마찬가지이다. 걸음걸이도 제대로 하지 못하는데 뛰기 시작하면 머리를 바닥에 부딪치며 넘어지지 않겠는가?

주희(朱熹)의 시에 나오는 말이다. '연못에게 어찌 이리 맑은가 하고 물으니 아득한 샘에서 싱싱한 물이 솟아오르기 때문이라 답했다.' 만일 끊임없이 솟아나는 물이 없다면 연못이 어찌 맑고 깨끗함을 유지하겠는가? 같은 이치로 당신에게 충분한 능력이 없으면 자신이 달성하지 못할 일을 시험 삼아 해봐서는 안 된다. 설사 시도해 보아도 성공할 수 없기 때문이다. 하지만 어떤 사람들은 능력 부족임을 분명히 알면서도 능숙한 언변으로 포장하며 자신이 대단한 줄 여긴다. 이는 다른 사람들의 웃음거리로 전락할 뿐이다.

중국의 고사 성어 중에 '도광양회(韜光養晦)'라는 성어가 있다. 자신의 재능을 감추고 자신의 능력을 드러내지 않고 기꺼이 다른 사람들이 풍채를 드러내게 하고 자신은 아무도 주의하지 않는 곳에 숨어 천천히 자기의 능력과 재능을 축적한다는 뜻이다. 삼국시기의 유비는 처음에는 빈털터리로 실의에 빠져 부득이하게 조조의 휘하에 의탁했다. 그는 자신이 얹혀사는 처지인데다, 조조가 천성이 의심이 많은 것을 알았기에 자신의 뜻을 꿰뚫어 보고 자신을 살해할까 두려워 평소에 단정하고 예의 바르게 행동했다. 외부 사람이 보기에는 보통의 농부나 다름없었다.

그러던 어느 날 조조의 대장군 허저와 장료가 다가와 조승상이 유비를 부른다고 했다. 유비는 어쩔 수 없이 그들을 따라 작은 정자로 갔더니 조조가 정자 안에 술자리를 마련해 놓고 기다리고 있었다. 당시 매실이 아직 푸를 시기로 두 사람은 술을 마시며 한담을 나누다 조조가 돌연 용에 대해 얘기를 꺼냈다. 용의 변화, 숨김과 드러냄으로 영웅의 행동을 암시하고는 유비에게 오늘날의 영웅을 열거해 보라 했다. 유비가 몇몇을 열거하자 조조는 모두 고개를 흔들며 무시했다. 그러자 유비가 조조에게 물었다. "누가 가능할까요?" 조조는 손으로 유비를 가리키며 말했다. "지금 천하의 영웅은 나와 당신뿐이다"

유비는 마음속으로 놀라 수중의 젓가락을 저도 모르게 바닥으로 떨어뜨렸다. 그 순간 때마침 천둥이 크게 쳐서 유비는 천둥소리에 놀란 척 숨기고 안색을 유지하며 말했다. "천둥의 위력에 놀랐습니다." 그래서 조조는 유비를 경계하지 않았다.

이것이 바로 중국 역사상의 유명한 삼국지의 '청매자주론영웅(靑梅煮酒論英雄)'의 유래이다.

유비는 자신을 잘 감추고 시기가 아직 무르익기 이전에 가볍게 강적의 앞에서 칼끝을 드러내지 않았다. 그 덕분에 적이 자신에게 의심을 품지 않게 하고 심지어 자신을 얕잡아 보게 만들었다. 그런 다음 자신은 몰래 힘을 키워 기다렸다 공격했다. 유비는 재능을 감출 줄 아는 모략가였다.

전국시대의 손빈도 자신을 숨긴 모략가였다. 그는 군사 모략에 정통하였으나 불행히도 그에게 방연(龐涓)이라는 친구가 있었다. 방연은 자신의 용병술이 손빈에게 미치지 못함을 알고 질투심이 일었다. 결국 그를 함정에 빠뜨려 무릎 아래를 잘라 버리는 빈형을 내려 불구로 만들었다. 손빈은 자신이 죽지 않으면 방연이 틀림없이 눈에 가시로 여길 것을 알고 일부러 미친 척 하여 결국 액운을 피했다.

훗날 손빈은 성공적으로 위나라를 탈출하여 제나라의 군사(軍師)가 되어 제나라를 위해 두 차례 중요한 전역 즉 계릉(桂陵)전투 마릉(馬陵)전투를 계획했고 위나라를 크게 무찔렀으며 자신도 성공적으로 복수했다. 방연은 마릉의 전투에서 자신의 능력부족을 부끄러워하다 분개하며 자살했다.

재능을 감추고 때를 기다리는 것은 사람됨의 겸허한 자세이며 수준 높은 생존 모략이다. "군자는 일이 생기면 마음에 나타나고 일이 없어지면 마음도 따라 비운다"고 했다.

재능을 감추고 때를 기다릴 줄 아는 사람은 다른 사람이 쉽게 접근한다. 겸손한 태도로 주변의 친구와 동료들에게 쉽게 받아들여지고 호감을 사기 때문이다. 이렇게 하면 남과 소통할 때 매우 편리하고 어떤 일을 하든 순조롭다. 적을 대할 때는 이런 모략을 더 이해해야 한다. 적의 앞에서 저조할수록 적은 당신에 대한 경계심이 적어 심지어 당신을 우습게보고 정확한 판단을 내리지 못하여 당신이 때를 만났을 때 적에게 치명적인 일격을 가할 수 있다.

침착하게
모든 도전에 응하라

고대의 현덕지사가 말했다. "대나무의 그림자가 계단을 쓸어도 계단에는 먼지조차 일지 않고, 달빛의 그림자가 연못을 뚫고 지나가도 연못의 수면에는 흔적이 남지 않는구나." 오늘날의 유학자 스승이 말했다. "물의 흐름이 급해도 마음은 늘 고요함을 유지하고 비록 꽃이 떨어져도 마음은 한가로움을 유지한다" 사람이 늘 이런 마음으로 사물을 접한다면 몸과 마음이 얼마나 자유롭겠는가?

〈채근담〉중 명언이 있다.

'총욕불경, 한간정전화개화락; 거류무의, 만수천외운권운서.

(寵辱不驚, 閑看庭前花開花落;去留無意, 漫隨天外雲卷雲舒.)

영화와 치욕에 놀라지 아니하고 한가히 뜰 앞의 피고 지는 꽃을 볼 것이며, 가고 머무름에 뜻을 두지 않고 되는 대로 하늘 밖의 뭉치고 흩어지는 구름을 보라는 뜻이다. 몸이 놀라지 않아야 아름다움을 한가로이 볼 수 있고, 마음에 뜻이 없어야 유유한 풍경을 볼 수 있다.

평화롭고 한가로운 담담함과 태연한 태도를 늘 가져야만 외부의 변화에 놀라지 않고 영예와 치욕을 모두 잊는 인생의 경지에 다다를 수 있다.

많은 사람들이 일의 결과가 자신이 예상한 대로 진행되는 것을 보았을 때 참지 못하고 흥분하여 득의양양하고 우쭐대는 모습을 보인다. 하지만 복잡하고 심각한 문제 앞에서 그들은 놀라고 당황하여 어찌할 바를 모르고 마음이 어수선하다.

진정으로 수양이 있는 사람은 사물의 발전 결과에 따라 일희일비하지 않는다. 시종일관 한가롭고 고요한 마음으로 침착하게 대처한다. 결과가 좋으면 담담히 받아들이고 나쁜 상황에 처해도 평소처럼 침착할 수 있다. 침착하고 평온한 마음을 가지고 있기 때문에 눈앞의 성공과 이익에 급급하지 않아 만사를 마음에 담지 않고 시종일관 좋은 상태를 유지할 수 있다.

비록 혼란한 세상에 살면서도 내면은 세속에 물들지 않고 외부의 모든 것은 자신에게 영향을 미치지 않는다. 이것이 우리가 배워야 할 처세의 마음가짐이다.

고대 사람은 말했다. '태산이 눈앞에서 무너져도 눈 하나 깜박하지 않고, 사슴이 눈앞에서 날뛰어도 눈 하나 깜박하지 않는다.' 만일 이런 침착한 마음가짐을 유지할 수 있다면 일을 할 때 적은 노력에도 큰 성과를 얻을 것이다.

삼국시기 제갈량은 마속(馬謖)을 잘못 채용하여 가정(街亭)을 지키지 못했다. 가정은 군사요충지로 역대 병가들이 반드시 다투는 전략적 위치상 매우 중요한 곳이었다. 가정을 지키지 못하자 촉나라 군은 사면초가의 국면에 처해 양식을 운송할 길이 막혀 군중에 대란이 일어났다. 이 때문에 위나라 군과 대치하던 국면은 심각한 위기에 처했다.

위나라의 사마의(司馬懿)가 15만 대군을 이끌고 국경을 쳐들어왔다. 이

때 제갈량의 휘하에는 문신들밖에 없어 전쟁을 치를 수 있는 군대는 경우 수 천 명의 무리뿐이었다. 사람들은 이 소식을 듣고는 대경실색하였지만 제갈량은 여전히 침착하였다. 그는 명을 내려 깃발을 모두 감추고 군사들에게 모두 제자리에서 움직이지 않고 큰 소리로 허둥대고 소란을 피우지 못하게 하였다. 사방의 성문을 열고 모든 성문에 20명의 병사로 하여금 백성으로 변장하고 거리를 청소하게 하였다. 제갈량 자신은 외투를 걸치고 머리에 두건을 쓰고는 두 명의 동자를 데리고 성루 위에 앉아 아무 일도 없다는 듯 향을 태우고 거문고를 탔다.

사마의는 제갈량이 웃으며 차분하게 거문고 연주를 하는 모습과 거리를 청소하는 '백성'의 아무 일 없는 듯한 모습을 보고 의심을 멈출 수 없었다. 제갈량이 매복을 세워놓아서 성급하게 성으로 들어갔다가는 그의 간계에 당할까 두려워 오랫동안 생각 끝에 병사들을 물리고 떠나기로 결정했다. 촉나라 군은 마침내 위험한 고비를 넘기게 되었다.

사물 때문에 기뻐하지 않으며 자기 때문에 슬퍼하지 않는다. 이 말은 어떻게 이해해야 할까?

일이 좋은 결과를 내었을 때 우선 내면의 흥분을 억제해야 한다. 일시적인 만족으로 머리를 어지럽혀서는 안 되며 이성적인 사고로 판단하고 다음 계획을 자세하게 고려해 합리적인 계획을 세워야 한다. 단기적인 승리에 취해 진취적으로 생각하지 않으면 투지를 잃어버리고 뒤이어 오는 형세에 빠르게 도태된다.

긴급한 변고를 맞았을 때 우선해야 할 일은 당황하지 말아야 하는 것이다. 일단 허둥대면 가슴 속에 맞설 책략이 더 없어진다. 맑은 두뇌를 유지하고 완전한 책략을 깊이 고려하여야 국면을 전환시키고 더욱 악화시키지 않을 수 있다.

진정으로 잘 사는 사람은 자신의 기분을 사물의 변화에 따라 요동치지 않으며 평온한 마음을 유지하여 도처에서 학문 수양의 원천을 찾는다.

공명과 이익을 추구하지 않고
한적한 자유로움을 추구하라

찻잎은 좋은 것만을 고집하지 않으면 찻주전자가 마를 일이 없으며 술은 상품만 추구하지 않으면 술잔이 비는 일이 없다. 줄이 없는 거문고는 듣기 좋은 곡을 탈 수 없지만 항상 우리의 신심을 조절해 주고, 구멍 없는 피리는 미묘한 음절을 불 수 없지만 우리를 기쁘게 하네.

생활 속에서 지나치게 정교하고 섬세하고 완벽한 것을 추구하면 오히려 삶의 진정한 즐거움을 잃어버리고 맛과 즐거움의 진의를 잃어버려 융통성 없는 형식주의로 변한다. 차를 마시고 술을 마실 때처럼 모든 단계에 소위 판에 박힌 완벽을 추구하여 종교의식을 수행하는 것처럼 하면 진정한 느낌은 조금도 향유할 수 없다. 찻주전자 바닥에 남아 있는 차의 때는 세월의 총총함을 증명해 주고 약한 탁주는 술잔 바닥에서 출렁이며 심금을 울린다. 이처럼 평탄한 세월 중 우리가 맛보는 것은 인생의 맛이지 깔끔한 술잔과 찻잔이 아니다.

도연명은 자서전 〈오류선생전(五柳先生傳)〉에서 자신을 이렇게 묘사했다. '성품이 술을 좋아했으나, 집이 가난하여 항상 술을 얻지는 못했다. 친구들이 그의 이러함을 알고 간혹 술상을 차려 그를 부르곤 하였는데, 가서는 술을 마시면 언제나 다 마셔버려 반드시 취하기를 바랐으며 일단 취한 후에는 물러가니, 떠나고 머무름에 거리낌이 없었다. 담장 안은 쓸쓸하여 바람과 햇볕을 가리지 못했고 짧은 갈옷은 구멍 난 곳을 기웠으며, 대나무 그릇과 표주박이 자주 비었어도 편안히 여겼다.' 이런 담백하고 명리에 소탈한 마음가짐은 부러울 뿐이다.

현실 속에서 만일 당신의 집이 비바람도 막을 수 없을 정도로 낡고 의복과 음식이 항상 부족하다면 오류선생처럼 '편안' 할 수 있겠는가? 대다수의 사람이 그럴 수 없을 거라는 걸 확신한다. 그들은 깊은 고뇌에 빠질 것이다.

사람은 그 정도까지 빈털터리가 될 필요는 없지만 어떤 환경에 처했든 담백하고 편안한 마음가짐은 여전히 매우 필요하다. 사람이 만일 만족함을 알아 즐겁다면 항상 자신이 행복하게 산다고 느낄 것이다. 생각해 보라. 당신이 만일 대단한 재산이 없어도 먹고 살 정도는 될 것이다. 비록 먹는 게 그다지 좋지는 못해도 따뜻하고 배부른 생활은 할 수 있다. 비록 지금 아직 일이 없어도 아직 건강한 체력이 있다면 좋은 신체를 전제로 당신의 미래는 밝을 것이다.

'열악한 환경이나 무례한 대우를 참고 견디는 것' 은 지금까지 부정적인 의미로 사용되었다. 하지만 생활 속에 마땅히 이런 마음가짐이 필요하다. 특히 역경을 맞았을 때 필요하다. 당연히 역경 앞에서 굴복하고 순종하라는 뜻이 아니다. 운명의 배치를 침착한 마음으로 대면하고 위기와 도전을 맞아 들여야 한다. 즐겁게 받아들이지는 못해도 비극적인 정서를 만들어서는 안 된다. 역경과 좌절이 다가왔을 때 마음속으로 우선 준비를 한다. 그러면 곤경을 극복할 때 힘들이지 않고 여유 있게 처리할 수 있을 것이다.

고대의 성현과 은사들, 예를 들어 진나라의 죽림칠현은 산수를 유유히 거닐며 자연을 마음껏 느꼈다. 속세에 물들지 않고 천지 만물의 진정한 재미를 체험하였던 것이다. 그들은 물질상의 빈부를 전혀 개의치 않고 내면의 고요와 담백함을 달갑게 받아 들였다. 만일 그들이 매일 생활의 사소한 일에 신경 썼다면 '현' 자를 붙이기에 부끄러웠을 것이다.

생각해 보라. 만일 한 사람이 전 세계의 부를 전부 긁어모았다면, 그 누구보다 야심이 크다면 그는 혼신의 힘을 쏟아 쟁취하려 할 것이고 그런 삶이 고통스럽지 않겠는가? 설사 가지고 싶은 것을 얻었다고 가진 후에 반드시 즐거울까?

범려는 월왕 구천(勾踐)이 오나라를 없앤 후에 정상의 자리에서 물러나 조용히 고향으로 들어가 은거하였다. 이후 담담하게 무위의 생활을 하니 이것이 바로 그의 영민한 점이다. 생각해 보라. 만일 그가 부귀와 권세에 집착했다면 마지막에 위험한 정치의 소용돌이에 말려 들어갔을 것이다. 게다가 구천은 본래 환난은 같이 겪어도 즐거움은 같이 보내서는 안 될 인색한 군주였다. 만일 범려가 계속해서 그 같은 정치 환경에 머물렀다면 조만간 생명을 내놓았을 것이다. 역사서를 펼쳐 보아라. 범려와 함께 수년간 일한 친구 문종(文鐘)이 그 좋은 예가 아닌가?

동서고금을 통틀어 수많은 사람들이 자기 수중의 명리를 움켜쥐고 놓지 않다가 재난이 닥쳐온 후에야 불현듯 깨닫지만 이미 후회해 보았자 늦었다. 사후에 후회하느니 어떤 일을 하기 전에 신중하게 고려하고 자신의 다음 발걸음을 어느 쪽을 향해 내디뎌야 할 지 생각해 보아라.

평범하게 지내는 것이 무엇이 나쁘단 말인가? 득실에 지나치게 집착할 필요가 없으며 현재 소유한 것을 잘 지키고 무엇이 자신이 소중하게 여길 가치가 있는지 분명이 알면 이것이야 말로 가장 중요한 것이다.

생활은 연극이 아니다.
일부러 자신을 위장할 필요가 없다

화분에 심은 꽃은 아름다워도 자연의 생기가 부족하고, 공중을 자유롭게 비상하는 새가 새장에 갇히면 천연의 멋을 잃어버린다. 세상 만물은 모두 자연스러운 것이 가장 아름답다. 인생은 산 속의 꽃과 새처럼 자연의 본질을 추구하고 그때그때, 그 성질을 따르고, 인연과 기쁨을 따른다.

직장과 생활 속에서 사람들은 종종 두 가지 얼굴을 가진다. 다른 사람을 대할 때와 혼자 있을 때 서로 다른 얼굴을 한다. 생활과 스트레스의 압박으로 사람들은 위장을 배우고 숨기는 법을 배운 것이다.

이런 생존법은 우리 스스로가 즐겁게 받아들인 것인가? 사람이 자신의 진실한 개성을 내면 깊은 곳에 숨기고 밖으로 드러내는 것은 모두 자기 내면의 생각과 전혀 다른 한 면이라면 이렇게 사는 것은 피곤하지 않겠는가?

우리가 사람을 대하고 일을 할 때 자기의 본심을 지키지 못하면 말과 행동은 자기의 본래 의도가 아닌 모종의 목적을 위해 일부러 위장한 것일 것이다. 이렇게 하면 진정한 자유를 느낄 수 없다.

신화 이야기가 하나 있다. 어느 날 하신(河神)이 북해의 신에게 물었다. "자연은 무엇입니까? 인위란 또 무엇입니까?" 북해의 신이 예를 들어 말했다. "소와 말이 태어나면 네 개의 다리가 있다. 이것이 소위 자연이다. 하지만 만일 밧줄을 그들의 머리에 씌우고 소의 콧구멍에 고삐를 뚫고 말의 발굽에 편자를 박으면 이것이 바로 인위이다."

자연 본위의 개성은 위장한 것이 아니고, 장 안에 가둬 놓고 길러 내는 것이 아니며, 더군다나 밧줄에 묶어서 교육시킨 것이 아니다. 자신의 성정과 관계있는 것이다. 노자는 갓난아기는 아직 사고력이 발달하지 못하여 숨길 줄 모르기 때문에 모든 것이 제멋대로 이고 일거수일투족이 모두 천진하고 자연스러우니 '도'의 경지에 가장 근접하다고 여겼다. 그래서 그는 자신도 갓난아기처럼 순진하고 자연스러운 사람이 되기를 바랐다. 노자의 가장 유명한 주장이 바로 '무위이치(無爲以治)'이다. 핵심은 바로 자연에 순응하는 것으로 바로 노자가 말한 만물이 자연스럽고 본성을 드러내는 것이다.

이는 한 그루 꽃에 비유할 수 있다. 만일 꽃이 야생에서 자란다면 어떠한 인위적인 간섭도 없고 사람들의 재배 및 통제를 받을 필요가 없이 자유롭게 발육하고 생장하며 모든 것이 최초의 상태일 것이다. 그러면 천연의 미를 뽐어낼 수 있다. 하지만 만일 그 꽃을 꺾어 와 화분에 키운다면 아무리 아름답게 꽃이 피어도 기껏해야 인위적으로 꾸민 화분의 모습일 뿐 자연의 특색을 조금도 드러낼 수 없다.

노자는 말했다. "자연이라는 것은 자연스럽게 그렇게 되는 것이다." 자연은 바로 우리가 평소 말하는 천연이다. 만사만물이 인위적인 요소에 의해 간섭 받지 않는 그런 상태를 가리킨다. 따라서 자연이야말로 도의 근본 특성이고 도가에서 제창하는 생활 태도이다. 이것이 바로 노자가 추종하는 최고의 인생 경지이고 우리에게 강조하고 추천하는 인생의 격조이다. 사람의 본성까지 확대해 보면 '무위'를 자신의 개성으로 내면화 시켜야만 진실한 상태에 이를 수 있다. 따라서 본성은 거짓으로 만들어 낼 수 있는 것이 아니라 인위의 연기도 아니고 영혼의 경지다.

〈장자(庄子)〉에 나오는 '동시효빈'의 이야기다. 잘 알다시피 서시는 월나라의 뛰어난 미인으로 그녀의 일거수일투족, 웃고 찡그리는 모습 모두 정신을 못 차릴 정도로 아름다웠다. 그녀가 조금만 꾸미고 어디를 가든 사람들이 탄복하고 그녀의 아름다운 용모와 비할 자가 없다고 감탄하였다.

어느 날 서시가 가슴에 통증을 느꼈다. 그녀는 길을 걸으며 수시로 가슴을 움켜쥐고 내딛는 걸음 사이사이에 미간을 찌푸리며 손을 들어 연약한 모습을 보였다. 사람들은 그녀의 이런 표정을 보고 그녀를 가련히 여기며 전보다 더 아름답다고 여겼다.

생긴 것도 혐오스럽고 행동거지 또한 거칠기 그지없는 동시라는 한 촌부가 자신도 서시처럼 사람들의 환영을 받을 수 있다는 환상을 품고 있었다. 그녀는 서시의 이 찌푸린 표정을 보고 따라 해야겠다고 생각했다. 어느 날 동시가 가슴을 움켜쥐고 길을 걸으니 사람들은 그녀의 지나치게 과장되고 억지스런 모습을 보고 모두 역귀를 피하듯이 그녀에게서 멀리 도망쳤다.

모든 사람이 자신만의 용모와 성품, 마음이 있다. 애써 위장하면 스스로 불편할 뿐 아니라 다른 사람에게 나쁜 인상과 함께 당신이 진실 되지 못하다고 느끼게 한다. 따라서 사람은 애써 자신을 위장하고 자기 본성을 꾸며서는 안 된다. 사람을 대할 때 자신의 본성에 따라 타고난 본심을 다른 사람에게 보여야 살면서 몸과 마음이 피로하지 않다.

거짓되게 처신해서는 안 된다. 만일 온종일 부자연스럽게 과장하고 매일 다른 사람들 앞에서 연기를 하면 본 모습으로 돌아가지 못한다. 그렇게 시간이 지나면 자기의 본래 모습조차 잊어버리고 만다. 그러면 사는 게 괴로울 뿐 아니라 원하는 것을 얻지도 못한다. 진정으로 성공한 사람은 자신의 본성에 따라 일을 하는 사람이다. 숭고한 신앙, 솔직한 심성, 낡은 예법에 구속되지 않는 사람이다. 오직 이런 사람만이 성공할 수 있다.

세상 만물은 모두 자연스러운 것이 아름답다. 마음을 따른 개성이야말로 아름다운 생활의 도이다. 만일 우리가 과도하게 세속에 집착하면 집체적인 무의식중에 빠져 자신의 본 모습을 어찌 얘기할 수 있겠는가? 따라서 지금부터 자신의 내면을 잘 들여다보고 세속의 가면을 벗어버리고 자기의 진실된 성정으로 돌아가야 한다.

출발신호 전에
출발하는 사람이 되지 마라

오래 동안 엎드린 새일수록 높이 날고 일찍 핀 꽃이 먼저 시든다. 이 이치를 명심하면 순탄치 못한 인생이라도 실의에 빠지거나 걱정할 필요 없고 조급하게 성공하려는 경박한 생각도 지울 수 있다.

'오래 엎드린 새일수록 높이 날고, 일찍 핀 꽃이 먼저 시든다' 는 이치는 초조해서 출발 신호도 전에 일찍 출발하지 마라는 것이다. 첫 번째로 달리는 사람이 가장 먼저 결승선을 끊지 못하고 오히려 처음에는 뒤를 따라 뛰다가 마지막에 웃는 경우가 있다. 따라서 우리는 서서히 역량을 모아서 천천히 자신을 강하게 변화시켜야 한다. '얼음이 삼척 깊이까지 어는 것은 하루 이틀 추워서 되는 것이 아니다.' 공부도 매일 매달 누적되는 것이며, 사업의 성과는 더욱 침식을 잊고 열중하며 게으름 피우지 않고 분투하는 정신이 있어야 한다. 서서히 누적시킬 줄 알아야 미리 실력을 내보이지 않는다. 이는 인내심뿐 아니라 고명한 책략이고 미미한 사람에서 위대한 사람으로 가는 중 반드시 거쳐야 하는 길이다.

제나라 위왕은 자주 밤새 음주가무를 즐기며 방탕하고 안일한 생활을 했다. 후에 그는 나라의 부강을 위해 분발하겠다고 결심하고 정신을 가다듬어 제나라를 질서 있고 강성하게 다스렸다. 진시황은 단기간 시간 내에 6국을 통일하였지만 끊임없는 전쟁 때문에 진나라의 국력을 소모하여 그가 세운 진나라는 십여 년 만에 완전히 붕궤해 버렸다. 이것이 먼저 핀 꽃이 일찍 지는 전형적인 예이다.

꾹 참고 인내하는 품성을 가진 사람은 가장 좋은 시기를 잡을 줄 알고 충분한 준비를 마치고 대기할 줄 안다. 선머슴처럼 이리 저리 들이 받고 다니지 않는다. 마치 매가 사냥을 하기 전에 반드시 사냥감이 안 보이는 곳에 숨어있는 것과 마찬가지이다. 잠복의 이치를 알고 어떻게 힘을 모아야 하는지 어느 방향으로 계획을 짜야 하는지 아는 것이다. 우리도 매처럼 인내할 줄 알고 내면의 충동과 외부의 유혹을 억제할 줄 알고 끝까지 견지해야 목표를 이룰 수 있다. 훗날을 도모하지 않는 자는 눈앞의 일을 도모하기도 부족하다는 말이 맞는 말이다.

샤오런은 어느 회사의 중간 간부로 평소 일을 잘 하여 동료와 사장의 신임을 얻었다. 직장 생활을 하다 보면 반드시 질투하는 사람, 특히 경쟁자가 있기 마련이다. 그래서 샤오런은 적지 않게 해코지를 당하고 억울한 일도 많이 당했다. 평화로운 성격의 샤오런은 일을 하면서 마음에 거슬리는 일도 이를 악물고 참았다. 그 해 연말 회사의 고위 간부가 전근을 가자 그 자리가 공석이 되어 새로 인원을 선발하게 되었다. 샤오런과 동급의 몇몇 동료 중 선발하게 되었고 당연히 샤오런도 후보 중 한 명이었다.

샤오런과 몇 명의 동료들의 실력은 막상막하였고 회사의 경쟁도 비교적 공평했다. 그럼 대체 누구를 뽑아야 할까? 회장의 눈에 들려면 열심히 표현을 해야 했다. 몇 몇 동료들은 바쁘게 일하기 시작했다. 각자 주관하는 부문에서 '대약진'을 위해 야근과 실적을 독촉하는가 하면 샤오런을 눈에 가시로 여겼다. 샤오런은 마음속으로 생각했다. '만일 나도 저들처럼 한다면 박 터지게 싸우는 꼴이 아니겠는가? 그게 꼭 지름길이라고 할 수는 없지.' 그래서 그는 오히려 한가한 태도를 취하며 평소대로 할 일을 하고 이 자리를 차지하겠다는 뜻을 품지 않았다.

경쟁자들이 허둥지둥 머리를 쥐어짜며 자신을 드러낼 때 샤오런은 오히려 담담한 태도를 보여 극명한 대비를 이루었다. 친구들이 모두 그 때문에 초조해 할 때 그는 전혀 동요하지 않았다. 경쟁자들은 그런 그를 뒤에서 숨어 기뻐하였다. 그들은 실력 있는 경쟁자가 하나 줄었다고 생각했기 때문이다. 샤오런은 이미 걱정거리도 아니라고 여기고 그에 대한 적의도 줄었다. 이는 샤오런이 바란 결과였다. 그는 비밀리에 경험을 총 정리하여 장점은 발전시키고 단점은 피하며 연말에 실제 상황에 근거해 완벽한 연말 결산 보고서를 작성했고 이는 회장에게 매우 사려 깊은 인상을 남겼다. 샤오런은 회장이 비교적 현실적인 효과를 중시하고, 허풍과 공리 추구를 줄곧 반대해 온 것을 알고 있었다. 그래서 샤오런은 몰래 경쟁자의 동향을 관찰하는 한 편 자신의 업무를 조리 있게 잘 안배하여 적시에 회장 앞에서 업무와 대의를 중시하는 면모를 보인 것이다.

결국 샤오런은 성공적으로 회사 고위층의 눈에 실질적인 업무를 잘 한다는 인상을 남겼고 가장 많은 호평을 받았다. 회사 연말의 공로 축하회에서 순조롭게 자신이 원한 위치를 차지하게 되었다.

이 이야기를 통해 우리는 눈앞의 처지에 조바심을 낼 필요가 없음을 알 수 있다. 순행도 역행도 모두 한 때일 뿐으로 장래의 향방을 설명할 수 없다. 어떤 사람은 뜻밖의 성과로 다른 사람을 놀라게 하고 싶어 하면서, 자신을 단련하고 실력을 쌓을 생각은 하지 않다가 결국 영원히 성공하지 못한다. 반면 어떤 사람은 평소에 그다지 두각을 드러내지 못하고 평범해 보이지만 항상 준비를 하고 있다가 상사에게 필요할 때 바로 전선에 뛰어들어 승리를 하니 당연히 중요한 기회를 차지할 수 있다.

따라서 우리는 반드시 꾹 참고 기다리는 중 무턱대고 돌진하는 경솔함을 없애고 냉정하게 목적을 가지고 계획을 해서 일을 하고 묵묵히 개인의 실력을 쌓아야 한다. 그렇게 하면 한방에 성공할 기회가 없을까 걱정하지 않아도 된다.

경험을 해봐야
그 안의 진정한 맛을 체험할 수 있다

아름다운 봄날 꽃이 피고 새가 울며 봄빛이 수려하고 수풀은 푸르지만 이는 천지간의 짧은 순간일 뿐이다. 쓸쓸한 가을이 되어 수목이 시들어 떨어지고, 물이 말라 돌이 드러나며 바위만 가득하면 이때 우리는 천지의 본래 면모를 볼 수 있다.

봄날은 비록 아름답지만 순간의 화려함일 뿐 오랫동안 계속되지 못한다. 가을은 비록 적막하고 처량하나 천지의 본래 모습을 드러낼 수 있다. 비록 그렇지만 사람들은 여전히 봄을 좋아하고 온 정원에 가득한 봄기운에 마음을 뺏긴다. 가을이 되면 마음에 처량하고 싫은 기분이 든다.

공명과 관록은 봄날의 찰나처럼 순식간에 시들어 몽땅 사라져 버리고 만다. 이 물질적인 것들은 오랫동안 소유할 수 없고 설사 얻어도 그 때문에 생명 보다 더 중요한 것을 잃을 수 있다.

그러나 여전히 많은 사람들이 어리석게도 금전과 지위, 여색에 빠져든다. 마음속의 욕망을 만족시키기 위해 수단과 방법을 가리지 않고 인격을 잃고 도덕을 상실하여 그야말로 아무 수단도 가리지 않다가 결국 돌아오지 못할 길로 가고 만다.

당나라에 〈침중기(枕中記)〉에 신기한 이야기가 깊은 반성을 하게 한다.

　개원년간에 한 수양이 깊은 도사가 여관에서 노씨 성의 젊은이를 만났
다. 두 사람은 여관에서 만났지만 서로 얘기가 잘 통했다. 얼마간 얘기를
나누다가 노생이 탄식하며 말했다. "대장부로 세상에 태어났으면 마땅히
관직에 올라 고위관리가 되어 진수성찬을 먹어야 하거늘. 나는 책을 읽을
만치 읽었는데도 지금까지 쓸 곳이 아무데도 없습니다."

　도사는 미소를 짓더니 주머니를 뒤져 베개 하나를 꺼내어 주며 말했다.
"오늘밤 이것을 베고 자게나! 이 베개가 자네의 바람을 만족시켜 줄 것이
네."

　밤이 되자 노생은 그 말대로 따랐다. 한 밤중 그는 정신이 아득한 가운
데 자기 집으로 돌아갔고, 수개월 뒤 아름답고 지혜로운 아내를 얻어 마
음속으로 매우 기뻐하였다. 다음해 진사에 급제하여 순풍에 돛 단 듯 연
속으로 진급하였다. 후에 그는 병사를 데리고 남정북벌하여 전장에서 혁
혁한 공을 세우니 가히 문무를 겸비한 인재라 할 만 했다.

　안타깝게도 좋은 풍경은 오래 가지 못한다고 얼마 지나지 않아 그가 변
경의 장수와 결탁했다는 동료의 모함으로 옥에 갇히고 말았다. 궁지에 빠
지고 나서야 그는 불현듯 깨달았다. "아, 우리 집은 산동에 다섯 마지기
비옥한 밭이 있어 먹고 살기에 충분했는데 어찌 관직을 얻어 녹을 받기를
원했을까? 지금 와서야 애초의 환경으로 돌아가고 싶어도 갈 수가 없구
나!"

　후에 그는 몸을 일으켜 세우며 잠에서 깨어보니 자신이 아직까지 여관
에 있으며 단지 꿈을 꾸었을 뿐임을 발견했다. 이 꿈이 바로 우리가 말하

는 '황량일몽(黃粱一夢)'이다.

노생은 한 참을 깊이 생각한 뒤에 그 도사를 찾아가 말했다. "덕분에 인생의 영욕과 빈부, 생사까지도 그 모든 것을 속속들이 경험해 보았습니다. 이야말로 선생께서 나의 허영과 욕심을 남김없이 깨우쳐 주신 것으로 알고 뼛속까지 깨달은 바 있습니다." 말을 마치고 자리를 떠났다.

노생은 황량일몽 중 적지 않은 것을 깨달았을 것이고 그 이후 그는 공명에 열중하지 않았을 것이다. 노생의 황량일몽처럼 꿈에서 깬 후 다시 생각해 보면 모든 명리와 욕망을 간파할 수 있다. 한 사람이 꿈에도 그리던 부를 획득하고 권세와 지위를 얻어 물질적인 만족을 얻어도 내면은 더할 수 없이 공허하다.

만약 영혼을 잃어버리면 내면의 생각과 육체의 행위는 서로 반대로 간다. 자신이 좋아하는 일과 처한 환경이 반대로 가니 육체는 영혼의 방해물이 되어 자유와 쾌락도 그에 따라 사라진다. 그럼 그가 이 세상을 그럭저럭 살아가도 무슨 의의가 있겠는가?

옛말이 옳다. '세월의 변화가 무상하며 부귀도 뜬구름 같다' 세상의 도리는 예나 지금이나 마찬가지다. 표면상의 화려함과 지금 이순간의 명예와 이익은 모두 눈앞에 흩날리는 구름과 연기일 뿐이다. 설사 얻어도 결국에는 잃어버린다. 따라서 생활의 이치를 깨달은 사람은 평화로운 마음으로 일과 삶을 대한다.

셰익스피어는 아무리 아름다운 사물도 잃어버리는 날이 있다고 말했다. 눈 깜짝할 사이의 사라지는 순간을 애써 붙잡을 필요가 있겠는가?

청빈하게 자신을 지킬지언정
권세가에게 아부하지 마라

권세 있는 사람에게 빌붙는 사람은 약간의 이익은 얻을 수 있으나 그로 인해 초래된 화는 오히려 처참하고 신속하다. 안빈낙도하게 자신의 독립된 인격을 지키는 사람은 비록 외로우나 그로 인해 얻은 평안한 생활은 오래가며 즐거움 또한 깊다.

많은 사람들이 명예와 금전에 열중한다. 그들은 힘 있는 인물 주변을 돌며 권위와 부귀에 의존해 생존한다. 이는 비록 인간의 본성에 부합되지만 그 결과는 오히려 사람의 뜻에 맞지 않게 된다.

식물의 세계에서 덩굴 식물들은 커다란 나무를 휘감고 나무의 높이만큼 자라 햇볕을 받고 나무의 양분을 흡입해 생존한다. 겉보기에 이 식물들은 자신의 높이를 증가하는 것처럼 보이지만 바람이 불면 바람을 맞고, 비가 오면 비를 맞으며 기생하는 나무가 죽어 무너질 때 그들도 함께 순장된다. 하지만 나무 아래의 작은 민들레는 얼마 자라지 못하고 향기로운 꽃도 없고 오래 살지도 못하지만 즐거워하며 햇빛아래에서 자신의 꽃을 키운다. 그들은 비록 시선을 끌지는 못하지만 자신이 가진 모든 것이 자신의 심혈로 이룬 것이고 무수한 씨앗을 맺어 바람을 따라 멀리 띄워 보내 끊임없이 더 광활한 공간에서 생명을 계속 이어간다. 비교해 보면 둘 사이의 경지의 차이가 매우 명확하게 드러난다. 독립과 자족한 민들레는 모든 순간 타인의 양분을 흡입하여 기생하는 식물과는 비교할 수 없다.

사람됨도 마찬가지다. 권력과 지위가 있는 사람에게 아첨하는 사람은 비록 잠시 동안은 이점이 있을 것이다. 하지만 일단 아첨하는 사람이 어려움에 빠지면 당신은 그와의 관계를 씻어버리고 싶어도 깨끗하게 씻을 수 없다. 탐관에게 아첨하는 사람은 배후의 믿는 구석이 득세할 때는 과연 국면을 좌지우지 할 수 있다. 하지만 만일 어느 날 믿는 구석이 청산되고 낙마하면 의지하던 자에게 좋은 결과가 있을 수 있겠는가? 명나라의 호유용이 자리에서 물러날 때 뒤따라 살해당한 자가 수만은 족히 되었다. 그에게 선물을 보내어 관직을 구하고, 문하에 투항해 비호를 구한 사람들은 대다수가 그를 따라 황천길로 갔다. 청나라의 화신(和紳)은 중국 역사상 가장 욕심이 많은 탐관이었다. 그가 사형에 처해졌을 때 그에게 의지하던 사람들도 관직을 빼앗기고 죄인으로 변방에 유배되었다. 어쨌든 커다란 나무 한 그루가 쓰러지면 그 아래에서 그늘을 누리던 사람은 자연히 좋은 결과가 있을 수 없다.

안빈낙도와 원칙을 견지하는 사람은 비록 때로는 외롭다 느낄지라도 생활 속에서 얻은 즐거움은 오히려 더욱 오래 갈 것이다.

송 진종 때 관객교리 이수(李垂)가 황하의 수재를 다스리기 위해 〈도하형승도(導河形勝圖)〉라는 책을 썼다. 재상 정위(丁謂)의 방해로 그는 포부를 마음껏 펼치지 못했다. 뜨거운 피를 몰입할 곳이 없던 그는 매우 우울해 했다. 그래서 마음 좋은 사람이 그에게 정위를 찾아가 선물을 좀 하고 아부도 좀 하라며 어쩌면 지지를 받을 수 있을지 모른다고 했다. 하지만 이수는 선물을 보내지도 않고 아첨도 하지 않았을 뿐 아니라 오히려 상서를 올려 그를 공격하다 결국 쫓겨나고 말았다.

후에 경성에 돌아온 후 이백강(李伯康)이 다시 그에게 새로운 재상을 만나보도록 권했다. 그는 여전히 자신의 일관된 태도를 지키고 절대로 권세가에게 아첨하지 않았다. 어쩌면 그를 위해 안타까워하는 사람도 있을 것이다. 그가 개발한 치수의 계획도 그의 고결한 인품을 지키겠다는 태도 때문에 좌초되고 말았다. 하지만 사람은 지키고자 하는 원칙이 있다. 권세에 의탁하는 것이 그가 추구하는 방법이 아니었다. 그는 아무에게도 의탁하지 않고 자신의 꿈을 실현하고자 했다. 오직 권세와 재능에 의탁해야만 실현되는 계획은 가치가 없다고 생각했기 때문이다.

오직 이수 같은 선택만이 진정으로 인생의 최고 경지에 다다를 수 있고 인격을 완성할 수 있다. 빈과 부, 귀와 천 모두 가장 중요한 문제가 아니고 잠시의 문제이다. 중요한 것은 우리가 완전하고 독립된 인격을 가지고 있는지, 독립적으로 분투하고 청렴하게 지내는 고귀한 인품을 가졌는지이다. 기생하는 덩굴은 나무의 죽음과 함께 순장되고, 권세에 아첨하는 자의 비애도 마찬가지다. 하지만 더욱 슬픈 것은 죽음에 이르게 한 것이 자신 때문이 아니라 아무 가치가 없는 의존한 것 때문이라는 점이다.

시기를 기다려 행동하고
세력에 순응해 움직인다

불가에서는 범사가 모두 자연에 순응하여 발전해야지 모든 것은 억지로 해서는 안 된다고 주장한다. 유가에서는 범사가 모두 본분에 따라 해야지 함부로 본본 외의 욕심을 부려서는 안 된다고 주장한다. 이 '수연소위(隨緣素位)' 네 글자는 처세의 비결이고 바다를 건너게 도와주는 공기 주머니 같은 것이다. 인생의 경로는 그렇게 아득하다. 만일 어떤 일도 완벽을 요구한다면 반드시 많은 걱정과 번뇌를 야기할 것이다. 반대로 만일 범사에 모두 현실에 안주하는 환경으로 권세에 순응하고 행동하고 인연을 모으면 어디서든 유유자적할 수 있다.

도가에 '무위이치, 무위무불위(無爲而治, 無爲無不爲)'라는 말이 있다. 사물을 대할 때 아무 행동도 취할 필요가 없다. 주관적 욕구가 없기 때문에 오히려 아무것이나 다 얻을 수 있다는 뜻이다. 어째서 이렇게 말하는 것일까? 천리를 간파하고 인정을 깨달았기 때문이다. 억지로 무엇을 얻으려 하면 결과는 종종 아무것도 없다. 모든 것은 인연을 따르고 사물의 발전 추세에 따르면 오히려 큰 성공을 거둔다.

현실 사회에서 완고하게 이상주의를 견지하는 것은 통하지 않는다. 당신이 목표를 설정했다고 계획에 따라 하나씩 실현되라는 법은 없다. 인생이 항상 순조로울 수는 없다. 따라서 당신이 제아무리 완벽한 계획이 있고 강인한 의지가 있어도 해결할 수 없는 문제가 있다. 탐욕을 이루면 더 많은 욕망이 뒤를 이어 올 것이다. 진정 마음으로 바란 일을 이룰 수 있는 사람은 때를 기다렸다 행동하고 세에 순응해 움직이는 사람이다. 소위 '만족함을 알면 항상 즐겁다'는 말이 바로 이 도리이다.

만족함을 아는 사람은 무엇을 보든 몸 밖의 사물로 여기고 자기 소유가 아닌 것을 차지하여 자기 것으로 만들려는 야심이 없으니 자연히 번뇌가 없다. 자기에게 속한 것이 아닌 물건을 차지하려는 망상을 하지 않으니 위험도 없고 화를 불러일으키지도 않는다. 이는 불가에서 말하는 '연'과 유가에서 말하는 '본분'이다. 사람의 일생은 바다를 떠다니는 것과 같아서 자신은 비록 방향을 명확하게 알고 있지만 바닷물이 자신을 어디로 데려갈지는 예측하기 어렵다. 인생의 바다를 건너며 풍랑이 언제 일고 어디서 상어를 만날지 판단할 수 없으니 누가 내일 자신이 어떤 일을 만날지 알겠는가?

인생은 예측할 수 없고 명리는 몸 밖의 물건이니 어디서든 얻을 수 있고 언제든 잃을 수 있다. 따라서 우리는 행복하게 살려면 인연을 따르는 것과 본분을 지키는 것을 이해해야 한다. '수연(隨緣)'은 바로 자신의 인연을 순종하는 것이다. 외부의 사물이 마음을 움직이는 것을 '연(緣)'이라 한다. '본분'은 득실이 전부 사람의 마음에 달려 있으며 도의에 부합하는지 본다는 것이다. 내 것이 아니면 원해도 소용이 없으며 내 것이면 손을 내밀지 않아도 온다. 남의 물건은 빼앗지 말며 현실성 없는 목표는 생각하지 말며 현실에 발붙이고 근면하고 성실하게 맡은 일에 임하여야 사업의 기초를 이룰 수 있다.

　얼마 전 남부 지방의 한 여자가 민간에서 불법으로 수십억의 자금을 모아 평범한 국민의 돈으로 컨설팅 회사를 세웠다. 사업을 할 재목이 되지 못했기에 결국 엉망진창으로 만들고는 법률의 엄벌을 받았다. 이는 자신의 본분을 넘어서서 억지로 자신에게 속하지 않은 것을 쟁취하려 했기 때문이다. 그녀는 아마 다른 사람들은 모두 부자가 되는데 왜 나는 불가능한가? 라고 생각했을 것이다. 기왕에 그렇게 많은 사람들이 돈을 벌고 부자가 되는데 나도 한 번 시도해 보자. 그래서 야심의 부추김으로 번뇌가 가득한 길을 걸은 것이다.

　부자의 꿈을 완성하기 위해 그녀는 더 큰 번뇌를 껴안았다. 예를 들어 불법 자금 모집으로 회사를 세우고, 각종 관계를 맺고 머리를 쥐어짜내어 프로그램을 찾고 이 모든 일은 그녀의 능력으로는 감당할 수 없는 것이었기에 결국 막다른 골목에 이르러 죄악이 폭로되었다. 이것은 더할 수 없는 고통이 아닌가? 사람의 사욕이 팽창하면 이런 결과를 가져온다. 만족을 할 수 없고 파도가 치는 바다에서 배가 뒤집어 지는 운명인 것이다.

　환경에 순응하고 자신의 처지에 만족하고 안주하는 것은 듣기에는 소극적으로 들리고, 절충과 타협을 주장하는 기회주의자 같지만 사실은 그렇지 않다. 현실 중에 개인의 처지가 모두 다르기 때문에 능력의 강약도 다르다. 모든 사람이 다 고수하는 도가 있어야 하며 규칙을 넘지 않고 분수에 어긋나는 생각을 하지 않으면 사회에서 살아갈 수 있다. 만일 사람들마다 마음속의 욕망을 실현하려 하고 인연을 따르기를 포기하며 본분을 지키지 않으려 하면 이 사회는 엉망이 될 것이고 정글의 법칙보다 더 무서운 일이 벌어질 것이다.

　그래서 무릇 도덕과 학식이 있는 군자는 하늘의 뜻에 순종하고 자신의 처지에 만족하며 자연에 순응하여 본분 외의 망상을 하지 않는다. 만일 부귀하다면 그 가운데에서 도를 행하며 거만하지도 음탕하지도 않는다. 혹은 빈천하더라고 그들은 두려워하지 않고 자유롭고 한가하게 즐긴다. 공자가 말한 '이미 온 사람에게는, 그 사람이 안심하고 살아가게 해야 한다(旣來之, 則安之)'와 같다. 언제 어디서든 어떤 일과 어떤 사람을 만나든 영원히 내면의 원칙을 준수하고 강요하지 않으며 소극적이지 않다. 평화를 낙관하고 행복하게 살 수 있다. 조용하고 한가로운 것이야말로 흡족한 생활의 도이다.

어떤 일이든 점진적으로
발전하는 과정이 있다

은혜를 베풀 때는 마땅히 담박함으로부터 서서히 과도기를 거쳐 후해져야 한다. 처음부터 후했다가 후에 담박해지면 은혜를 입은 사람은 그 은혜를 잊는다. 위신을 세운 후 엄격함으로부터 관대해져야 한다. 처음부터 관대하였다가 후에 엄격하게 변하면 상대방은 그 가혹함을 원망한다.

사람을 대하고 조직을 관리하면서 은혜를 베풀거나 위엄을 보일 때 어떤 방식을 취하는가는 매우 중요한 문제이다. 담박함과 후함, 관대함과 엄격함은 어떻게 장악해야 할까? 목적만 있다고 다는 아니다. 적절한 방법을 써야 상대방이 감사히 받아들인다.

다른 사람을 도와주는 예를 들어보자. 길에서 거지를 만나 일순간 선한 마음이 생겨 그에게 돈을 적선하려 한다. 만일 처음에 100을 준다면 그는 매우 감사할 것이다. 어쩌면 감동을 받아 눈물을 흘릴 수도 있을 것이다. 하지만 당신이 두 번째에 50만 준다면 그는 당신이 돈을 적게 준다고 마음속에 불만이 생길 터이고 당신이 인색하게 변했다고 생각할 것이다. 지난번 당신의 대범함으로 지금 그의 심리적인 기준은 100이 되어버렸기 때문이다. 그래서 당신의 선한 마음으로 오히려 거지의 원망을 얻은 것이다. 반대로 당신이 먼저 그에게 50을 주고 후에 100을 주었다면 그는 당신을 돈을 더 주었다고 여겨 두 배로 당신에게 감사했을 것이다.

한 아버지가 가정교육 전문가를 찾아와 자신이 딸의 인정을 받지 못하고 있다고 원망을 늘어놓았다. 딸은 항상 아버지가 너무 엄격하고 조금도 자신을 사랑하지 않는다고 말했다. 상황을 파악한 뒤 사람들은 그가 비록 자신의 딸을 매우 사랑했지만 딸이 이렇게 말하는 것도 사실 억울할 게 없음을 발견했다. 그는 엄격함과 관대함의 정도를 제대로 장악하지 못했던 것이다. 딸이 중학교를 다닐 때까지 그는 딸을 애지중지하여 무슨 잘못을 저지르던 항상 딸을 '비호' 하였다. 그는 딸을 단 한 번도 야단친 적이 없었다. 하지만 딸이 고등학교를 가고 대학을 가자 갑자기 엄격해지기 시작했다. 작은 일이든 큰일이든 딸에게 엄격한 기준을 들이댔고 모래알만한 잘못도 용서하지 않았다. 차이가 이렇게나 크니 딸이 견디지 못한 것은 당연했고 아버지가 더 이상 자신을 사랑하지 않는다고 여긴 것이다.

만일 이 아버지가 순서를 바꿔서 아이가 어렸을 때 좀 엄격하게 좋은 습관을 기르도록 도와주고, 아이가 자란 뒤에 적당하게 풀어주어 충분한 자유의 공간을 주었다면 아이들의 마음에 가장의 이미지는 백 점이었을 것이고 좋은 아버지, 어머니라고 여겼을 것이다.

다른 사람을 도와줄 때는 마땅히 계단식 방법을 채택해야 한다. 자신의 위엄을 드러낼 때 먼저 엄격한 후에 관대한 방법을 써야 더욱 효과적이다. 이는 사람을 대하고 일을 할 때의 디테일이다. 만일 회사의 관리방면에서 본다면 순서와 방법은 더욱 중요하다. 간단한 예를 들어보자. 직원의 급여는 항상 낮게 시작해서 서서히 높여야 한다. 만일 어느 회사가 처음부터 높은 연봉으로 직원을 채용했다가 서서히 임금을 줄인다면 직원은 갈수록 줄어들 것이고 이 회사는 분명 곧 도산할 것이다. 경영자가 부하 직원에게 기회를 줄 때도 마찬가지이다. 시작할 때는 단련과 교육적 성질의 기회를 주었다가 바깥에서부터 시작해서 점차 회사의 중심으로 진입하게 하여 더 넓은 발전의 기회를 제공하면 직원들은 점차 중시된다는 성취감을 느낄 것이다. 만일 반대로 하여 처음부터 중임하여 회사에 매우 중요한 업무를 시킨 뒤 반 년 후에 평범한 자리로 옮겨 잡다한 일을 시킨다면 직원들은 분명 고의로 혼내주려 한다고 여길 것이다.

위신을 세우는 것은 앞의 예와 상반된다. 우선 위신을 세운 후 엄격함에서 관대함으로 간다. 만일 처음에는 관대하다가 후에 서서히 엄격하게 변하면 아랫사람은 틀림없이 당신이 냉혈한이라고 생각하고 당신에게 별다른 충성심을 가지지 못할 것이다.

어떤 회사는 신입사원이 입사한 후 초기 3개월 내에 대단히 엄격한 요구를 하고 각종 엄한 규칙을 제정하여 직원들이 자신의 한계에 달한다고 느끼게 한다. 매일 마음속으로 전전 긍긍하며 조금이라도 잘못했다가는 수습기간에 합격을 못해 쫓겨날까 두려워한다. 하지만 3개월 뒤 남아있는 직원들은 상사가 더 이상 이전처럼 매일 두 눈을 부릅뜨고 잘못을 찾으려 하지 않고 자신의 업무 공간이 커지고 업무의 독립성도 보장을 받음을 발견한다. 그래서 그들은 일을 잘 해내고 더욱 큰 자신감이 생겨서 상사도 이해하게 된다.

어떤 일이든 점진적인 순서가 있다. 사람들은 마음속 깊이 사물이 좋은 방면으로 발전하기를 바라기 때문에 이런 심리를 잘 잡으면 사물의 발전이 유리한 방향으로 흐르고 상대방으로 하여금 당신의 좋은 점을 기억하게 한다. 만일 당신이 그 반대로 행한다면 이상적이지 못한 결과를 얻을 것이 틀림없다. 더욱 심각한 것은 예를 들면 회사의 관리 중 경영자가 관대함과 엄격함의 정도와 순서를 제대로 장악하지 못하면 직원들의 분노를 일으킬 것이고 난감한 처지에 놓이게 될 것이다.

박함에서 후함으로 가고 먼저 엄격하고 후에 관대 하라. 이는 인간관계의 수단일 뿐 아니라 기업관리의 좋은 방법이다. 먼저 엄격한 것은 자신의 권위를 세워주고, 후에 관대한 것은 폭넓은 지지를 얻기 위함이며 부하 직원에게 충분히 발휘할 수 있는 공간을 제공하며 그들의 업무 적극성을 자극한다. 직원에 대한 보상도 작은 것에서 큰 것으로, 적은 것에서 많은 것으로 가야 한다. 그들이 예상 가능한 증가와 성장의 공간을 주어야 한다. 이것들은 비록 행위의 작은 부분이지만 처세에 반드시 준수해야 할 기본 원칙이다.

제8장

적을 융통성 있게 대하라

－서로 뜻이 같고 생각이 일치하는 친구를 사귀는 동시에 자신의 발전에 도움이 되는 친구를 사귀어야 한다. 나쁜 친구는 사귀기 쉽고,　유익한　친구는 찾기 어렵다.　반드시 먼저 잘 고려한 뒤에 사귀어야 한다.

　－이로운 친구는 당신의 장점을 볼 뿐 아니라 당신의 단점도 남김없이 당신에게 말해주는 사람이다.

　－피는 물보다 진하다. 어떤 일이 생기든 가족은 당신을 포기하지 않는다. 가족 간에는 시기심이 있어서는 안 된다. 하지만 이는 당신이 가족을 속이는 조건이 되어서는 안 된다.

　－가식을 버리고 순수함으로 돌아가라. 가족의 앞에서만 진정으로 자신의 영혼에 휴식을 취할 수 있다.

　－가족 간에 풀 수 없는 매듭은 없다. 넓은 관용의 마음으로 가족을 대해야 한다. 가족 간의 관계는 마음을 가라앉히고 감정에 얽매이지 않고 처리해야 한다. 가족이 화목해야 만사가 흥할 수 있다. 어떤 일은 큰일을 작게 만들 수 있고, 작은 일은 없는 일로 할 수 있다. 가족 문제에는 자신의 성질을 다스리는 법을 배워야 한다.

사람은 겉과 속이
같아야 한다

산 중 생활의 즐거움을 부러워하는 사람이라고 다 산중의 진정한 즐거움을 깨달았다고 할 수 없다. 입으로 자신은 명리를 싫어한다고 말하는 사람이라고 해도 그 사람의 마음속은 명리를 완전히 잊지 않았을 수 있다.

표리부동은 말하는 것과 행동이 다른 것이다. 통상적으로 어떤 사람이 모종의 목적을 이루기 위해 하는 허상을 가리킨다. 겉과 속이 다른 사람은 표면적으로는 고상해 보이나 실제로는 매우 천박하다. 〈논어〉 중 공자가 이런 관점을 보였다. '교언, 영색, 족공, 좌구명치지, 구역치지. 닉원이 우기인, 좌구명치지, 구역치지.(巧言 令色 足恭, 左丘明恥之, 丘亦恥之 ; 匿怨而友其人, 左丘明恥之, 丘亦恥之)'

이 말의 뜻은 '그럴듯하게 꾸민 달콤한 말과 부드러운 듯이 꾸민 반질한 얼굴과 아첨의 소지가 있는 지나친 공손은 좌구명이 그것을 부끄럽게 여겼거니와 나도 그것을 부끄럽게 여긴다. 원한을 감추고 그 사람을 친구로 삼는 것은 좌구명이 그것을 부끄럽게 여겼거니와 나도 그것을 부끄럽게 여긴다' 이다.

공자는 이런 가짜 '우정'에 대단히 반감을 보였다. 그는 사람들이 정직하고 솔직하며 진실 된 정신을 가져야 한다고 선도했다. 남에게 영합하기 위해 듣기 좋은 말과 보기 좋은 표정을 짓지 말며, 겉과 속이 달라서는 안 된다 했다. 그의 이런 사상은 우리도 제창해야 한다. 생활 속에서 다양한 사람들이 이익의 부추김에 부득이하게 각종 표정과 역할을 억지로 지어낸다. 이는 자신의 자연스런 정서를 억제한 것이고 건강하지 못한 태도이다. 권한과 불쾌함을 뱃속에 숨기고 겉으로는 우호적인 듯 하느니 차라리 원한을 품지 않고 개의치 않으며 최대한 담담하고 관대하게 다른 사람을 대하는 것이 더 낫다. 이를 오래 동안 행하면 겉과 속이 일치하는 것이 습관이 되어 결국에는 사람들의 존경과 사랑을 받는 품성이 될 것이다.

〈장자. 추수편(庄子·秋水篇)〉에 한 이야기가 있다. 초왕이 두 명의 대신을 장자가 낚시하는 물가로 보내 그를 재상으로 모시고 싶다는 뜻을 전하게 했다. 장자는 낚싯대를 내려놓고 고개도 돌리지 않고 말했다. "듣기로는 초나라에 신묘한 거북이가 이미 죽은 지 삼천 년이 되었다고 하더군요. 초왕이 대나무 상자에 그 거북이를 담고 비단으로 덮어 종묘 안에 귀하에 모셔 두었다고 하던데 그 거북이는 죽어서 뼈를 남겨 귀하게 되길 바랄까요? 아니면 살아서 진흙에서 꼬리를 끌기를 바랄까요?" 두 대신은 "차라리 꼬리를 끌며 진흙에 사는 편이 낫겠죠."라고 답했다. 장자도 말했다. "어서들 돌아가시오! 나도 꼬리를 끌며 진흙에서 살겠소."

장자는 높은 덕과 고상한 성품을 가진 은사이며 겉과 속이 일치하는 진정한 군자였다! 장자 외에 도연명도 그랬다. 그들은 모두 진정으로 공리의 마음을 잊고 천지자연의 즐거움을 깨달은 자들이었다.

역사상 이처럼 진정한 성정을 가진 사람은 많지 않다. 소위 말하는 은사들 중 많은 이들은 산속에 은둔하는 것으로 자신의 지명도를 높이고 사람들의 중시를 받은 자들에 불과하다. 품행이 고결하고 명망 있는 선비처럼 보여도 실제로는 자신의 정치적 자본을 축적하고 향후 승진의 층계를 오르기 위함이었던 것이다. 이런 사람은 자신의 '고상' 한 이미지를 만들어 내지만 마치 쇼처럼 매우 위선적이다.

오늘날 고속으로 발전하는 사회에는 각종 유혹이 끊임없이 나타나고 세계 각처의 구석에 '물욕이 흘러넘치는' 모습이 만연하다. '고상' 이라는 단어는 이미 사람들에게 잊힌 것 같다. 사람들이 추구하는 '자연의 즐거움을 얻고, 명리의 정을 잊다' 는 식의 고상한 정서는 오직 조용하게 역사의 긴 강 속으로 사라져버린 것 같다. 하지만 다시 말하면 '산림을 얻고, 명리를 잊는' 고상은 도달하기 어렵지만 우리는 정확한 관념으로 고상이라는 단어를 대해야만 한다.

고상의 품질은 우선 실제에 입각해야지 근거 없이 논해서는 안 되며 거짓으로 꾸며내서는 더욱이 안 된다.

매우 풍자적인 이야기가 있다. 한 도덕가가 그의 '명리를 좇지 않는' 삶의 태도로 영예롭게도 공로상을 받았다. 강단을 걸어 내려올 때 한 기자가 그에게 물었다. "지금 이 상황에 대해 어떤 감상이십니까?" 도덕가가 흥분해서 말했다. "매우 감격했습니다. 제 직무상의 칭호도 곧 해결을 볼 것이고, 퇴직금도 좀 오를 것이고, 제 상사도 최대한 제 아들의 일자리를 알아봐 주겠다고 약속했답니다. 게다가 '명리를 좇지 않는 교류회' 에 참가하게 되었고, 좋은 곳으로 여행도 가고 의식주 모두 보상을 받을 것이고…." 기자는 의혹에 차서 물었다. "당신이 말한 것들은 명리를 좇지 않는 풍모와 부합되지 않는 것 같은데요?" 도덕가는 그 말을 듣자 얼굴이 새파랗게 질려서 분개하며 말했다. "내가 명리라는 단어를 쓰는 것을 들어보셨습니까?"

우리는 성인이 아니다. 하루 세 끼, 의식주를 위해 바쁘며 명리와 금전에 대한 갈망은 모든 사람이 우선적으로 추구하는 가치다. 하지만 충실한 물질적 기초가 있은 후에 가장 고상한 일은 도움이 필요한 사람들을 사심 없이 도와주는 것만 한 게 없다. 이런 행위로 당신은 진정으로 인생의 가치를 체험하게 되고 당신의 도덕 소양도 더 높은 수준에 들어서게 된다.

많은 '거짓, 청렴, 고상'한 사람들은 표리부동하게 자기 자신의 수양에만 힘쓰고 남이 어떻든 자기 한 몸만을 생각하며 보잘 것 없는 이익을 위해 전력을 다해 시시콜콜 따진다.

겉과 속이 동일하고, 도량이 넓은 생활은 현실의 여론에 구속되지 않고 진정한 자신으로 살아가게 한다. 이렇게 해야 영혼의 의의를 찾을 수 있다.

사람됨은 산골짜기처럼 겸허해야 하며, 일을 할 때는 의지가 굳어야 한다

사람의 마음은 산골짜기처럼 비고 도량이 넓어야 한다. 비어있어야 학문과 진리를 받아들일 수 있기 때문이다. 사람의 의지는 반드시 암석처럼 견고해야 한다. 견고해야만 외부 물욕의 침입에 저항할 수 있기 때문이다.

자왈 '군자태이불교, 소인교이불태(君子泰而不驕, 小人驕而不泰)'라고 했다. 군자는 가슴에 큰 뜻을 품고 의지가 강해야 하지만 태연자약하고 교만방자하지 않으며 몸에 자만함이 조금도 없고, 반면에 소인은 모든 일에서 교만함이 드러나고 태연자약함은 찾아볼 수 없다는 뜻이다.

사람은 교만해서는 안 되지만 강직함이 없어서도 안 된다. 이는 군자와 소인의 차이이다. 군자는 교만함이 없지만 강직하다. 교만하지 않음은 겸손하고 공손하며 다른 사람에게 선하게 대하는 모습에서 드러낸다. 강직함은 내면 의지의 강인함에서 드러난다. 소인은 자만하지만 강직하지 않다. 소인은 모든 일마다 자신을 드러내고 교만하다. 하지만 그의 내면은 강인한 의지가 부족하여 이런 개성은 자연히 자신의 발전에 불리하다.

덕망이 높은 사람일수록 예의 바르고 겸손함이 계곡처럼 깊다. 덕이 없는 사람일수록 잘난 체하고 독단적이며 스스로 대단하다 여긴다.

공자는 일대 성현으로 학문이 매우 뛰어났다. 하지만 그는 '세 사람이 길을 가면 그 가운데 반드시 나의 스승이 있다' 라고 했다. 노나라의 태묘에 들어가 모든 일에 매우 겸허하게 질문했다. 이때 어떤 사람이 말했다. "누가 숙량흘(叔梁紇)의 아들이 예를 안다고 했는가? 태묘에 와서 이것저것을 묻고 있지 않은가?" 공자는 이 말을 들은 후 말했다. "모르면 묻는 것이 바로 예입니다."

〈장자. 추수편(庄子·秋水篇)〉에 '천하의 물 중에서 바다보다 큰 것은 없고, 수많은 강물이 바다로 흘러들어, 언제 그칠지 모르지만 차는 일도 없다' 고 했다. 그런데도 바다는 교만하지 않고 말했다. "천지 사이에 있으면서 마치 작은 돌이나 작은 나무가 큰 산에 있는 것과 같다" 바다가 수 백개의 하천을 받아들이는 흉금과 기백은 탄복하게 만든다. 하지만 대해는 자신의 능력에 대해 조금도 교만하지 않는 것이 가장 귀한 것이다.

큰 성과를 올리고 싶은 사람에게 겸허는 가장 기본적인 소질이자 품성이다. 물방울이 즐거움을 체험하고 싶다면 반드시 대해에 흘러 들어가야 하는 것처럼 사람은 우선 자세를 겸허히 낮추고 마음을 비우고 교훈을 받아들여 자신을 광활한 세계로 들여보내야만 한다. 그래야만 외부 세계로부터 생각지도 못했던 학식을 얻을 수 있으며 안목도 지식의 신장과 함께 넓어지고 밝아진다. 사람의 뜻이 높고 멀수록 의지가 굳세고 거기에 더하여 명확한 분투 목표가 있다면 성공할 가능성이 있는 것이다. 이는 유가에서 말하는 '군자가 나아갈 길은 비유하자면 먼 곳에 가기 위해서는 꼭 가까운 지점에서부터 출발함과 같고, 높은 곳에 올라가기 위해서는 반드시 낮은 데에서부터 오르기 시작함과 같다' 는 말과 같다.

많은 사람들이 견문이 좁아서 우쭐대며 자만하고 자신의 주제를 잘 모르고 터무니없이 과장하며 행동은 하지 않아 허풍쟁이라는 인상을 준다. '선비는 가히 넓고 굳세지 아니하지 못할지니, 임무는 무겁고 길은 머니라' 이런 경고는 그들에게는 이해할 수는 있으나 절실하게 실행은 하지 못한다. 그들은 임무가 너무 무겁고 길이 멀어 중간에 포기할까 두려워 처음부터 시도하려는 생각을 지워버리기 때문이다. 그들은 강인한 의지와 자신감이 없어 입으로는 가능하다고 말하지만 그들에게 실행하라고 하면 하늘에 오르는 것보다 더 어렵다.

〈채근담〉중 '순금과 아름다운 옥 같은 인품을 만들고 싶다면 역경 중에 연마해야 하며 기세가 드높은 위업을 달성하고 싶으면 반드시 위급하고 험준한 곳을 지나듯 해야 한다.' 고 경고했다.

이 말을 세세하게 곱씹어 보면 자신의 품성을 수양하든 사업을 하든 모두 시련을 겪어야 한다는 뜻이다. 어떤 사람은 강인한 의지로 외부 세계의 불리한 요소의 간섭을 받지 않고 전심전력을 다하여 성공한다. 의지가 충분히 강하지 못하면 뜨거운 불길에 자신이 다 타버리고 얇은 얼음에 빠져 익사 한다.

〈세설신어(世說新語)〉에 기록된 이야기가 있다. 어느 날 관녕과 화음이 함께 김을 매고 있었다. 한 참 김을 매던 중 그들은 땅 속에서 찬란하게 빛나는 황금을 파냈다. 관녕은 황금과 돌을 똑같이 여기며 여전히 김을 매었다. 화음은 두 눈을 반짝이며 달려가 황금을 집어 들었다. 하지만 자신이 탐욕의 마음이 일어난 것을 알고 잠시 뒤에 다시 황금을 버렸다.

또 한 번은 그들 두 사람이 함께 책을 읽다가 어떤 사람이 화려한 마차를 타고 그들 집 앞을 지나갔다. 관녕은 쳐다보지 않고 집중해서 책을 읽었으나 화음은 책을 내려놓고 문밖에 나가 구경하였다. 관녕은 화음이 부귀와 권세에 너무 열중하여 자신과 생각과 뜻이 일치하는 사람이 아니라 여기고는 그와 단교하였다.

간단한 두 가지 이야기로 관녕과 화음의 품성과 수양의 차이가 판명되었다. 어째서인가? 관녕은 의지가 강하여 외부물욕에 좌우되지 않았지만 화음은 관녕같은 굳건한 신념이 부족하여 그렇게 하지 못했기 때문이다. 이로써 큰일을 이루려면 우선 두 가지 소질 즉 겸허와 결연함이 필요함을 알 수 있다. 오직 겸허해야만 자신의 보잘 것 없음을 깨닫고 부단한 학습으로 더 많은 능력과 장점을 장악할 수 있다. 또한 오직 결연한 의지가 있어야만 부단한 분발을 지탱할 수 있고 좌절과 실패 중에 싸울수록 용감해지고 가시덤불이 무성한 위험 중에 용감하게 앞으로 나갈 수 있다!

선의로 남을 도와야
악으로 남을 대하는 것보다 더 잘 지낸다

천지의 기후가 따뜻하면 생명력이 충만하고, 추우면 생기 없이 죽게 된다. 따라서 성품과 기질이 맑고 차가운 사람은 누리는 바 역시 박하고 오직 기질이 온화하고 마음이 뜨거운 사람만이 복이 후하고 은택 역시 오래 간다.

일을 하기 전에 먼저 처신을 배워야 한다고 말한다. 처신과 일 처리 중 어째서 처신을 일 처리 앞에 두었을까? 간단하다. 일 처리 능력이 있는 사람이 만일 인간관계가 좋지 못하다면 타인과 좋은 인연을 맺지 못하고 업무 집행의 과정에서 큰 장애가 있을 것이기 때문이다. 거만하고 차가운 사람은 아무리 재능이 넘쳐흘러도 상사는 그에 대한 판단을 보류 할 것이고, 동료들도 그를 멀리 피할 것이다.

샤오왕이라는 친구가 있었다. 그는 매우 열심히 일했지만 매번 실적 심사에서 꼴찌를 했다. 그에게 치명적인 결점이 있었기 때문이다. 다른 사람을 대하는 태도가 매우 차가웠던 것이다. 고객이랑 인사할 때도 항상 무뚝뚝한 표정이어서 많은 고객들이 그의 상사에게 불만을 토로했다. 샤오왕과 상대할 때는 마치 그에게 빚이라도 진 듯 매우 불편하다는 것이었다. 동료들도 그를 '얼음' 인간이라며 최대한 그와 상대하려 하지 않았다. 모두들 뒤에서 그에 대해 이러쿵저러쿵했지만 그의 앞에서 얘기하는 사람은 한 사람도 없었다. 회사가 구조조정을 하게 되자 샤오왕은 첫 번째로 감원이 되었다.

〈홍루몽〉에 나오는 이야기다. 가씨 일가족이 공연을 볼 때였다. 사상운이 노래하는 소단이 임대옥과 닮았다고 생각나는 대로 말했다. 임대옥은 마음속으로 기분이 나빴으나 당시에는 입 밖에 내지 않았다가 처소로 돌아와 가보옥에게 원망을 늘어놓았다. "알고 보니 다들 나를 우습게 보는군요. 노래하는 연기쟁이를 들어 나를 비웃다니."

사상운은 거침없이 말하는 성격으로 교활한 마음이 전혀 없는 천진하고 사랑스러운 여인이었다. 그녀가 한 말은 본래 조금도 악의가 없었지만 임대옥이 듣기에는 귀에 거슬렸다. 임대옥은 지나치게 자존심이 세고 태도가 도도해 사람들은 모두 그녀가 냉정하고 차갑다고 느껴 접근하기 어려워했다. 그래서 그녀는 가씨 집안에서 환영 받지 못했기에 마음이 우울할 수밖에 없었다. 그녀의 우울증은 틀림없이 그녀의 성격과 밀접한 관련이 있었다.

동서고금을 불문하고 소위 재능이 많으면 건방진 사람이 많았다. 당나라의 시인 이백은 구애 받지 않고 하고 싶은 대로 하는 성격 때문에 관리가 될 수 없었다. 비록 실력자에게 아첨하여 떠받들지 않은 것은 기개였으나 강하면 쉽게 부러진다는 이치를 이해했어야 했다. 양귀비에게 노여움을 사자마자 고력사를 난처하게 만들었다. 이 두 사람은 당현종이 가장 총애하는 사람이었으니 좋은 결과가 있을 수 있었겠는가? 이백은 그 안의 도리를 분명 잘 알고 있었으면서도 시를 지어 말했다. '어찌 권력자에게 고개를 낮추고 허리를 굽혀 아첨해 나를 불쾌하게 하는가?' 이 같은 괴팍하고 시건방진 성격으로 어찌 관직에서 환영을 받을 수 있었겠는가? 결국에는 당현종에게 쫓겨나고 말았다.

중국역사상 이런 인물은 적지 않다. 그들은 비록 문무에 뛰어나고 마음속에 뜻이 있었으나 항상 고고하다고 자부했다. 그 때문에 나라에 충성할 길이 없어 시를 쓰고 사를 쓰며 마음속의 분개를 털어 놓았다. 만일 그들이 차갑고 냉정한 사람은 복이 적고, 따뜻한 사람은 복이 많은 진리를 깨달았다면 그들 시속에 그토록 많은 부정적인 정서가 담기지는 않았을 것이다.

현실로 눈을 돌려 보자. 안목이 뛰어나지만 잘난 체하고 안하무인인 사람은 직장에서 리더가 좋아하지 않을뿐더러 동료들의 미움을 산다. 무엇을 하든 순조롭지 못하고 승진과 연봉 상승의 기회도 그에게는 요원한 일이다. 만일 어떤 직원이 상사나 동료와 함께 하지 못하고 늘 고군분투한다면 회사에서 그의 위치는 어떠하겠는가? 설사 그에게 뛰어난 업무 능력이 있다 해도 두각을 드러내는 날은 없을 것이다.

성정이 괴팍한 사람이 경멸하는 눈으로 사람을 보고 다른 사람을 각박하게 대하며 조그마한 잘못도 크게 트집을 잡고 심지어 대중 앞에서 차가운 조소와 신랄한 풍자를 하면 상대방은 난감하고 어쩔 줄 몰라 할 것이다. 이런 행동이 오래 지속되면 충성스런 사람은 아마도 그에게 공경은 하되 멀리하고 속이 좁은 사람은 마음속으로 계획을 짜서 복수할 것이다.

당신이 사면초가의 처지에 놓였을 때 애초의 무지와 냉정함을 후회할 것이다.

따라서 일상에서 사람을 대하고 사물을 대할 때 조금이라도 더 후덕하고 좀 더 진실 되고, 좀더 열정적으로 대하면 당신 자신에게나 다른 사람에게 이로울 뿐 해가 될 것은 하나도 없다. 평소 덕을 쌓고 선을 행하면 당신이 곤경에 처했을 때 드러난다. 당신은 아마도 예상 밖으로 한 쌍의 혹은 여러 쌍의 온정이 가득한 선의의 손길의 도움을 받고 곤경에서 벗어날 것이다. 이것은 바로 마음이 충직하고 온화하여 얻은 것이다.

나에게 사촌 여동생이 하나 있다. 어려서부터 공부를 잘하여 학교에서 선생님의 사랑을 받고 집에서는 부모님의 총애를 받으며 대학원 졸업할 때까지 주변에서 사랑을 받았다. 이는 그녀의 도도하고 차가운 성격에 일정부분 영향을 미쳤다. 그녀는 말투가 신랄하고 가혹했으며 독단적으로 일을 처리하고 상대방의 감정은 전혀 고려하지 않았다. 사회생활을 시작해 회사에 들어간 후에야 그녀는 자신이 주변의 환경에 전혀 어울리지 못함을 발견했다. 심지어 그녀는 동료와 친구들이 어째서 특별한 이유 없이 자신을 멀리하는지 이해할 수 없었다. 이런 상황은 그녀에게 큰 스트레스가 되었다. 동료에게 서류 한 부 출력하는 걸 도와달라는 작은 일 조차도 부탁하기 어려웠기 때문이었다.

전대미문의 혼란에 빠진 그녀는 아버지에게 전화를 걸어 울며 호소했다. 아버지는 딸을 깨우치며 말했다. "딸아, 너는 자신이 예전에 얼마나 뛰어났는지는 잊어버려라. 날카로움을 없애고 태도를 바꿔 웃는 얼굴로 사람들을 대해야 한다. 그러면 순조롭게 지낼 수 있을 게다." 몇 년 뒤 조카와 만났을 때 나는 그녀가 전체적으로 많이 온화해져 더 이상 이전의 날카로움과 쌀쌀함을 찾아볼 수 없음을 발견했다. 탈변한 그녀는 현재 평사원에서 팀장으로 승진했다.

중국의 상인들은 '웃는 얼굴이 부를 가져다 준다'고 했다. 사업을 하며 사람들을 사근사근하게 대해야 친구를 많이 사귈 수 있다. 부드럽고 선하게 고객을 대하면 더 많은 일이 찾아온다. 자기와 왕래하는 사람이 많아지면 인맥은 자연히 넓어지고 그러면 돈을 벌지 못할까 걱정할 필요 있겠는가?

다정하게 사람을 대하면 그의 몸에서 자연히 친화력이 발산되어 주변의 친구도 모두 그와 왕래하길 원하고 마음도 즐겁고 편안하여 가정도 행복할 것이다. 일하면서 사람들에게 친절하게 대하는 것은 필수다. 오직 상사와 동료와 하나가 되어야만 상사의 신뢰와 중용을 받을 수 있고 동료들의 환영과 사랑을 얻을 수 있으며 이 두 가지는 모두 승진과 연봉상승의 중요한 조건이다.

가난해도 되지만
뜻이 초라해서는 안 된다

가난한 집이라도 늘 깨끗이 청소하고, 가난한 집 여자라도 늘 단정하게 빗질해야 한다. 의복과 집안이 비록 화려하고 아름답지 않아도 우아한 기품을 유지할 수 있다. 사람은 재능과 덕이 있다면 이미 성공한 것이다. 처지가 좋지 못하여 가난하여 외롭고 뜻을 이루지 못하였을 때 어찌 활기 없이 자포자기하겠는가?

이 세상의 많은 가난한 사람도 행복하게 산다. 그들의 마음속에 희망이 가득하기 때문이다. 또한 많은 부자들은 인생이 절망적이라 느끼고 어떤 일도 그들을 즐겁게 할 수 없다한다. 풍족한 물질이 그들의 꿈을 마모시켜 버린 것이다. 포부가 없는 사람은 날개가 꺾인 새처럼 지위가 아무리 높아도 하늘을 나는 즐거움을 느낄 수 없다!

우리는 늘 사람은 가난해도 되지만 뜻이 초라해서는 안 된다고 말한다. 가난은 잠시지만 만일 포부가 없다면 빈궁은 평생 따라다닐 것이다. 우리의 인생으로 말하면 가장 중요한 것은 물질의 부귀나 빈궁이 아니라 정신이 풍족한가 여부다. 원대한 포부를 가진 사람은 곤경을 참아낼 수 있는지, 꾹 참는 미덕을 아는지, 곤경과 빈궁 중에 즐거움을 찾을 수 있는지 또한 자신의 우수한 품성을 고수할 수 있고 좋은 마음가짐을 유지할 수 있는지가 앞으로 그가 성공의 길로 가는 중요한 시험이 될 것이다. 따라서 일시적인 빈궁 때문에 분투의 동력과 의지력을 잃어서는 안 된다. 설사 곤경에 처해있어도 원망하고 자포자기해서는 안 된다.

　가난은 두려운 것이 아니다. 두려운 것은 가난을 두려워해서 이상을 포기하고 노력하는 것을 잊는 것이다. 흔들리지 않는 사람만이 끝까지 포기하지 않을 수 있다. 의지력이 약하고 쉽게 좌지우지되는 사람은 중간에 자신을 잃어버린다.

　〈논어〉 중 한 이야기가 있다. 한번은 공자가 제자들을 데리고 열국을 주유하며 진나라에 갔을 때이다. 갑자기 양식이 떨어져 먹을 밥이 없었다. 그를 따르던 사람들은 모두 굶주리고 병에 걸려 어떤 이는 심지어 자리에 눕고 말았다. 이때 자로가 불평을 하기 시작했다. 그는 하늘이 불공평하다 탓하고 행인들은 정의가 없다 했다. 공자는 ‘군자고궁(君子固窮:군자는 안빈낙도하면 절개를 저버리지 않는다)’의 태도로 태연히 지내며 이에 대해 어떤 원망도 없었다. 그 자신은 부귀에 대한 바람과 추구를 조금도 숨기지 않았다. “돈을 버는 것이 내가 구해서 얻어질 수 있는 것이라면 채찍을 잡는 천한 일이라도 내 기꺼이 그것을 마다하지 않겠다.” 하지만 그에게는 자신만의 원칙이 있었다. “내가 부당한 방법으로 얻은 부귀영화는 하늘에 떠 있는 뜬구름에 지나지 않는다.” 부귀에도 도의가 있어야지 불의로 재산을 얻어서는 안 된다. 안 그러면 가난을 고수하는 것만 못하다.

　이 이야기는 우리에게 진정으로 중요한 것은 고상한 정신의 경계이지 물욕의 만족이 아님을 알려준다. 아무리 어려워도 사람은 우아함을 잃어서는 안 되며 세속적으로 변해서도 안 된다. 안 그러면 무뢰한이나 강도나 죄인들과 다를 바 없다.

가난은 부끄러운 것이 아니다. 당신이 노력하면 가난은 영원한 것이 아니고 평생 가난한 사람은 없기 때문이다. 가난에 굴복하고 이상을 잃어버리고 스스로 타락하는 것이야말로 수치스러운 일이다. 〈채근담〉은 우리에게 운명은 모두 자신이 움켜쥐는 것이라고 알려준다. 절대로 일시적인 좌절에 굴복하지 마라. 가난은 운명의 시험일뿐이다 강한 사람은 이를 기회와 단련이라고 여기고 더 높은 투지를 불러일으키고 가난에서 벗어나도록 노력한다. 하지만 우리는 반드시 시시각각 자신이 세운 최초의 이상과 목적을 기억해야 한다. 빨리 가난에서 벗어나 성공을 얻기 위해 기회를 틈타 사리사욕을 채우고 규율을 위반해서는 안 된다. 기개는 포부와 도의의 결합체이다. 도의에 맞게 부를 취하고 광명정대하게 부귀를 획득하는 것이 군자의 행위다.

당신 뜻대로 되지 않고 역경에 처했을 때 절대로 품격을 잃지 말고 꿈을 버리지 말고 이를 악물고 더 버티고 몇 번 더 노력하며 자신을 믿어라! 반드시 곤경 속에서 희망이 나타나는 순간이 올 것이다.

사람됨이
관대해야 한다

쥐가 굶어 죽지 않게 밥을 남겼다 주고, 나방이 불에 죽지 않게 밤에 등불을 켜지 않는다. 옛사람들의 이런 자비로운 마음이 우리 인간이 끊임없이 번번할 수 있는 생명의 기운이다. 만일 인간에게 이러한 상생불멸의 생기가 없다면 인간은 영혼이 없는 껍데기로 변해 흙과 나무와 차이가 없어진다.

인간의 본성은 선하다. 사람을 대하고 일을 처리함에 마땅히 선한 원칙을 따라 자비로운 마음, 두터운 덕으로 대해야지 다른 사람을 해하고 이익을 획득하는 것을 출발점으로 삼아서는 안 된다.

컴퓨터를 파는 친구가 있었다. 이윤을 많이 남기기 위해 '지인추천'이라는 명목으로 친구들에게서 돈을 벌었다. 매번 아는 사람이 그에게 찾아가 컴퓨터를 구매하면 물건을 올려 부른 뒤 인정을 가장해 가격을 내려서 이득을 보았다고 착각한 상대방이 그에게 깊이 감사하게 만들었다. 후에 어떤 사람이 다른 곳의 가격이 그의 가게보다 훨씬 싸다는 걸 발견했다. 모두들 그 사람 앞에서 대놓고 말하지는 않았지만 그의 행동이 부도덕 하다고 여기고는 더 이상 '아는 사이'라는 기대에 그를 찾는 일은 하지 않게 되었다.

다른 사람을 속이는 것은 한 두 번은 가능해도 세 번은 절대로 불가능하다. 모두들 당신이 인정머리 없는 부도덕한 사람이라는 것을 알게 되어 다시는 당신과 왕래하지 않게 되기 때문이다.

'하루 한 가지 착한 일'을 하면 만 리를 갈 수 있고 '하루 한 가지 나쁜 일'을 하면 열 걸음을 가지 못한다. 선을 행하는 것은 빈부나 부귀와 상관 없다. 사람들은 누구나 선량한 마음이 있다. 자선을 많이 행하고 다른 사람을 도우면 자신에게 살길을 마련해 두는 것이다.

옛사람이 말한 쥐에게 밥을 남기는 것도 사실 사람이 쥐에게 정말로 밥을 남기는 것이 아닐 수 있다. 이를 예로 사람을 대하는 처세로 동정심과 약자를 돕는 도량을 권한 것이다. 옛사람의 이런 자비한 마음은 우리 인간이 번성할 수 있게 한 생명의 기운이다. 다신 말해 만일 사람이 모두 마음이 선하여 나방 한 마리 죽이지 못할 정도가 되면 세상에 전쟁과 살육이 있겠는가? 이 세상의 환경은 많이 개선되어 기아 난민과 배불리 못 먹는 빈민도 사라질 것이다. 사람들이 모두 자비로운 심장을 가진다면 세상도 따뜻하게 변할 것이다.

쓰촨 지진 시 중국의 많은 기업가들이 기부금을 내 놓았다. 한 회사의 대표는 직접 백 대가 넘는 지게차를 끌고 재난지역으로 달려 가 현금과 물자를 기부했다. 이 또한 약자를 구제하는 마음이며 중국 민족이 수 천 년 간 끊이지 않고 생존한 최대의 동력이다. 사람은 일단 자비의 마음이 생기면 그의 영혼의 경계가 한 단계 상승한다. 억만장자 이면서도 한 푼 도 내놓기를 꺼려하는 구두쇠와 비교하면 주머니에 돈이 얼마 없어도 그

중의 몇 푼을 가난한 자를 위해 내놓아 도움이 필요한 자를 돕는 당신의 사상과 인격 수준이 그 억만장자보다 훨씬 높다.

하지만 자비심도 지나쳐서 해를 불러서는 안 된다. 현실에 근거하여 고려해야 한다.

우리가 약자를 동정하고 도와주는 시초는 자기의 동정심에서 나오는 것 외에 그들 스스로 곤경에서 빠져 나오도록 도와주는 것이 더 중요하다. 속담에서도 말했듯이 물고기를 주는 것은 물고기 잡는 법을 가르쳐주는 것만 못하다. 돈과 물건을 주는 것보다 자력갱생할 능력을 가르쳐 주는 것이 더 낫다. 그들을 도와 강한 내면과 생존의 의식을 길러주는 것이야 말로 진정한 자선이다. 게다가 개인으로서는 우리의 선은 자신의 기본 이익을 보호하는 기초 위에서 이루어져야지 툭하면 보살의 심장으로 적선해서는 안 된다. 그러면 피해를 입는 것이 당신 자신이 될 수 있다.

누구도 거드름 피우는 사람과
교제하고 싶어 하지 않는다

하늘을 향해 우뚝 솟은 산봉우리 지대에는 나무가 자라지 않고 오로지 계곡이 둘러싼 곳에 각종화초와 수목이 자란다. 급류가 흐르는 곳에는 물고기가 서식하지 못한다. 오직 물이 깊고 깨끗한 호수에 어류가 대량으로 생장하고 번식한다. 지세가 지나치게 험준하고 물살이 급한 지역은 생명이 살 수 없다. 그래서 군자는 반드시 이를 경계해야 한다.

지리 현상으로 보면 고산지대는 대부분 암석이다. 거기다 열악한 생장 환경에 산소가 희박하고 적합한 토양도 없어 식물이 드물다. 사람과 비교해 보자. 어떤 사람의 성격이 고집스럽고 남의 의견을 듣지 않고 지나치게 보수적이면 그 사람은 다른 사람과 쉽게 가까워지지 못하고 결국 고립무원에 일도 하기 어렵다.

현실을 보면 분명이 그렇다. 오늘날 사회는 단체의 조화를 강조한다. 무리를 벗어나서 혼자 지낼 수 있는 사람은 없다. 만일 모든 사람이 당신을 보며 대중과 동떨어져 있고 접근하기 어렵다고 느낀다면 아무도 당신을 도와주려 하지 않고 당신 말을 따르지 않을 것이다. 반대로 만일 당신의 성격이 활달하고 잘 어울려 친근하며 낮은 자세로 모든 사람들과 잘 섞인다면 사람들은 모두 당신을 따르기를 원할 것이다.

급류 가운데는 어류가 살 수 없음을 잘 안다. 처세도 마찬가지 이치다. 만일 당신의 성격이 조급하고 도량이 좁으며 포용력이 부족해 다른 사람을 용납하지 못하면 사람들은 당신을 두려워하고 멀리 하여 당신 주변에는 친구가 없을 것이다. 하지만 반대로 만일 당신의 도량이 넓고 다른 생각과 제안을 포용할 수 있다면 다른 사람들도 당신 주변에 있기를 원할 것이다. 따라서 군자의 처세는 반드시 모든 것을 두루 포용해야 한다.

'도의에 부합하는 사람은 많은 도움을 받고, 도의에 어긋나는 사람은 도움을 받지 못한다.' 만일 공손하고 다른 사람과 잘 지낼 수 있고 다른 사람과 사물을 대함이 마치 자기 가족을 대하듯이 하고 자신의 재능을 믿고 남을 깔보지 않으면 자연히 사람들에게 고립되지 않고 곤경에 빠졌을 때 많은 사람들이 도움의 손길을 뻗을 것이다. 만일 자신과 상관없는 일이면 전혀 상관 않고 자기 아래 모든 사람을 등급을 매기는 사람이 있다면 그가 고난에 처했을 때 아무도 나서서 도와주지 않을 뿐 아니라 어쩌면 어려운 틈을 타서 그를 해하려 들 수도 있다.

친구 중 하나가 평소에 대충대충 일하여 종종 작은 손해를 보았다. 구체적으로 말하면 작은 일은 흐릿하게 처리하고, 다른 사람과 절대로 다투지 않고, 고집을 부리지도 않고 마치 아무 것도 모르는 것 같았다. 어떤 때는 다른 사람이 그의 돈을 빌려 가면 곧 바로 잊어버리고 몇 개월 동안 갚으라고 얘기도 하지 않았다. 어떤 사람은 그가 어리석어서 항상 남들에게 속는다고 말했지만 결과는 어땠는가? 한 번은 그의 어머니가 병에 걸려 큰 수술비가 필요했다. 친구들에게 도움을 청하자 바로 병원비보다 훨씬 큰 금액을 빌릴 수 있었다. 이것은 무엇을 뜻하는가? 바로 지혜가 많고 똑똑한 사람이 겉으로는 바보처럼 보인다는 것이다. 그는 자신을 깊은 계곡이라 여기고 다른 사람을 우러러 보았으며 남들과 잘 어울려 사람과의 관계가 매우 좋았다. 그런 그에게 일이 생기자 사람들이 너도 나도 그를 도와주러 왔다.

상대적으로 고집스럽고 평소에 똑똑해 보이는 사람은 대다수가 사상이 협소하고 문제의 한 면만 본다. 그렇기 때문에 그들은 사상이 비교적 극단적이며 자기 고집이 세고, 어떤 생각을 인정하면 다른 사람의 어떠한 제안도 더 이상 들리지 않는다. 이런 부류의 보편적인 태도는 고압적이고 거만하며, 자존심이 강하다. 외곬으로 빠져 누구를 보든 자신만 못하다고 여기고 늘 높은 데서 내려 보는 태도여서 사람들은 겉으로는 공경하는 체해도 그를 멀리한다. 인간관계에서 이런 성격은 백해무익하다.

따라서 마음이 넓고 사람들과의 사이가 좋은 사람이 되고 싶다면 고집스럽고 혼자 고결하다고 여기는 결점을 극복해야 한다. 토지에 뿌리를 내리고 흔들리지 않고 사납고 오만하지 않아야 아름다운 꽃을 피우고 풍성한 과실을 맺을 수 있다. 동시에 자신의 허영심과 질투심을 극복하고 타인의 우수한 사상과 말을 수용하고 관대하게 타인의 결점을 대하고 남을 이해할 줄 알고 입장을 바꿔 생각할 줄 알아야 한다. 이런 사람은 사업에서 성과를 내고 자신에게 속한 천하를 소유할 수 있다.

처신과 일 처리에
전반적인 국면을 고려해야 한다

대다수 사람들이 의혹을 품는다고 개인의 독특한 견해를 포기해서는 안 되며, 개인의 선호에 따라 견해를 고집하다 다른 사람의 금과 옥처럼 귀중한 가르침을 무시해서는 안 된다. 개인의 사적인 이익과 작은 선심 때문에 전체의 이익을 해치거나 사회 대중의 여론을 핑계로 자신의 사적인 바람을 만족시키거나 개인의 불만을 발설해서는 안 된다.

세상 사물은 항상 상대적이다. 어떤 일이든 극단으로 가면 변질된다. 사람은 물이 높은 곳에서 낮은 곳으로 흐르듯, 다른 사람의 권고를 흔쾌히 받아들이고, 사람들의 좋은 경험을 경청해야 한다. 하지만 선을 택하는 고집스런 정신도 있어야 한다. 자신이 옳다는 것을 인정하면 입장을 견지해야지 다른 사람의 반대 때문에 쉽게 설득 당하고 주관 없이 변해서는 안 된다. 다시 말해 때로는 '천명이 눈이 멀어도 한 사람은 깨어 있고, 뭇 사람들 다 취했는데 나 홀로 멀쩡' 할 수 있어야 한다. 대다수 사람의 의견이 때로는 진리에 부합되지 않을 수도 있고 한 사람의 견해라고 시의 적절 하지 않은 것은 아니기 때문이다. 견해를 단호히 지켜야 할 때는 동요하지 말아야 한다.

외국의 예를 하나 들어 보자. 삼 백 여 년 전에 영국의 유명하지 않은 젊은 건축 설계사가 있었다. 크리스토퍼 라이언이라는 이 청년은 운 좋게 원저시 정부 홀의 설계를 맡게 되었고 자신의 장점을 살려 깜짝 놀랄만한 방안을 내놓았다. 이 방안의 특출한 점은 바로 단 하나의 기둥으로 홀의 천장 전체를 지탱한다는 것이다. 일 년 후 공정의 기초가 완성되었고 검수를 받게 되었다. 하지만 권위자들이 반대를 하고 나섰다. 그들은 이 방안이 안전하지 않다며 기둥 하나로 어떻게 전체 천장을 지탱할 수 있겠냐며 반대했다. 그들은 라이언에게 기둥을 추가하라고 요구했다.

라이언은 이론적 근거를 들어 자신의 설계에 아무런 문제가 없다는 입장을 고수했다. 한 개의 기둥으로도 홀의 안전을 충분히 보장할 수 있다는 것이었다. 그의 고집은 시정부 관리의 분노를 샀고 라이언은 법정에서는 위기에 처했다. 외부인들의 추측과 불신은 라이언에게 커다란 압박이 되었고 그는 주저하게 되었다. 소송까지 가더라도 자신의 견해를 계속 고수할 것인지 아니면 포기하고 물러설 것인가? 후에 그는 일거양득의 방법을 생각해 냈다. 자신의 원칙을 고수하면서도 정부 관원들에게 노여움을 사지 않는 방법이었다.

무슨 방법이었을까? 그는 시공 인원을 불러 기세등등하게 홀에 네 개의 기둥을 추가했다. 하지만 이 네 개의 기둥은 천장과의 사이에 작은 공간을 남겨 사실 천장과는 전혀 닿지 않았다. 지상에 있는 사람들은 그의 작은 꾀를 알아챌 수 없었다. 이렇게 해서 그의 설계는 무사히 넘어갔다. 삼백 여년이 흘러 시정부의 관리가 퇴직 후 고향으로 내려가고 그 뒤로 여러 차례 관리자가 바뀌었지만 누구도 이 비밀을 발견하지 못했다. 그동안 위험한 일은 일어난 적이 없었다.

1990년대 말 시정부가 홀의 천장을 손질할 때서야 기둥과 천장 사이에 공간이 있음을 발견했다. 중앙의 기둥 꼭대기에는 작은 글씨가 새겨져 있었다. '자신감과 진리는 기둥 하나만 필요하다'

당신이 어떤 일을 할 때 중요한 것은 얼마나 많은 사람이 당신에게 찬성하느냐가 아니라 당신의 관점이 얼마나 정확한지, 얼마나 타당한지이다. 자신의 견해가 과학적이고, 실행 가능하다는 판단이 서면 사람들의 소리에 좌우될 필요 없이 자신을 믿고 견해를 고수하는 것이 가장 중요하다.

하지만 반대로 다른 사람의 충고가 분명히 문제의 핵심을 가리켰다면 자신의 고집이나 개인의 선호 때문에 모두의 좋은 제안을 머리 뒤로 던져버려서는 안 된다. 안 그러면 개인의 이익 때문에 전체의 이익에 손해를 끼치게 된다. 역사상 많은 어리석은 임금이 지나치게 자부하거나 사욕에 눈이 멀어 대신의 의견을 무시하고 독단적으로 처신하다가 결국 국가적 재난을 일으켰다.

청나라 말기의 유신변법의 실패가 바로 좋은 예이다. 자희 태후가 대청의 강산만 고려하고 국가와 민족의 미래는 개의치 않았기 때문에 사적 이익을 민족의 이익 위에 두고 민의의 호소와 대신의 고심을 무시했기 때문에 정변이 일어난 것이다.

어떤 경우든 우리가 우선적으로 고려해야 할 것은 원칙과 직결되는 주요 문제이며 한계를 넘어서서는 안 된다. 그래야만 안팎의 조화를 실현하고 자신의 사업도 함께 발전할 수 있다.

융통성 있게 처신하고
완고해서는 안 된다

예로부터 방대한 공과 업적을 세운 사람은 대다수가 겸허하고 원만한 처세와 임기응변에 능한 사람이었다. 쉽게 실패하고 기회를 잡지 못하는 사람들은 고집스럽고 융통성이 없는 사람들이다.

성격이 운명을 결정한다. 예로부터 큰일을 한 사람들은 처세와 처신에서 대다수가 겸허하고 임기응변에 능했다. 반면에 실패자들은 대부분 융통성이 없고 고집스러운 성격에 상식이 통하지 않고 거만하기가 이를 데 없어 최후에는 사람들과 스스로 단절되었다.

예를 들어 삼국 시대의 공융(孔融)의 죽음은 그의 성격으로 인한 필연적인 결과였다. 이 결과에 대해 그의 일곱 살짜리 딸과 아홉 살 된 아들도 이미 알고 있었다. 군에서 공융을 잡아 갔을 때 그의 두 아이는 다른 집에서 바둑을 두며 놀다가 그 소식을 듣고는 얼굴에 조금도 두려워하는 기색 없이 침착하게 말했다. "엎어진 둥지에 어찌 성한 알이 있을까?" 이로서 미루어 보건데 자기 부친의 성격과 자신들이 앞으로 대면할 처지에 대해 그의 아이들은 이미 마음의 준비가 되어 있었던 것이다.

공융의 성격은 어떠했는가? 첫째, 명문가 출신의 공융은 공자의 이십세 손으로 성격이 거만하고 뼛속에서부터 조조를 무시하였다. 두 번째, 그는 한나라 말기 지식인의 정치적 지도자로 결코 아첨을 하지 않고 개인의 능력으로 북해의 태수가 되었다. 그는 의지와 품행이 고결하고 세속에 휩쓸리지 않으며 새롭고 기발한 주장을 내놓는 등 남들과 달랐다. 모든 면에서 남보다 뛰어났으며 결코 자제하지 않았으며 처세를 할 줄 몰랐다. 게다가 돌덩이처럼 고집이 세었다.

어려서부터 신동이라 불린 그는 '융사세, 능양리, 제어장, 이선지(融四歲, 能讓梨, 弟于長, 宜先知)'라고 삼자경에 그의 이야기가 나온다. 그 내용은 다음과 같다. 그는 열 살 때 부친을 따라 수도로 갔다. 당시의 하남윤(河南尹)이었던 명사 이응은 당대 명사나 친척이 아니면 함부로 손님을 만나지 않았다. 공융은 그를 알현하고 싶어 찾아가 이응의 가족에게 고했다. "저는 이 집안 가문 벗의 자손입니다." 이응은 공융을 만난 후 이상해서 물었다. "우리 집안과 자네 집안이 아는 사이인가?" 공융이 대답했다. "저의 선군이신 공자께서 군의 선군이신 노자에게 예를 묻고 사우로 지냈습니다. 그러니 저희는 대대로 통하는 친분이 있는 거죠." 자리에 있던 사람들은 모두 경악하여 탄복했다. 하지만 이처럼 지나치게 오만한 그의 태도는 오히려 공융의 이후 처세에 '재앙'이 되었다.

분명 공융은 '융통성이 있으면 순조롭고, 고집스러우면 기회를 놓친다'는 일의 원칙을 무시했다. 그가 인정한 도리는 '내가 하고 싶은 대로 하고, 말하고 싶은 대로 말한다'였다. 조조가 원소기를 토벌하기로 결정한 후 공융은 조조와 의견이 일치하지 않았다. 국정 방침에서 조조와 공개적으로 상반된 주장을 내세웠다. 게다가 그는 거주를 감시당하는 한헌제와 긴밀한 관계를 가지고 툭하면 상소문을 올리는 등 조조를 근심하게 만들었다. 어떤 때는 대중 앞에서 조조를 모욕하여 난처하게 만들었다.

조조가 금주를 하자 이 또한 다음과 같은 이유를 들어 동의하지 않았다. '요임금도 술을 마시지 않았다면 성스러움을 이루지 못했을 것입니다. 걸주가 색을 밝혀 나라를 망하게 했는데 지금 명을 내려 혼인을 금지시키시지요.' 조조가 양표를 죽이려 하자 공융이 듣고 조복조차 제대로 입을 시간이 없이 달려와 고했다. "양표를 죽이시면 저 공융은 노나라의 당당한 남자로서 내일 의복을 벗고 집으로 돌아가 다시는 돌아오지 않겠습니다."

이는 조조에게 권고한 것처럼 보이지만 사실은 조조를 위협한 것이다. 조조는 다시 한 번 참았다. 후에 조조가 업성을 공격하여 원소의 둘째 아들 원희의 처인 견씨를 조비에게 선물했다. 공융은 조조에게 편지를 썼다. '무왕은 주를 정벌한 뒤에 달기를 주공에게 하사했습니다.' 조조는 자신은 이 이야기를 들어본 적이 없다며 공융에게 가르침을 청하자 공융이 말했다. "그런 내용은 없습니다. 생각해 보니 그랬을 것 같습니다." 이는 자신의 의견을 말한 것이 아니라 조조를 비웃은 거였다.

교우관계에
신중하라

자녀들을 교육시킬 때는 규중의 딸을 가르치듯 신중하고 가장 중요한 것은 그들의 출입을 엄격하게 구속해 그들과 친구의 왕래를 주의해야 한다. 일단 품행이 단정하지 못한 친구를 사귀면 좋은 밭에 나쁜 씨앗을 뿌리는 것과 같아 영원히 좋은 결실을 맺지 못할 수 있다.

학생을 가르치든 자식을 가르치든 교우의 중요성을 알려주고 친구를 사귀고 인간관계를 처리하는 기교를 가르쳐야 한다. 많은 사람들이 신중하게 친구를 사귀지 않아서 서서히 잘못된 길로 빠져든다. 불량한 친구를 사귀면 파종 시 좋은 밭에 나쁜 씨앗을 뿌리는 것과 같아 맺은 과실도 삐뚤고 터진 열매만 달린다.

옛사람들은 말했다. 고상한 품성을 추구하는 사람은 덕이 없는 일을 가장 싫어하고, 공정하게 일을 처리하는 사람은 반드시 간사하고 아첨을 잘하는 친구가 없다. 청렴하고 기개가 있는 사람은 부패하고 욕심 많은 자들을 증오한다. 성실하고 의리를 중시하는 사람은 정당하지 못한 사람을 거들떠보지 않는다.

이 말은 사람들이 자신의 역량에 의지해 진흙에서 나와도 오염되지 않기는 어렵다는 것을 설명해 준다. 환경이 사람에게 미치는 영향은 그만큼 크다. 모든 사람이 세속의 세계를 벗어날 수 없다. 만일 이상적인 사람을 사회의 기풍이 날로 나빠지는 환경에 두고 그에게 몇 명의 정당하지 못한 일에 종사하는 친구를 사귀게 하면 몇 년 뒤 그는 환경에 휩쓸려 무지몽매하게 나날을 보낼 것이다.

따라서 우리는 흉흉하고 사악하며 말재주가 좋은 친구를 거절하고 사기꾼 무리를 거절하고 정당하지 못한 무리를 피해야 한다. 이런 사람들과 반드시 거리를 유지하고 경계선을 분명하게 그어 멀어질 수 있는 만큼 멀리하고, 피할 수 없다면 자신의 영혼의 대문을 잘 지키고 그들에게 영향을 받지 않도록 해야 한다.

〈일지록(日知錄)〉 중에 나오는 말이다. '덕으로 좋은 친구를 사귀면 고난을 함께 겪고, 진심으로 좋은 친구를 사귀면 서로의 마음을 털어 놓을 수 있으며, 지혜로 진실한 친구를 사귀면 견식이 넓어지고 충고해주는 친구를 사귀면 화목하여 즐겁다.'

이것이 바로 우리에게 알려주는 교우의 네 가지 표준이다.

1. 덕으로 좋은 친구를 사귀다

품성이 고상한 친구는 당신과 고난을 함께 겪는다. 당신이 곤경에 처했을 때 당신을 버리지 않고 주동적으로 다가와 당신을 도와주고 함께 난관을 이겨낸다. 반대로 품성이 비열한 소인배는 대다수가 이익만 꾀하고 평소에는 듣기 좋은 말만 하다가 당신이 곤경에 처해 도움이 필요할 때는 토끼보다 빠르게 도망간다.

2. 성실함으로 좋은 친구를 사귀다

성실함으로 친구를 사귀면 진심으로 사람을 대한다. 이런 친구는 서로의 속마음을 털어놓을 수 있으며 서로 간에 어떠한 비밀도 없다. 일이 생겼을 때 의리를 위해 용감하게 위험을 무릅쓴다. 하지만 오늘날 많은 사람들이 '성실'한 품성을 상실하고 속일 줄만 안다. 이런 친구를 잘못 사귀면 그를 진심으로 대해도 그는 당신을 속이고 또 속여 당신은 속임수에 빠지는 걸 피할 수 없다.

3. 지혜로 막역한 친구를 사귀다

막역한 친구란 지식이 풍부한 사람을 가리킨다. 그들은 평소에 많은 경험을 쌓고 견식이 넓어 당신이 필요할 때 대책을 세워주고 문제를 해결해준다. 동시에 열정을 가득 품고 평소에 항상 남을 돕는 것으로 즐거움을 삼으니 당신과 막역한 우정을 쌓는다. 이런 친구도 가히 사귈 만하다. 하지만 주의할 점은 상대방의 재능과 학문을 고려할 뿐 아니라 그의 품성과 성실함도 세세히 살펴보아야 한다.

4. 도(道)로 충고하는 친구를 사귀다

서로 뜻과 생각이 일치하여 함께 하는 사람은 충고를 할 수 있는 친구가 된다. 두 사람이 공동의 이상을 위해 노력하면 개인의 우정만이 아니다. 이런 친구는 당신이 잘못을 저질렀을 때 조금도 숨김없이 지적하고 당신이 잘못을 고칠 수 있게 도와준다. 서로 간에 못할 말이 없으며 상호 신임

하고 단점을 피하며 함께 노력한다. 그래서 이런 친구는 충고하는 친구이
자 전우이다.

대신 위징이 이세민에게 있어 바로 충고하는 신하다. 국가의 이익을 위
해 그는 감히 황제의 잘못을 지적하고 용감하게 부당한 행위를 비평했다.
이세민에게 있어서는 사람을 잘 쓴 것으로 좋은 밭에 우수한 씨앗을 심은
것이다. 덕분에 이세민은 중국 역사상 보기 드문 정관성세를 이룬다. 후
에 당현종은 반면교재로 사람을 신중하게 쓰지 않아 양귀비를 과도하게
총애하고 양국충 등을 대신으로 선발해 결국 재앙을 만들고 안사의 난을
촉발시켰다.

신중하게 친구를 사귀는 것은 우리 모든 사람에게 중요한 일이다. 오늘
날 인간관계의 플랫폼이 갈수록 커져 교제의 장도 점점 넓어지고 왕래하
는 사람도 점점 많아졌다. 누구와 교제하고 어떻게 친구를 사귀는지는 우
리에게 매우 중요한 문제이다. 특히 지위와 성과가 생긴 후에 많은 사람
들을 만나게 되고, 당신과 의도적으로 교우관계를 맺으려 한다. 그중 마
음 씀씀이가 바르지 못하고 권력자에 빌붙어 아부하는 사람들을 피하기
어렵다. 그들은 친구라는 명목으로 당신과 교우 관계를 맺고 갖은 수단을
다해 당신에게 접근한다. 온갖 궁리를 써서 당신에게 잘 보인 뒤 갖은 재
능을 발휘해 당신을 자기편으로 끌어들인다. 그들의 목적은 오직 두 가지
다. 하나는 돈이고 다른 하나는 권력이다. 당신의 돈과 힘을 빌려 그들이
원하는 사리를 위해 서비스하게 한다. 바꿔 말하면 그들은 표면적으로는
당신과 친구가 되지만 실제로는 당신을 이용 가능한 도구로 간주하는 것

이다. 만일 이 때 경계심을 늦춘다면 '손해 보는 친구'의 함정에 빠질 것이다.

친구의 좋고 나쁨은 인간의 일생에 커다란 영향을 끼친다. 옛사람들은 '사악하고 말이 많은 사람과 사귀면 먹물에 눈(雪)이 들어가는 것 같다. 비록 녹아서 물이 되지만 그 색은 더욱 더러워진다. 단정한 사람과 함께하면 향로에 숯을 넣은 것 같아서 비록 재가 되지만 그 향은 꺼지지 않는다'라고 했다. 순자도 말했다. '사람은 친구 사귀기에 부주의해서는 안 된다.' 모두가 같은 이치다. 누구든 마땅히 '군자를 가까이하고 소인을 멀리하고', '먼저 선택하고 나서 사귀어야' 한다. 선택하지 않고 친구를 사귀면 우리의 인생에 돌이키기 어려운 부작용을 가져올 수도 있다.

혈육 간의 정은
돈으로 살 수 없다

아버지가 자애로우면 자녀는 당연히 효도하며, 형이 우애가 깊으면 아우는 형을 공경한다. 가족 간에 서로 사랑을 쏟는 것은 당연한 일이다. 서로 간에 감동할 일이 아니다. 만일 은혜를 베푸는 사람이 스스로 은인이라 여기고 은혜를 입은 사람이 보답해야 한다고 여기면 이는 골육간의 관계가 길을 지나는 행인과 다름없이 여기는 것이니 혈육 간의 정이 시장의 거래로 변한 것이다.

사람과 사람 간의 관계가 가장 복잡하다. 각양각색의 '정'이 있기 때문이다. 하지만 시대가 어떻게 변하든 혈육 간의 정은 가장 중요하다. 가족은 이 세상에서 우리와 혈맥이 연결된 사람이다. 서로 간의 감정은 이유가 필요 없고 어떤 결과와 보답을 추구할 필요가 없다. 짙은 가족 간의 정은 영원히 잘라 낼 수 없다. 특히 효를 중시하는 중화 민족에게 골육의 정은 바로 우리 일생의 책임이고 이 세상에서 가장 위대한 역량이다.

삼국시기 조조가 양수를 죽인 후에 양수의 부친 양표에게 미안한 마음이 들어 사람을 보내 많은 선물을 보내며 그에게 유달리 잘했다. 후에 조조가 양표를 만나러 가며 그가 이미 비통 중에서 헤어 나왔을 것이라고 여겼지만 양표를 만난 후 그는 깜짝 놀라서 물었다. "어찌 이리 살이 빠졌는가?" 양표가 대답했다. "부끄럽게도 저는 선견지명이 없어 자식을 죽게 하였습니다. 하지만 늙은 소가 송아지를 아껴 핥아 주는 마음으로 양수에게 끊지 못하는 부자의 정이 있습니다." 조조는 그 말을 듣고 처량함을 금하지 못하고 탄식을 하며 부끄러워 말을 하지 못하였다. 누가 자신더러 남의 아들을 죽이라 하였던가.

이 이야기를 통해 혈육의 정이 모든 것을 뛰어넘음을 알 수 있다. 설사 '범죄자'의 가족이라도 마음속은 여전히 아들을 잃은 슬픔과 고통이 더 크다. 동물도 자식을 사랑하는 마음이 있거늘 하물며 만물의 영장인 인류에게 어찌 없으랴? 가족 간의 사랑은 어떤 각도에서는 인성의 본능이라고 할 수 있다. 만일 이런 사랑에 이익의 잣대를 들이대고 사랑을 베푸는 동시에 보답을 받을 수 있을지 계산한다면 이 세상에서 가장 신성한 감정을 모독한 것이다.

혈육 간의 정의 위대함을 알려주는 이런 이야기가 있다. 당산대지진 때 세 식구가 무너진 집안에 묻혔다. 엄마는 그 자리에서 압사했고 아빠와 아홉 살 난 아들이 각자 몇 미터 떨어진 곳에 갇혀있었다. 주변은 칠흑 같은 어둠이 감싸고 있었고 아들은 끊임없이 울고 있었다. 아빠는 아들에게 이야기를 하며 농담을 들려주며 곧 사람들이 와서 그들을 구해줄 것이라고 격려했다.

아버지의 위로를 들으며 아들은 점차 평정심을 되찾았고 감정을 가라앉히고 더 이상 두려워하지도 않았다. 바깥의 시끄러운 소리는 점점 조용해 졌다. 시간은 낮에서 밤으로 바뀌었지만 아버지의 목소리는 시종일관 끊이지 않았다. 이렇게 지진이 일어난 지 서른일곱 시간이 흐른 뒤 부자는 구조되었다. 구조대가 먼저 아들을 구해내었다. 하지만 아들과 5미터 떨어져 있던 아버지를 구조할 때 모든 사람들이 놀랐다. 끊임없이 이야기로 아들을 격려하고 위로한 아버지는 오른팔부터 시작해서 오른쪽 다리까지 신체의 절반이 콘크리트 기둥에 눌려 온몸이 뭉개져 구별조차 어려웠다. 마침내 구조된 뒤 이 아버지는 아무 말도 하지 않고 오로지 아들을 한 번 바라본 뒤 세상을 떠났다.

이 이야기와 비슷하게 쓰촨 대지진 때 죽는 순간까지 아기에게 젖을 먹인 엄마와 휴대폰 화면에 아이에게 유언을 남긴 엄마가 있었다. 이들은 모두 우리 모두가 살아있는 것은 사실 모두 혈육의 정을 이어가기 위해서임을 이야기해 준다. 우리가 행복을 느낄 때 가족도 함께 행복하고 가족이 행복할 수 있다면 우리도 마음속 깊이 기쁨을 느낀다.

대오현이라는 곳에 감동적인 장면이 있었다. 요독증을 앓고 있는 어머니의 병을 치료하기 위해 아직 미성년인 세 딸이 자신의 신장을 어머니에게 제공하겠다고 서로 다투었다. 어머니는 기쁘고 위안이 되어 다른 사람에게 말했다. "내 병이 어떻게 되든 나는 여한이 없습니다. 이처럼 철든 아이들이 있으니 저는 이미 만족합니다."

이것이 바로 혈육 간의 힘이다. 세상에 이보다 더 강한 힘이 있는가? 당연히 생활 속에 혈육의 정을 중시하지 않는 사람도 있고 그 수가 적지 않기도 하다. 그들은 가족을 자신의 도구로 여기고 이익의 수단으로 간주하여 가족을 속일 뿐 아니라 자신을 무너뜨린다. 딸을 적의 수장에게 시집 보낸 황제는 일시적인 안정을 위해 보배 같은 딸을 생명의 위험을 무릅쓰고 적의 인질로 삼았다. 가족 간의 정치적인 혼인도 모두 같은 유형이다. 혈육의 정은 완전히 팔아먹고 이익도 혈육의 정을 재는 기준이 되었다. 오늘날 일부 사람들이 돈을 위해서 각양각색의 이유를 만들어내 가족을 속이고 심지어 수단과 방법을 가리지 않고 극악무도한 수단을 다 동원한다. 극단적인 예를 들자면 악명 높은 다단계 판매 요원은 가족의 신임을 이용하여 갖은 핑계를 대고 자신에게 돈을 부치게 하고 자신의 욕망을 만족시키면서 가족의 걱정은 무시한다. 어떤 사람들은 아주 작은 이익을 위해 가족과 등을 돌리고 가정의 불화를 야기한다.

숨 가쁘게 변하는 도시 생활에서 많은 사람들이 점차 가족의 중요성을 잊는다. 우리가 집에 돌아오기를 기다리는 부모님에게 적지 않은 사람들이 간단히 한마디 한다. "저 바빠요." 이 한마디로 부모들의 바람을 없애 버리고 끊어 버린다. 가족의 사랑에 더 이상 감동받지 못하는 사람은 사실 생활도 이미 불행하게 변했다. 가족의 사랑을 중시하지 않는 사람이 어찌 생활의 진정한 의미를 깨달을 수 있겠는가? 얻은 명리가 아무리 많아도 거대한 돌이 짓누르는 부담이 무거워질 뿐이다.

나무는 고요하고자 하나 바람이 멈추지 않고 부모를 부양하고자 하나 부모는 기다리지 않는다. 잃어버린 후에 후회하고 뒤늦게 소중함을 깨닫지 마라.

집안 갈등을 처리하는 좋은 방법
– 평온한 마음과 온화한 태도

가족이 잘못을 저질렀을 때 절대로 크게 화를 내지 말고 그 때문에 미워해서도 안 된다. 만일 이 일로 그를 설득하지 못하면 다른 일을 빌려 완곡하게 설득하라. 오늘 잘못을 깨닫지 못하면 며칠 뒤 다시 천천히 일깨워주어라. 봄바람이 늦겨울을 물러나게 하고 따뜻한 바람이 빙설을 녹이는 것처럼 해야 한다. 이것이 집안일을 처리하는 가장 좋은 방법이다.

집집마다 곤란한 일이 있는 법이라는 중국 속담이 있다. 청렴한 관리도 집안일은 처리하기 힘드니 보통 사람들은 말할 것도 없다. 특히 자기 가족이 잘못을 저질렀을 때 우리는 평소 자신이 일을 처리하는 방법으로 해결해서는 안 된다. 가족을 잘 대하는 기초 위에 상대적으로 부드러운 방법으로 천천히 인도하고 잘못을 고쳐주어야 한다.

예부터 전해오는 '땅을 파 어머니를 만난' 이야기는 가족 간에 갈등이 생겼을 때를 들려주는 이야기이다. 춘추시기의 정나라에 무공이 정권을 독점하고 왕이 되어 무강을 아내로 맞았다. 무강은 아들 둘을 낳았는데

장자는 오생, 둘째는 숙단이라고 불렀다. 장자를 낳을 때 난산이었기에 무강은 많은 고생을 하였지만 둘째는 순산이었기에 무강은 둘째 아들을 장자보다 더 좋아했다. 후에 무공이 병이 깊어지자 무강은 남편에게 둘째 숙단을 태자로 삼아 달라 청했지만 무공은 동의하지 않았다. 얼마 후 무공이 죽자 장자 오생이 뒤를 이어 정나라의 왕이 되었으니 역사에 기록된 장공이다.

후에 장공은 동생 숙단을 경양성으로 부임시켰다. 숙단은 자신의 봉지에 도착한 후 비밀리에 군대를 모집하고 말을 사들여 오생의 왕위를 빼앗을 계획을 세웠다. 후에 숙단은 시기가 이미 무르익었다 여기고 모친인 무강과 함께 비밀리에 모략을 꾸미고 안팎에서 공격할 준비를 한 뒤 정나라의 수도를 공격할 날을 골랐다. 자신의 형을 죽이고 스스로 왕이 되려는 것이었다. 하지만 뜻밖에 일이 발각되어 모자지간에 왕래한 비밀 서신이 장공에게 압수되었다. 장공은 수하인 대장 공손려를 보내 이백 대의 전차를 이끌고 경양으로 가서 동생 숙단을 진압하게 했다. 궁지에 몰린 숙단은 도망갔고, 공손려가 끝까지 쫓아가 계속 추격해 오자 숙단은 다시 요공으로 도망갈 수 밖에 없었다. 마침내 자신의 현재 병력으로는 더 이상 대항할 수 없음을 의식한 숙단은 자살을 했다.

동생의 죽음으로 장공은 극도로 마음이 아프고 괴로웠다. 모자지간과 형제지간에 이 지경까지 이르다니, 장공은 분노하여 어머니를 가두고 독한 맹세를 하였다. "지하(황천)에서가 아니면 어머니를 만나지 않겠다!" 엄한 징벌을 내려 어머니와 완전히 등을 돌린 것이다.

하지만 2년이 지나지 않아 장공은 후회하기 시작했다. 그는 어머니가 그립고 만나고 싶었다. 필경 모자간의 정은 피가 물보다 진했다. 그는 부하들에게 어머니가 보고 싶으나 일찍이 만나지 않겠다고 독한 맹세를 했으니 이를 어찌하겠는가 물었다. 영곡의 지방관 고숙이 그에게 묘책을 제시했다. 지하에 통로를 파고 보기만 하면 맹세를 위반한 게 아니니 어머니를 만나고 싶은 심원을 이룰 수 있지 않겠습니까? 그래서 장공은 고숙의 계책에 따라 사람을 시켜 지하도를 파고 어머니와 만나니 두 사람 다 모두 기뻐하였다.

보통 사람인 우리도 때때로 가족과 오해가 생긴다. 퇴근 후 집에서 기분이 우울해 함부로 성질을 부리면 가족들의 기분도 좋지 않을 테고 가정의 불화는 불가피하다.

내 친구 중 하나는 평소에 회사에서 고분고분하여 상사가 한 시간 넘게 욕을 해도 불만스런 표정 하나 내비치지 않았다. 하지만 집에만 가면 전업주부인 아내에게 화가 잔뜩 나서 차갑고 거만한 표정으로 이것저것 시켰다. 그는 아내가 자신이 번 돈으로 먹고 쓰니 자신이 회사에서 당한 수모를 아내도 당연히 감당해야 한다고 여겼다. 한번은 아내가 자신에게 말도 없이 치마 한 벌을 산 것을 발견하고 폭언을 퍼붓고 욕을 했다. 하지만 사실 아내는 몇 년 동안 양말 한 켤레도 아까워서 사지 못할 정도로 절약을 했었다. 이 치마는 친구의 결혼식에 참석하기 위해 하는 수 없이 산 것이었다. 하지만 남편은 일의 전후 관계는 완전히 무시했다. 그의 눈에 아내는 잘못을 저질러서는 안 되었던 것이다. 결국 이 일은 아내에게 큰 상처를 주었고 그들의 혼인은 파멸에 이르고 말았다.

가족 간의 정을 만들고 유지하는 것은 사실 그렇게 간단한 일이 아니다.

하지만 이를 훼손하려면 작은 행동만으로도 가능하다. 자신의 혈육과 가족에게 불공대천의 원한이 있어선 안 되거늘 어째서 상냥하고 친절하게 갈등을 해결하지 못하는가? 어째서 가족과 서로 이해하고 넓은 마음으로 수용하지 못하는가?

모든 사람이 자기 주변과 자신과 가장 가까운 사람을 아낄 줄 알아야 한다. 혈육의 정과 다른 감정은 다르다. 일단 잃어버리면 다시는 얻지 못한다. 따라서 자신의 가족을 아끼고 보호하고 이해하는 법을 배우고 진심으로 가족이라는 나무에 물을 주고 갈등을 이해하고 화해하여 평생 관심과 사랑으로 보호해야 한다.

제9장

언제든 위험에 대비하라

-모든 일은 양면성이 있다. 평상심으로 성패를 대해야 한다.

-목표를 조준하고 진취적으로 방향을 설정하여 바짝 쫓아라. 자신을 잃어버리면 목표를 이룰 수 없다.

-냉정하게 사고하고 가장 예지로운 결정을 내려라

-오로지 자신만이 자신을 책임질 수 있다. 매사에 남 탓을 하지 마라. 대부분의 위험은 자신이 심은 것이지 남과는 무관하다.

-자손후대에 남겨줄 수 있는 가장 큰 부는 물질적인 것이 아니라 정신적인 부이다. 부모는 언젠가 떠난다. 오로지 스스로 생존 기술을 터득해야만 웃으며 살아갈 수 있다.

인생사 새옹지마,
언제든 위험에 대비하라

어머니가 아이를 낳을때는 위험을 감수하고, 돈이 모이면 도적의 주의를 끌 수 있다. 어떤 기쁜 일이든 위험을 감추고 있다. 가난은 비록 근심이지만 사람을 부지런하게 만들기도 하며 질병은 괴롭지만 그로 인해 몸을 보호하는 방법을 배울 수 있다. 이처럼 어떤 근심거리도 기쁨이 동반됨을 알 수 있다. 따라서 깨달은 사람은 순경과 역경을 하나로 보며 기쁨과 근심을 모두 잊어버릴 수 있다.

옛말에 '화속에 복이 깃들어 있고, 복 안에 화가 숨어있다' 고 했다. 이는 어떤 일이든 그와 상반되는 면이 숨어있다는 말이다. 생기와 위기도 변증법적으로 존재하며 생기 중에 거대한 위기가 숨어있기도 하며 위기 중에 마찬가지로 무한한 생기가 감춰져 있기도 하다. 이 이치를 깨달으면 바깥사물로 인하여 즐거워하지 않고 자기 일로 슬퍼하지 않을 수 있어 자연히 기쁨과 슬픔을 잊을 수 있다.

중국 역사상 유명한 서예가 왕희지(王羲之)에 얽힌 이야기가 있다.

동진의 대장군 왕돈은 자신의 열 살 난 조카인 왕희지를 곁에 두고 매우

아꼈다. 어떤 때는 장중에 데리고 와 함께 잠을 자기도 했다. 어느 날 아침 왕돈은 일찍 침상에서 일어났으나 왕희지는 여전히 늦잠을 자고 있었다. 잠시 뒤 수하인 전풍이 들어오자 왕돈은 주변의 신하들을 물리고 몰래 군을 모아 나라를 배반할 계획을 논하였다. 그는 왕희지가 아직 장내에서 자고 있다는 사실을 완전히 잊고 있었던 것이다.

침대 속의 왕희지는 왕돈과 전풍이 반역모의를 하고 있음을 알아차리고 깜짝 놀랐다. 뒤를 이어 자신이 이미 다 들어버렸으니 살아날 가능성이 없겠다고 생각했다. 그 순간 영감이 떠오른 그는 이불과 침대 머리 그리고 자신의 뺨과 입가를 전부 침 범벅으로 만들고는 깊이 잠든 척 가장했다.

전풍과 한창 얘기를 하던 왕돈은 갑자기 장내에 왕희지도 있다는 사실을 깨닫고는 깜짝 놀라서 말했다. "큰일 났군! 우리 얘기를 전부 들었으니 이 녀석을 제거하는 수밖에 없겠군." 왕돈이 왕희지에게 다가가 보니 사방에 침을 흘리고 침구를 온통 더럽힌 채 왕희지는 여전히 달콤한 꿈속을 헤매고 있었다. 왕돈은 이를 보고 크게 안심하여 살의를 거두었다. 덕분에 왕희지는 목숨을 보전할 수 있었다. 만일 외부의 일에 놀라지 않는 침착한 성격이 없었다면 왕희지는 진작 목숨을 잃었을 테고 우리는 서예의 신을 볼 수 없었을 것이다.

수만 명의 정예 기병에 맞서 겨우 수천 명의 군사를 거느린 송나라 장군 필재우는 사병들에게 수십 마리의 양의 뒷다리를 나무에 묶으라고 명령을 내렸다. 거꾸로 매달린 양들이 죽을힘을 다해 발길질을 하게하고는 양의 발굽 아래에 수십 개의 북을 놓아 양의 발길질 소리에 북소리가 둥둥

울리게 했다.

　필재우는 양으로 북을 울리는 계책을 써 적군을 현혹시킨 뒤 자신의 군대는 안전한 곳으로 이동시켰다. 이처럼 위기에도 흔들리지 않고 놀라지 않는 능력은 재앙의 양면성에 대한 투철한 이해에서 나온다. 순경과 역경을 하나로 간주하고 냉정하게 재앙과 복을 대하는 것이 진정한 지혜로운 자의 길이다. 하지만 현실에서 사람들은 침착하게 이런 화복의 전환을 생각하지 못하고 뜻을 이루었을 때 자만하여 잊어버리고, 뜻대로 되지 않았을 때 어찌할 줄 모른다. 위기 중의 기회를 잡지 못하고 성공의 배후에 위기가 숨겨져 있음을 의식하지 못한다. 성공이든 실패든 모두 당신 자신에게 달린 것이다! 사람을 대하고 일을 처리할 때 성공하든 실패하든 사실 모두 당신의 마음가짐에 달렸지 외부의 요소에 달린 게 아니다.

당사자보다
제삼자가 더 명확히 안다

평소 한가롭고 아무 일 없을 때 마음이 가장 쉽게 혼란에 빠진다. 이때는 고요한 내면의 역량으로 자신을 깨어있게 하라. 바쁠 때 사람의 감정은 충동적이기 쉽다. 이때 냉정으로 충동이 일어나는 것을 통제해야 한다.

여기서 우리는 두 가지 보편적인 도리를 알 수 있다. 하나는 절대로 자신을 한가하게 두면 안 된다. 일단 한가하면 사람의 마음은 길을 잃어 무엇을 해야 할지 모르고 문제가 일어나기 쉽다. 다른 하나는 일 중독자가 되지 않도록 스스로 컨트롤해야 한다. 늘 쉬지 않고 일한다면 충동적이 되기 쉬우며 이럴 때 실수를 하기 쉽다. 이 두 가지 상황을 해결하기 위해 냉정하고 내면을 차분하게 하는 힘을 불러 일으켜야 한다.

잡념은 바로 우리를 번뇌하게 하는 원천이다. 너무 한가하거나 너무 바쁜 것 모두 무수한 잡념을 만들고 우리의 영혼을 오염시킨다. 만일 당신이 매일 이런 번뇌에 침식되어 스스로 빠져 나오지 못하면 몸과 정신이 모두 문제가 생길 것이다. 이때 영혼은 막히고 정신은 희미하니 실수를 하지 않는 것이 불가능하다.

미국의 저명한 투자가 버핏은 자신의 생활을 소개하며 말했다. "나는 해마다 적지 않은 시간을 만들어 내어 혼자 고향에 머물며 아무데도 가지 않습니다. 월가가 바쁠수록 거리를 둡니다. 그래야만 냉정하게 생각할 수 있고, 적나라하게 똑똑히 볼 수 있습니다."

버핏은 자신의 업무 리듬을 적절하게 안배하였다. 그는 언제 몰두해서 일하고 언제 휴식 시간을 충분히 이용하고 심신을 쉬게 해야 하는지 알았다. 매일 돈에 파고들고 월가의 모니터 앞에서 주가 데이터 정보만 뚫어져라 들여다보는 금융 투자가와 비교하면 버핏은 초탈한 경지에 오른 것이다. 그는 일에 얽매이지 않고 한 발 밖으로 물러서 진퇴를 자유롭게 하였다. 높은 고지에 서서 진실과 거짓을 분간하기 어려운 정보에 두 눈이 미혹되지도 않고 파산한 주식 투자자처럼 잘못된 선택을 하지도 않았다.

모두들 한가로울 때 열심히 일하고 사람들이 모두 바쁠 때 오히려 자신을 바깥에 두고 냉정하게 바라보는 것이야 말로 지혜로운 자의 현명한 판단이다. 마음속의 잡념은 어떻게 생기는 것일까? 바로 정신없이 바쁠 때 쉽게 충동적이 되고 진정한 국면을 볼 수 없게 되는 것이다. 그래서 바쁠 때 자신을 방관자로 간주하고 혼란한 국면에서 뛰쳐나와 냉정하게 대처해야 한다. 반면 한가할 때는 자신에게 할 일을 찾아 줘 영혼의 공백기가 생기지 않도록 한다.

매우 간단한 이치이지만 실제로 행할 수 있는 사람은 드물다. 생활의 리듬이 너무 빨라 사람들은 생각의 갈피를 정리하기가 쉽지 않고 장황한 정보 중에 자신에게 가장 유리한 정보를 발견하기도 어렵기 때문이다. 그래서 현대인들의 삶이 갈수록 즐겁지 않다고 느끼는 것도 이상하지 않다. 왜냐하면 사람들은 이미 진정으로 평화롭기가 힘들기 때문이다. 매일 심신이 분주해 이성적인 사고를 할 수 없고 혼란스러운 내면으로 이익 다툼과 쓸데없는 일에 이중으로 묶여비린다. 이런 상대에서 벗어나고 싶디면 적당하게 자신을 조정하고 생활 속에서 바쁨과 한가함의 균형을 잡아 삶을 의식적으로 더 많이 느끼고 평온함을 영혼의 주춧돌로 만들어야 한다. 그래야만 정서를 잘 컨트롤 할 수 있다.

교만하면 공이 없고
참회하면 잘못을 보완한다

설사 당신이 세상을 뒤덮고 다른 사람을 뛰어넘는 많은 공과 업적이 있어도 한 낱 뽐낼 '긍' 자 하나를 못 당하고, 설사 당신이 하늘을 뒤집을 큰 죄를 지었어도 뉘우칠 '회' 자를 못 당한다. 철저하게 참회할 수 있다면 자신이 이전에 저지른 잘못을 용서 받을 수 있다.

'교만하면 공이 없고 참회하면 죄가 없다' 는 말에는 두 가지 의미가 있다. 첫 번째, 제아무리 큰 성적을 거두었어도 교만함을 경계해야 한다. 두 번째, 얼마나 큰 잘못을 저질렀든 죄를 참회해야 한다. 교만함을 경계해야 되는 것을 당연히 우리 모두 잘 알고 있고 받아들일 수 있다. 하지만 죄의 참회는 적지 않은 논쟁거리가 존재한다. 타인의 참회를 받아들이기 어렵기 때문이다. 게다가 범죄를 저지른 사람이 진정으로 참회를 하는 것도 사실 쉬운 일이 아니다.

상 탕왕 때 칠 년 건기로 재난이 일어나 탕왕이 점술가 태사에게 도움을 청하니 태사가 사람을 제물로 바쳐 제사를 지내야 한다고 말했다. 탕왕은 자신을 제물로 바치기를 원하며 자신의 여섯 가지 죄상을 열거한 뒤 목숨을 내놓을 준비를 하였다. 하지만 그의 말이 끝나자마자 반경 수 십리에 큰 비가 내리기 시작해 가뭄이 해결되었다.

역사상 정말로 이런 일이 있었을까? 이 이야기는 허황되게 들린다. 당연히 정말이라고 말하기는 어렵다. 하지만 이 이야기가 표현하고자 하는 정신은 바로 참회의 고상한 품격이다. 동시에 인의 표현이기도 하다. 탕왕은 천하에 가뭄이 든 잘못을 전부 자신에게 돌렸다. 비록 미신적인 부분이 있지만 기꺼이 책임지는 정신을 보여준 것이다.

큰 화를 초래한 사람이 만일 철저하게 참회하고 개과천선하면 그 내면의 사악한 생각이 전부 사라지고 그가 저지른 죄업도 어느 정도 용서를 받을 수 있다. 게다가 잘못을 저지른 사람이 참회한다면 사회에 좋은 모범 효과도 있다. 이는 어떠한 선행보다 더 큰 작용을 한다.

서한의 무제는 일생 동안 모두 병력을 남용하여 전쟁을 일삼고 흉노와 서역을 공격하여 국가의 부를 크게 소모시켰다. 비록 한나라 제국을 위해 변방을 넓히고 이름을 알린 혁혁한 공을 세웠지만 말년에 백성들은 도탄에 빠지고 말았다. 이때 한 무제는 다른 왕들이라면 부끄러워하지 못할 일을 했다. 그는 황제의 잘못을 고하는 조서를 써서 천하의 백성들에게 명확하게 자신의 잘못을 시인하고 이제 그 잘못을 고치겠다고 알렸다.

황제의 참회는 천하의 백성을 감동시켰고 민심은 다시 결집해 또 한 번 사회를 안정시키고 경제를 회복하기 시작해 그의 손자 한 선제가 계승했을 때는 한나라 제국은 다시 강한 국력을 회복했다.

잘못을 저지른 것은 중요하지 않다. 참회는 필수이며 핵심은 개선이다.

하지만 잘못에도 대소와 경중이 있다. 본질적인 문제에서 잘못된 결과는 영원히 회복될 수 없다. 아무리 뉘우쳐도 소용이 없다. 어떤 잘못은 개선할 기회가 없다. 설사 참회해도 참회하는 자신의 영혼만 위로할 뿐 이미 저지른 잘못에 대해서는 아무런 도움이 되지 않는다.

이 부분은 우리에게 중요한 도리를 알려준다. 실적을 거둔 뒤 교만함과 성급함을 경계하는 것은 필수라는 점이다. 약간의 실적으로 꼬리를 치켜드는 그런 사람이 사업에서 어떤 성취를 이룰 거라고 상상하기 어렵다. 우담화처럼 잠깐 나타났다가 바로 사라져 버릴 뿐이다. 공이 있다고 득의양양해도 될까? 스스로 공로가 있다고 잘난척하는 교만함은 항상 재앙이 따른다. 역사상 그런 예는 너무 많다. 무수한 철학자들도 이에 대해 결국은 같은 논리를 상세히 주장했다. 예를 들어 노자는 공을 세웠다고 공로를 자처하지 말며, 천하를 세워도 천하를 점유하지 말며 천하를 독식하지 말 것을 주장했다. '공을 세워 이루었으면 몸은 후퇴하는 것이 자연의 도이다' 얼마나 큰 공을 세웠든 자신이 혼자서 전투를 한 것이 아니며 자신의 능력으로 성적을 거둔 것이 아님을 항상 명심해야 한다. 여러 사람의 도움 덕이었다. 교만하고 조그만 성공에 우쭐거리면 눈앞에 소유한 모든 것을 다 잃어버릴 것이다. 노자는 말했다. 천하를 공략했다고 천하를 독점한다면 강도의 약탈과 무엇이 다른가.

복이든 화든
담담하게 받아들여라

복은 억지로 구할 수 없으니 만일 낙관적인 마음을 기르면 행복을 부를 수 있다. 화는 피할 수 없으니 만일 마음속의 나쁜 생각을 없앨 수 있으면 재앙을 멀리할 수 있는 방법이 된다.

소위 화와 복은 자신이 마음대로 통제할 수 없다. '화속에 복이 깃들어 있고, 복 안에 화가 숨어 있다'고 했다. 복과 화는 서로 의존하는 것이며 항상 존재하는 것이다. 게다가 그들 간에 서로 전환이 가능하니 결코 우리의 주관적 바람에 따라 변하지 않는다. 그렇다면 우리는 어떤 태도로 복과 화를 대해야 할까? 강렬하게 복을 갈구하고, 적극적으로 화를 피해야 할까? 아니다. 낙관적인 마음을 유지하고 마음속의 나쁜 생각을 통제해야 복을 얻고 화를 멀리할 수 있으며 편안한 마음으로 살 수 있다.

행복은 우리가 구한다고 구해지는 것이 아니다. 안 그러면 매일 불경을 외우며 행복의 강림을 애원하기만 하면 되지 나가서 일을 할 필요가 있겠는가? 행복을 애원하는 것은 약자의 행위이다. 인생의 강자라면 자신의 행복을 쟁취해야지 부처님이나 하느님에게 의탁해서 바라서는 안 된다.

　우선 우리는 복이 무엇인지 명확하게 알아야 한다. 우월한 생활이나 강력한 권세일까? 사실 행복은 우리의 생활 태도에 달렸다. 낙관적이라면 당신은 행복하며, 나쁜 운도 좋은 운으로 바꿀 수 있다. 비관적이라면 당신은 괴로울 것이다. 시종일관 '불행'이 닥쳐올지도 모른다는 공포 속에서 살 것이다. 로망 롤랑은 말했다. "아무 것도 없는 사람은 행복하다. 그들은 모든 것을 얻을 것이기 때문이다." 중국의 옛말에도 있다. '마음이 있으면 복이 있고 바람이 있으면 힘이 있다, 자신이 복의 밭을 만들면 복의 인연을 얻을 것이다.' 두 말의 의미는 일맥상통한다. 바로 전부 가지기를 바라지 않고 마음의 평안을 구하며 낙관적으로 모든 것을 대하라는 것이다.

　따라서 복은 행운, 재산, 기회일 뿐 아니라 인생의 가치관이다. 마음이 낙천적이고 만족을 아는 사람은 매일 겨와 나물로 끼니를 때워도 생활의 아름다움을 느낄 수 있다. 끝없이 욕심을 내는 사람은 세계 제일의 부를 가져도 만족하지 못해서 생명의 가치와 이미 얻은 행복을 느끼지 못할 것이다. 그의 눈은 항상 아직 얻지 못한 것들에 고정되어 항상 손을 뻗어 잡아당기고 쟁탈한다. 이 지경에 이르면 이 사람은 자신의 '화'에서 멀지 않고 일단 좌절을 하면 지탱하는 능력이 매우 부족하다. 월가에서 금융위기가 발생했을 때 고층 빌딩에서 뛰어내려 자살한 부자들은 그들의 화와 복에 대한 관점이 그렇기 때문이다. 복을 누리면서도 복인 줄 모르고 화근이 왔을 때 받아들일 줄 모른다.

　주식 투자자인 친구가 하나 있었다. 그는 매일 모든 에너지를 주식시장

연구에 쏟아 부으며 밥 먹을 때조차 시장 동향을 주시하며 수시로 성장 잠재주, 장단기 이익을 주목하고 온종일 부자가 될 꿈을 꾸었다. 여윳돈 이 생기면 바로 주식을 사들이며 언젠가는 주식으로 큰 성공을 거두어 억 만장자가 되기를 기대했다.

한 번은 내가 그에게 물었다. "만약에 돈을 못 벌고 쓰레기 주식이 되어 버리면 자네는 어쩔 셈인가?"

그는 바로 초조해졌다. "재수 없는 말 하지 말게! 나한테 저주를 걸지 말라고!"

보아하니 그의 '복'에 대한 갈구가 이미 극단적인 지경에 이르렀고 '화'에 대한 공포는 제삼자인 나까지 두려울 정도였다. 그때부터 나는 그 를 매우 걱정하기 시작했다. 그의 운이 트이길 바랐지만 이는 반대로 갈 가능성이 컸기 때문이다. 과연 2008년 중국 주식시장이 커다란 충격파를 맞아 전 세계 금융위기의 영향을 받아 주가가 폭락하고 친구가 매수한 주 식들도 추락하고 말았다. 주식은커녕 그림자조차 찾지 못할 정도로 폭락 한 것이다.

이렇게 큰 일이 생기자 나는 급히 그에게 전화를 걸었다. 전화기가 꺼져 있다는 소리를 듣자 불길한 예감이 들어 급히 시간을 내어 그의 집을 찾 아갔지만 그의 아내가 근심 가득한 얼굴로 집안에 앉아 있었다. 자초지종 을 묻자 그가 실종되었고 어디로 갔는지 모른다고 했다. 우리는 경찰에 신고한 뒤에야 그를 찾았다. 다행히 그는 자살하지 않았고 혼자서 산에서 십 여일을 숨어 지냈다. 그를 찾았을 때 그는 이미 피골이 상접하고 정신 은 흐릿했다.

이 같은 그의 모습을 보고 화를 낼 수도 없고 그에게 말했다. "일이 이미 일어났으니 숨는다고 숨어지겠는가?"

누구도 재앙이 자신의 머리에 내리길 원하지 않는다. 하지만 천재와 인재는 누구도 피할 수 없다. 일반적으로 자신이 나쁜 일을 하지 않고 나쁜 생각을 하지 않으면 하늘의 징벌을 받을 걱정을 하지 않아도 된다. 설사 재앙을 당해도 안절부절 할 필요 없이 운명의 시험이라고 간주하면 된다. 자신의 능력을 단련하는 기회를 피해 도망할 필요가 있을까? 친구는 시작할 때의 태도부터 잘못된 것이다. 그래서는 복을 추구하기 어렵다. 게다가 화가 닥쳤을 때 피하는 방법도 가장 어리석었다. 위기에서 벗어나고 싶다면 마땅히 편안하고 낙관적으로 맞서야 했다.

결론적으로 말해 화복은 모두 사람의 주관의식에 따라 결정되지 않는다. 인간 세상은 변화무상하며 좋은 일이 나쁘게 변하기도 하고, 나쁜 일이 좋은 방면으로 나타나기도 한다. 이 세상 자체가 무수한 가능성이 있다. 무슨 일이나 두 가지 가능성이 있다. 하나는 복이고 다른 하나는 화이다. 하나는 성공이고 다른 하나는 실패이다. 그것들은 각각 50%를 차지한다. 따라서 당신이 역경에 처했거나 혹은 자신이 뜻을 이루지 못했다고 느낄 때 성공은 모든 사람들에게 50%의 가능성이 열려있다는 것을 믿어야 한다.

이 세상에서 그 누구도 하느님의 총아가 아니며 혹은 우리 모두 하느님의 총아이다. 하느님이 우리 모두에게 50%의 성공 가능성을 주었기 때문에 포기하지 않고 노력하기만 하면 이런 가능은 실현될 수 있다. 모든 사람은 평등하다. 자신의 조건과 능력에 따라 목표를 설정하고 평화롭고 낙관적인 마음가짐으로 믿음을 가지고 기꺼이 노력을 하면 반드시 바라는 대로 이루어 질 것이다. 설사 결과가 뜻대로 되지 않아도 우리는 자신이 노력한 과정 중에 즐거움을 볼 수 있다면 그 자체로 행복이다.

사물 때문에 기뻐하지 않으며
자기 때문에 슬퍼하지 않는다

사람의 마음은 종종 흔들려 순진한 본성을 잃어버리게 된다. 만일 어떠한 잡념도 일어나지 않고 조용히 앉아 깊이 생각한다면 모든 생각은 하늘의 구름을 따라서 사라지고 빗방울을 따라서 떨어지며 마음도 깨끗해지고 씻기는 느낌일 것이다. 새가 지저귀는 소리를 들으면 기쁜 느낌이 들고 꽃이 흩날리는 모습을 보면 밝은 기분이 된다. 어떤 곳이든 진정한 경지가 아니며, 어떤 것인들 진정한 기운이 스며 있지 않겠는가?

사람은 잡념이 일면 흔들리고 충동적이고 맹목적이 된다. 얻지 못해서 실망하고 욕망이 너무 많아 불만을 품는다. 마음의 흔들림이 우리의 인생을 어둡게 만들고 순진한 본성을 잃어버리게 한다. 흔들림은 자신 및 세계의 인식이 모호하여 발생된 일종의 필연적인 결과이다.

이는 어떤 마음인가? 그것은 사물에 대한 과도하게 높은 추구에서 기원하며 목표를 너무 높게 잡아서이다. 하지만 도달하지 못하면 불만족스런 마음이 든다. 따라서 흔들림은 마치 유리창으로 달려드는 꿀벌 같다. 보이지만 얻을 수 없는 광명을 위해 한 번씩 투쟁한다. 동시에 아름다운 신기루처럼 발걸음이 가까워질수록 실망도 깊어진다. 또한 무리에서 떨어진 사자처럼 사방을 망연히 돌아보지만 헛되이 울부짖는다. 결국 자신이 바쁜 꿈을 꾸었음을 발견하지만 그 과정에서 우리의 청춘과 시간이 모두 헛되이 낭비되었다.

마음은 중요하다. 사람을 대하고 일을 처리함에 만일 지나치게 완벽을 추구하거나 세상의 불합리함에 분개하고 증오하면 흔들리는 정서가 쉽게 생긴다. 우리로 하여금 마음과 눈이 즐겁고 상냥하고 부드러운 마음을 가지게 하는 사물은 도처에 모든 것이 그렇다. 관건은 당신이 이를 발굴하고 느낄 수 있는가이다.

송나라의 청주에 이경이라는 관리가 있었다. 관리로 9년간 일했는데 백성을 위해 노력했으며 능력도 뛰어났다. 동료와 친구들은 그에게 상사에게 선물을 해서 승진하는 것을 권했다. 이경은 담담하게 웃으며 말했다. "관리가 되어 복된 일은 조정의 높은 자리에 오르거나 영예와 작위를 누려야만 하는 것은 아닐세. 작은 곳에서도 나의 꿈을 이룰 수 있다네."

오직 마음이 진실하다면 모든 사물에서 진정한 기운을 발견할 수 있다. 국민을 위해 관리가 되었다면 어디서든 가능하고 반드시 경성으로 진입하거나 고관의 두둑한 녹봉을 얻어야만 가능한 것이 아니다. 현실의 우리도 마찬가지이다. 오직 마음을 깨끗하고 고요하게 유지한다면 주위 생활의 모든 것이 무한한 소상한 취미를 이끌기에 충분하다. 사물을 보고 듣는 모든 곳에서 전부 자연의 신묘한 작용을 드러낸다. 예를 들어 하늘에 떠다니는 구름을 보고 속세를 떠나 유유자적하는 감정이 일어난다. 부슬

부슬 내리는 빗소리를 들으면 생각이 고요해지고 마음이 깨끗해진다. 새의 지저귐을 들으면 기쁘고 마음에 깨닫는 바가 있다. 꽃이 떨어지는 것을 보며 마음에 얻는 바가 있다. 어떤 곳에 있든 세속을 벗어날 수 있는 것이다.

이것이 바로 생활이다. 때로는 무언가 애써 추구하지만 얻지 못하고 번뇌만 가져오기도 한다. 오직 애써 구하지 않고 고요한 마음으로 생각하고 생활 자체의 즐거움을 누려야만 사방이 진경이고 모든 사물이 진짜이다. 직장에서도 마찬가지이다. 매일 승진과 연봉 상승을 위해 너 죽고 나 살자고 머리가 터지게 싸워도 결국 좋은 결과를 얻지 못하기도 한다. 그러느니 차라리 마음을 가라앉히고 현재 자신이 가진 모든 것을 즐기는 것이 낫다.

순조롭지 못한 처지에 놓였을 때 좌절과 불순의 근원을 찾은 뒤 백배의 열정을 투입해 응대해야지 자기 기분에 좌우되면 안 된다. 길을 잃으면 갈수록 더 멀어지고 다시는 돌아올 수 없다. 자신의 인생 목표를 확립한 뒤 단계를 나눠 실현해야 한다!

가장 중요한 것은 세상일에 대해 마음을 평안하게 가지고 사물 때문에 기뻐하지도 자신 때문에 슬퍼하지도 말고 자연스럽게 흘러가는 대로 따라야 한다. 세상 사람들이 부러워하는 명리는 너무 좋아해서는 안 된다. 만일 없어도 여전히 물처럼 고요해야지 생활이 항상 즐거울 수 있다.

앞날은 미리 알 수 없다.
관건은 역시 개인의 마음이다

사업에 실패하고 곤경에 빠져 낙담한 사람에게는 그의 내면을 사색하고 이해해 주어야지 단순하게 판단하고 질책해서는 안 된다. 그가 애초에 분발하고 진전하던 정신을 돌이켜 생각해 보라. 사업에 성공하고 모든 일이 자신의 뜻대로 되어간다고 생각하고 있는 사람에게는 그가 영원히 지금 상태를 유지할 수 있는지 관찰하고 그의 결말이 어떨지 고려해 보아야 한다.

어떤 일이든 모두 변화한다. 인생은 항상 움직이는 동적인 모습을 보인다. 사람도 마찬가지이다. 항상 순풍에 돛 단 듯이 갈 수도 없고 영원히 실패하는 것도 아니다. 커다란 사업을 할 수 있는지 여부의 결정적 작용을 하는 것은 사람의 내면의 포부 및 끝까지 견지하는 품성에 달렸다.

조주선사에게 한 스님이 질문을 했다. "당신은 '지극한 도는 어렵지 않으나, 오직 간택함을 꺼릴 뿐이다.'라고 말했는데 어떻게 해야 간택하지 않고 지극한 도의 경지에 이르겠습니까?" 조주가 대답했다. "천상천하, 유아독존" 승려는 논쟁을 벌였다 "그건 여전히 간택한 것이지 않습니까.

분별하는 마음이 생겼으니 말입니다." 조주는 웃으며 말했다. "어리석은 자여! 어디를 간택했다는 말인가?"

이 이야기는 비록 심오하게 들리지만 사실 이치는 매우 간단하다. '초심으로 돌아가다' 와 같은 이치이다.

사람됨의 처세에 이르면 사람의 선택은 다르다. 목표도 다르다. 따라서 인생의 전진 노선 중 완전히 다른 과정이 생길 수 있다. 어떤 사람은 순조롭게 살지만 어떤 사람은 수많은 크고 작은 좌절을 만난다. 이때 우리가 사람을 판단하는 기준은 단순한 결과에 따라 결단을 내려서는 안 된다. 한 사람이 성공했는지 실패했는지 평가하는 것은 그의 내면 즉 최초의 동기와 견지하는 의지력을 보아야 한다.

목표가 숭고한 사람이 설사 현재는 의기소침하고 곤경에 처해있어도 그 때문에 사람들에게 질책당하고 조소당해서는 안 된다. 필경 그의 '초심'은 좋은 것이었으며 방법만 옳다면 신속하게 애초의 분발 정신을 되찾아 마지막에 곤경을 극복할 것이기 때문이다.

원기 왕성하고 기개가 늠름한 사람은 비록 현재는 손으로 하늘을 가리고 국면을 좌우하는 듯 보여도 조급하게 그에게 엄지손가락을 치켜세우고 칭찬해서는 안 된다. 우선 그가 현재의 이런 기세를 지속할 수 있는지 끝까지 이끌어가는 능력과 성격을 갖추었는지 관찰해야 한다. 많은 실패자들이 이런 화려한 과거를 가지고 있고 어떤 일을 끝까지 접근했었다. 하지만 최후에 막판 스퍼트를 하다 쓰러지거나 어느 중요한 일환에서 실패한 것이다.

우리는 사람을 대하고 처세를 함에 자신의 선택과 최초의 이상을 결합해 내면과 외부의 통일을 실현해야 한다. 끝까지 견지해야만 중간에 포기하지 않고 잠시의 실패로 타격 받고 자신감을 잃어버리지 않고 최종 성공에 도달할 수 있다.

인생에서 누가 성공과 실패를 예상할 수 있겠는가? 현실에서 성공한 사람은 매우 많다. 하지만 실패하는 사람도 적지 않다. 하지만 공리를 중시하는 사람은 항상 화려한 화환을 성공자의 머리에 씌우기를 좋아하고 실패자는 막다른 길로 몰려 세인들의 이해와 지지를 받기 힘들다. 본래 성패로 영웅을 논해서는 안 된다. 실패자 자신에게 가장 중요한 일은 머리로 벽을 들이받는 게 아니라 마음을 냉정하게 가라앉히고 제대로 반성하는 것이다. 초심을 숨기고 자신에게 질문해 보아라. 자신의 본성을 배반한 적은 없는지 부주의하게 애초의 목표와 이상을 배반한 것은 아닌지.

객관적이고 냉정하게 실패자를 보아야 한다. 진지하게 그가 창업 초기에 선한 의도를 가졌었는지 이해해 보라. 그런 다음 지금 그를 지지하고 도울 필요가 있는지 결정해라. 몽둥이로 단숨에 실패자들을 전부 무너뜨려서는 안 된다. 그의 출발점이 정확했다면 설사 현재 일이 잘못되었어도 방법의 문제일 뿐이지 지나치게 각박할 필요는 없다. 한 사람이 일시적인 득실은 그 사람의 일생의 성패를 결정할 수 없다. 이는 '한 사람의 공과는 본인이 죽은 후에 결정된다'는 이치다. 실패한 동시에 최종 평가를 잘 할 수 있다면 실패는 완전히 성공의 전주로 변할 수 있다.

우리가 얻은 경험은 무엇인가? 바로 우리가 자주 듣는 말 '좋은 시작은 성공의 절반이다.' 출발점이 좋다면, 그리고 그 기초 위에 계획을 잘 세운다면 제대로 된 사업을 시작할 가능성이 크다. 만일 '초심'이 나쁘다면 아무리 노력해도 결과는 좋을 수 없을 것이다.

동시에 공을 세워 이름을 떨친 사람이 만일 자신의 현재 성취를 중요시 하지 않고 작은 이익을 탐한다면 결국은 철저히 실패할 것이고 사람들의 안타까움을 불러올 뿐 아니라 사람들의 증오와 고통을 불러올 것이다. 이런 사람은 이미 '초심'을 잃어버렸고 숭고한 이상은 모두 저 멀리로 차 버렸다. 마음도 더 이상 단정하지 않고 그의 '말로'는 자연히 낙관할 수 없다. 초심이 변한 사람은 그의 의지력이 강할수록 실패가 맹렬할 기세로 다가올 것이다. 가장 전형적인 예는 바로 역사상 수많은 탐관오리들이다. 원래 관리란 나라를 다스리고 백성을 편안하게 하기 위함으로 애초에 그들은 백성을 위해 봉사하겠다고 생각했지만 후에 사리사욕을 꾀하는 사람으로 변해버렸다. 그러면 그들이 아무리 영예로워도 민심을 얻을 수 없고 실패에서 멀지 않다.

오늘 날도 적지 않은 사람이 인생의 짧은 순간 이룬 사업적 성공과 자신의 뜻대로 되는 상황을 성공이라고 잘못 알고, 간단한 낙담과 의욕상실을 실패로 간주하는데 이 모두 초심이 굳건하지 못하고 의지력이 강하지 못한 결과다. 수시로 자기의 본래 이상을 잊지 않도록 스스로 상기시켜야만 꿈을 향해 정확하게 나아갈 수 있다.

자산을 일구는 방법이
자산보다 더 중요하다

조상이 우리에게 은덕을 남겨주었는지 묻는다면 우리가 현재 누리는 모든 것이 그것이라고 말할 수 있고 그들이 당시에 부를 쌓을 때 얼마나 어려웠을지 생각해야 한다. 만일 우리의 자손이 장래에 행복하게 생활할 수 있을지 묻는다면 반드시 우선 자신이 자손에게 물려준 덕이 얼마나 되는지 생각해야 한다. 만일 우리가 자손에게 물려준 은덕이 적다면 자손은 가업을 지키기 어렵고 심지어 가세가 쇠락할 수 있다.

이 부분은 자손 후대를 위해 다 쓰지 못할 만큼 많은 자산을 물려주기보다 좋은 품성과 좋은 도덕 전통을 물려주는 것이 낫다고 한다. 그렇지 않으면 아무리 많은 재산도 놀고먹으면 다 말아 먹고 버티지 못한다. 게다가 자손후대가 자신처럼 우수하다면 사실 많은 돈을 물려줄 필요도 없는 것이다.

유명한 시인 한동이 쓴 〈산민〉이라는 시를 보자.

어렸을 때 그가 아버지에게 물었다.

"산 너머는 무엇이 있나요?"

아버지가 말했다. "산이다."

"그 너머의 너머는요?"

"산, 여전히 산이다."

그는 말없이 먼 곳을 보았다

산은 처음으로 그를 이렇게 피곤하게 했다

그는 생각했다, 이번 생은 이곳의 산들을 벗어나지 못하겠구나

바다가 있지만 너무 멀다

몇 십 년밖에 살지 못하니

바다까지 가기 전에

이미 도중에 죽겠지

산에서 죽을 테니

아내와 함께 길을 가야겠다 생각했다

아내는 그에게 아들을 낳아줄 것이다

그가 죽을 때

아들은 자랐겠지

아들도 아내가 있겠지

아들도 아들이 있겠지

아들의 아들도 역시 아들이 있을 거야

그는 더 이상 생각하지 않았다

아들도 그를 피곤하게 했다

그는 그저 유감이었다

그의 조상이 그처럼 생각하지 않았다는 게

　그랬다면 그는 바다를 보았을 텐데

　이 시는 사실 사람들에게 자신이 하지 못한 일을 조상 탓 해 봤자 소용없다는 것을 말해준다. 어떤 일이든 자신의 역량에 의지 해야지 희망사항을 조상에게 의존하고 조상이 자신에게 지금 당장 누릴 수 있는 '자산' 을 남겨주길 기도하는 것은 가장 무능한 표현이다. 한동의 시중의 '산민' 은 바로 전형적인 슈퍼 게으름뱅이이다. 그는 겨우 '아들의 아들도 아들이 있겠지' 라고 생각한 뒤 '피곤하다' 고 느꼈다. 그는 먼 길을 고생스럽게 가고 싶어 하지 않고 오직 조상이 남긴 이미 만들어진 복만 누리고 싶어 했다. 마지막 구절의 '그는 그저 유감이었다. 그의 조상이 그처럼 생각하지 않았다는 게. 그랬다면 그는 바다를 보았을 텐데' 그는 바다를 보지 못한 책임을 자신의 조상에게 전가하였다. 그러나 그 자신은? 그는 바다를 보고 싶다는 바램을 실현하기 위해 '자기부터 시작하고 지금부터 시작' 하려고 생각하지 않았다. 그가 바란 것은 그의 조상이 지금의 그처럼 생각하고 그의 생각에 따라 그랬다면 지금의 자신이 앉아서 누렸을 텐데 하는 생각뿐이었다.

　많은 사람이 이렇게 생각한다. 나무 그늘아래에서 바람 쐴 생각만할 뿐 자신이 시간을 들여 나무를 심기를 원하지는 않는다. 마음속에는 안일하게 누릴 생각만지 분투하려는 품성은 없다. 결과는 그 자신만 바람을 쐬지 못하는 게 아니라 그가 나무를 심지 않았기 때문에 그의 자손 후대도 바람을 쐴 수 없다. 이것은 영리한 게으름이자 이기적인 무능이다. 만일 게으름과 이기심을 포기하지 않는다면 시 속의 그 사람처럼 산에서 벗어나길 갈망해도 영원히 나가지 못할 것이다.

우리 자신을 연상해 보자. 현재 대다수의 부모는 자신이 고생하더라도 아이들은 만족시키려는 생각을 가지고 있다. 일부 부모는 아이의 요구는 반드시 들어 주며 자신이 힘겹게 고생해서 모은 돈을 모두 자식에게 물려 주려 한다. 아이가 대학을 졸업하고도 직업을 찾지 못하고 집에서 먹고 마시며 심지어 서른이 훨씬 넘어도 집을 구하고 결혼 상대를 찾는 일도 부모가 모든 비용을 부담한다. 자신은 그저 옷이 오면 손을 뻗고, 밥이 오면 입을 벌릴 뿐이다. 사회와 인성의 비극이 아닐 수 없다.

이런 이야기가 있다. 한 쌍의 연인이 길을 걷다가 여자가 구두 한 켤레를 마음에 들어 하고 사고 싶어 했다. 남자는 자신의 지갑을 만지작거리며 난처해했다. 그가 가진 돈으로는 이 구두를 사기에는 부족했기 때문이다. 여자는 처음에는 한바탕 빈정거리다가 화가 난 듯 핑계를 대고 가버렸다. 여자가 떠나는 모습을 보며 남자도 나쁜 마음이 들어 자신의 어머니에게 전화를 걸어 부모가 돈이 없어 자신이 여자 친구의 이런 간단한 요구조차 들어줄 수 없다고 비난했다. 전화의 다른 한 쪽에서 남자의 어머니는 장탄식을 하고는 아무 말도 하지 않고 전화를 끊었다. 얼굴에는 이미 눈물이 흘러내리고 있었다.

이 남자는 시 속의 산사람처럼 부모세대에서 문제를 해결해 주길 바라는 무능한 세대다. 그는 돈을 버는 것이 자신의 책임이라고 느끼지 않고 오히려 그가 여자 친구 앞에서 돈을 물 쓰듯 하면서 뽐낼 수 있도록 부모가 마땅히 그에게 풍족한 생활을 제공해야 한다고 생각한다. 그러나 이런 일은 단지 그 남자의 책임일까? 부모의 방법의 잘못이 더 크다. 그들은 자식의 생활 중 자질구레한 일은 전부 자신들이 처리하고 물질적인 면에서도 절제 없이 제공하였다. 이는 아이를 의존성 강한 아이로 자라게 했고 성격적인 결함을 만들 뿐이다. 예를 들어 생활을 스스로 처리하는 능력이 부족하고 감정이 취약한 것 등이다. 비록 부모가 그들에게 충분한 돈을 주어 헤프게 쓰게 했지만 그들의 독립적으로 생존하려는 본능과 자신을 위해 책임을 지려는 품성은 가르치지 않은 것이다.

이런 면에서 린저쉬는 현대인의 모범이 될 만하다. 어떤 사람이 그에게 자손후대를 위해 더 많은 금은보화 등을 남기라고 권하자 그는 말했다. "자손이 나 같다면 돈을 남겨 무엇 하겠소? 현명하나 돈이 많으면 그 뜻을 해칠 뿐이오. 자손이 나 같지 않다면 돈을 남겨 뭐하겠소? 어리석으나 돈이 많으면 잘못을 더 도와줄 뿐이오."

린저쉬가 보기에 거액의 가산을 자녀에게 물려주면 결국에는 '놀고먹으며 산더미 같은 재산을 다 써버리는' 날이 올 것이다. 그러느니 후손들에게 생활의 지혜와 사람됨의 도리를 가르치는 것이 더 낫다. 이야말로 그들이 일생 동안 수용할 수 있는 유산이다.

세계적인 부호 버핏은 수백억 달러의 자산을 가지고 있지만 진작 유서를 남겨 자신이 사후에 남은 모든 재산은 자선기관에 기부하고 자신의 아이들에게는 약간의 창업기금만 남겨주겠다고 약속했다. 적지 않은 중국인이 그가 어리석다고 여겼지만 사실은 그렇지 않다. 버핏의 생각과 린저쉬의 생각은 사실 같은 것이다. 부는 자신의 두 손과 능력으로 쌓는 것이지 부모의 돈에 의지해 누리려는 바람은 설사 잠시는 근사하게 살 수 있을지 몰라도 그마저도 오래가지 못한다.

그들에게 수백억 달러를 물려주느니 그들이 사람됨과 처세의 규칙을 이해하고 좋은 정신과 품성을 물려받고 양성하도록 하는 것이 더 낫다. 그래야만 제2의 '버핏'을 양성할 수 있다.

하늘이 무너져도
이성적인 사고를 하는 법을 배워야 한다

냉정한 눈으로 사람을 관찰하고, 냉정한 귀로 다른 사람의 말을 들으며, 냉정한 마음으로 일을 처리하고 냉정한 두뇌로 문제를 생각하라. 이 네 가지를 해내면 일을 그르치지 않고 후회하지 않는 결정을 할 수 있다.

성숙한 사람은 다른 사람을 대하고 일을 처리할 때 냉정하다. 이익의 유혹도 이성적으로 판단하며 이런 마음을 가져야만 일이 생겼을 때 충동적으로 어쩔 줄 몰라 하지 않고 일을 할 때 조리 있고 순차적으로 행한다.

현실 속에서 우리는 충동으로 이성을 잃고 사물을 판단하다 보면 잘못이 발생하는 것을 피할 수 없다. 오직 수시로 머리가 깨어 있고 냉정하게 모든 일을 대해야 재난을 야기 시키지 않을 수 있다. 〈채근담〉은 냉정한 눈으로 사람을 관찰하고, 냉정한 귀로 이야기를 듣고, 냉정한 감정으로 일을 처리하고, 냉정한 마음으로 생각하라고 말한다. 이 일련의 '냉' 자는 냉정하게 눈을 사용하고, 귀를 사용하고, 감정을 사용하고, 마음을 쓰라는 것이 아니라 전면적으로 관찰하고, 체험하고, 가서 사태를 판단하고, 가장 정확한 선택을 하라는 것이다.

냉정의 반대는 열정이며 충동이다. 열정은 나쁜 것이 아니다. 사람은 열정과 충동이 있어야 한다. 원대한 이상과 창업의 열정이 있어야 한다. 하지만 냉정하게 상대하지 못하고 뜨거운 피에 의지한 열정은 조만간 지나가 버리는 날이 온다. 생활 속에서 냉정하게 사고하고 처리하지 못하는 사람이 너무 많다. 작은 일도 충동에 의해 두 눈이 가려 마지막까지 해결하기 어려운 갈등을 만든다.

많은 사람들이 이웃의 싸움을 본 적 있을 것이다. 티격태격하는 작은 마찰이 나중에는 쌍방이 최후에 얼굴을 찢어 놓은 격투로 커져 버린다. 원래 화목하게 지내던 이웃이 절대로 왕래하기 싫은 적이 된다.

한 번은 내가 사는 지역에서 소란이 일어난 적이 있다. 나와 같은 층에 사는 한 이웃이 장을 보러 가다가 너무 급히 가는 바람에 실수로 다른 사람의 전동차와 부딪쳤다. 그가 급히 사과를 하고 가자 이번엔 전동차 주인의 화를 불러 일으켰다. 두 사람이 다투기 시작해 이웃도 아예 장을 보러 가지 않겠다고 장바구니를 던져 버리고 상대에게 폭력을 썼다. 두 사람은 이렇게 한 바탕 싸운 뒤 마지막에 머리에서 피를 흘리며 병원으로 갔다. 동네에서 부딪친 작은 일이 쌍방이 모두 냉정하게 처리하지 못해 치안 사건이 되고 말았다.

어째서 이런 일이 생겼을까? 쌍방이 냉정하게 사고하는 기초가 부족하기 때문이다. 오직 자기의 이익만 보호하려 하고 자신의 입장에서 문제를 생각한 것이다. 이성적으로 상대방을 위해 고려하지 않고, 상대방을 이해하려 하지 않고, 상대방이 어떤지 자세히 들어보지 않고, 이웃의 감정을 살피지 않고 더욱이 눈으로 상대방의 표정을 관찰하지도 않고 일의 본 면목을 살펴보지 않았다.

냉정하게 일을 처리하지 못하면 인간관계에 있어 당연히 감정이나 이성이 통하지 않는다. 옛 사람들은 '인'과 '서' 등을 강조해서 수신의 도로 삼았다. 이도 '냉정'과 관련이 있는데 왜냐하면 정서적인 안정과 냉정만이 마음의 고요를 가능하게 하기 때문이다.

좋은 기분을 가지는 것이 우리의 목표이다. 정서의 고요함은 좋은 기분의 전조이자 기초이다. 냉정은 물에 비유할 수 있고 열정은 불에 비유할 수 있다. 냉정으로 열정을 제어하고 물과 불이 함께 구제하면 백성과 사물에 이로울 수 있다. 반대로 만일 열정이 지나쳐 충동적이고 이성을 뛰어넘으면 결국 모두가 다 상처를 입는다.

옛말에 '만물이 고요하게 관찰하면 스스로 얻는다'라고 했다. 불 같은 열정은 당연히 강렬한 생명력과 무한한 따뜻함을 준다. 하지만 물 같은 냉정은 깊은 사고와 정확한 판단에 도움이 되고 선악을 구별할 수 있게 한다. 이는 사실 사람을 관찰하는 것은 심오한 학문이다. 다른 사람을 잘못 관찰하면 자신에게 커다란 화를 가져온다. 사람을 관찰할 때 기나긴 이해 과정이 필요하다. 그 중 우리는 다음 네 가지 즉, 마음, 눈, 귀, 감정을 쓸 줄 알아야 한다.

공자가 말했다. '사람이 행하는 바를 보고, 그 행동이 말미암은 바를 자세히 보고, 그 말미암아 행한 바를 편안하게 여기는 가를 살펴서 본다면, 사람이 어찌 감추거나 숨길 수 있겠는가!'. 냉정한 마음이 없다면 사람의 이성적인 사유를 하기 어렵다.

제 10장

잠시 멈춰서라

−자신의 심성을 항상 장악해야 한다. 유혹에 좌우되지 마라.

−당신은 어떤 모습으로든 변할 수 있다. 하지만 가장 중요한 것은 애초의 순수함으로 돌아가는 것이다. 인생 중 가장 어려운 것은 가장 진실된 자신을 찾는 것이기 때문이다.

−친형제라도 계산은 정확히 하라고 하지만 가족 간의 이익상의 문제는 냉정하게 처리해야 한다

−적인지 친구인지는 자신의 마음이 이 사람에 대해 내린 정의와 실제 필요에 기초한다.

−사람을 대하는 처세는 감정에 얽매이지 않고 공평해야 한다. 왜냐하면 다른 사람에게 너그러운 것은 바로 자신에 대한 최대의 관용이기 때문이다.

시끌벅적한 가운데 고요함을 유지하고
바쁜 가운데 짬을 내라

왁자지껄한 사람들 무리 중에 만일 냉정하게 사물의 변화를 관찰할 수 있다면 불필요한 번잡한 마음을 줄일 수 있다. 빈털터리로 의기소침할 때도 여전히 진취적인 정신을 잃지 않는다면 진정한 생활의 즐거움을 획득할 수 있다.

시끌벅적 한 곳에서 냉정한 눈으로 바라 보아라. 애써서 독자적인 행동을 하는 것이 아니라 자신을 시끄러운 곳에서 빠져 나와 짐을 내려놓고 태연자약한 즐거움을 홀로 느끼는 것이다.

청나라의 장조가 말한 '인생의 즐거움은 한가로움만 한 것이 없다. 한가로움이란 아무것도 하지 않는 것이 아니다. 한가한 자는 독서를 할 수 있고, 명승지를 유람할 수 있다.' 다른 사람은 한시도 쉬지 않고 세속의 이익을 따라가고 있을 때 어떤 사람은 한가로움을 즐겁게 누린다. 세속의 사람과 사물에 대해 냉정한 눈으로 방관하면 이것이 바로 침착하고 초탈한 경지다.

하지만 오늘날 정보가 발달하고 생활의 리듬이 나날이 빨라지는 시대에 이처럼 한가한 심정으로 안일한 정취를 누릴 수 있는 사람은 거의 없는 듯하다. 사람들은 현실 세계에서 서로 다투어 쫓고, 서로 속고 속이며, 아귀다툼을 하며 점점 혈육의 정, 우정과 애정의 체험을 잃어간다. 모든 사람이 수 만 번을 연기한 '가면'을 쓰고 자신의 이익을 실현하기 위해 발걸음을 멈추지 못하고 깊은 이익의 미로에서 벗어나지 못하고 지척에 있는 수많은 행복과 즐거움을 잃어버린다.

생활 속에는 아름다움이 결코 부족하지 않지만 그 아름다움을 발견하는 눈이 부족하다. 만일 당신이 바쁜 가운데 잠시 멈춰 서서 진지하게 주변의 풍경을 훑어보면 원래 생명의 의의는 돈을 벌고 명리를 획득하는 게 아님을 발견할 수 있다. 태연자약한 심경은 보통사람도 따라잡을 수 있는 행복과 성공이고 긴장한 생활은 그로 인해 만족하고 한가롭게 변한다.

많은 사람이 자신의 시간이 부족하다고 느끼고 하루가 48시간이 아님을 아쉬워한다. 밥을 먹고, 잠을 자고, 길을 걷고, 꿈꾸는 시시각각 자신이 설정한 목표에 맞춰져 있다. 이는 생활이 갈수록 긴장하게 만들고 시간은 나날이 부족하고 마지막에는 정상적인 먹고, 마시고, 자고, 싸는 모든 것이 무질서해진다. 하지만 인생은 오히려 이상적인 목표에서 점점 멀어진다. 이런 삶은 무미건조하고 쓸쓸하다. 과부하된 상태는 성공과 간격을 줄이지 못하고 점점 더 많은 것을 잃게 한다. 따라서 업무와 생활에서 아무리 바쁘든 바쁜 가운데 짬을 내는 것을 배우고 긴장된 팽팽한 마음을 풀어주고 자신의 몸과 마음을 즐겁게 하고 해방시켜야 한다. 설사 곤경에 처해도 즐거움을 찾는 법을 배워야 한다. 이런 마음가짐을 가지면 절체절명의 위기에서도 기회를 잡을 수 있다.

당나라 대 시인 이백은 '무릇 천지라는 것은 만물이 잠시 쉬어가는 여관이고, 시간이라는 것은 영원한 나그네다. 이 덧없는 인생은 꿈같이 허망하니, 그 기쁨을 즐긴다 해도 얼마나 되겠는가?' 라고 했다.

'덧없는 인생은 꿈같이 허망하니, 그 기쁨을 즐긴다 해도 얼마나 되겠는가?' 이는 바쁘게 살아가는 사람들에게 보내는 따끔한 경고다! 어떤 사람은 평생을 부를 추구하며 죽을힘을 다해 사업의 고지를 향해 한걸음씩 매진한다. 하지만 인생은 짧다는 것을 잊지 말아라. 옛사람들이 말한 것처럼 인생은 나는 듯 빠르고 조금만 늦어도 사라져 버린다. 당신이 가장 높은 곳에 기어올랐을 때 동시에 이미 인생의 노년에 접어들었을 수도 있다. 백발이 성성하고 풍전등화 같을 때 설사 아무리 많은 것을 소유해도 무슨 소용이 있겠는가? 뒤돌아보면 오직 자신이 찍은 발자국뿐, 이제 종점을 향하고 있지만 도중의 경치는 등한시했다.

그렇기 때문에 바쁘게 달려갈 때 적당하게 자신에게 스트레스를 풀어주고 현재의 즐거움을 누리도록 경각심을 일깨워주고 제때에 즐겁게 놀아야 한다. 옛사람들이 말한 '왁자지껄한 사람들 무리 중에 냉정하게 사물의 변화를 관찰한다' 는 사람들의 물결이 용솟음치는 사회에서 냉정하고 침착하며 넉넉한 마음을 유지하는 것이다. 오늘날 이 같은 시대를 살아가는 우리는 바쁜 생활 중에 냉정하게 사물의 변화를 관찰하는 것이 필요할 뿐만 아니라 '빈털터리로 의기소침할 때도 여전히 진취적인 정신을 잃지' 않는 면이 더욱 필요하다. 그래야 세상이 지나치게 냉랭하게 변하지 않을 것이다.

부산하고 끊임없이 움직이는 환경에서 맑은 두뇌를 유지하고, 실의에 빠지고 곤궁한 환경 중에도 자신을 잃지 않으며 만족하게 생활하는 법을 배워야 한다. 업무와 생활 모두 바쁘더라도 밥 먹을 시간이 있고 물 마실 시간이 있고, 물 마실 시간이 있다는 것은 적지만 휴식 시간이 있다는 것이니 바쁜 가운데 약간의 시간을 내어 자신의 생활을 조금이라도 가볍게 만들어라. 단 일, 이분이라도 괜찮다. 급박한 리듬 중에 마음에 작은 휴식을 주고 발걸음 속도를 조금 늦추고 한가한 시간을 즐기면 어찌 즐겁지 않겠는가?

따라서 심신을 가볍게 놓아주어라! 그것이야말로 행복으로 통하는 반드시 거쳐야 할 길이다.

우리가 생존하는 세상은 다채로운 만화경이다. 모든 사람이 서로 다른 색과 조각을 맡고 있다. 냉정하게 자신을 들여다보고 자기 내면의 진정으로 개선이 필요한 부분을 보아라. 언제라도 도태될 가능성이 있는 현 상황을 보고 주위의 형형색색의 사람들을 보아라. 이때 당신은, 아, 원래 나는 이런 사람이구나! 느낄 것이다. 나는 왜 이 일을 하지? 이때 우리는 가장 진실한 생각을 쥐고 정확한 선택을 해야 한다.

냉정하게 자기의 생활을 파악하고 생활을 간단하게 만들어라. 적당한 속도로 조정하고 바쁜 가운데 짬을 만들고, 한가로운 마음을 양성해라. 욕망의 깊은 구덩이에서 빠져나와 공리의 울타리를 뛰어 넘어 자기의 내면에 집중하는 것이야 말로 인생의 진정한 목적이다.

여유롭고 편안한
생활방식을 추구하라

숲 사이 솔바람 소리와 샘 사이 돌 위를 흐르는 샘물 소리를 주의를 기울여 고요히 들으면 천지간의 자연의 소리를 느낄 수 있고, 초목 사이 안개 빛과 물 가운데 비친 구름 그림자를 한가한 가운데 멀리 내다보면 창조주가 창조한 위대한 문장을 발견할 수 있다.

왕유는 시에서 '밝은 달이 소나무 사이로 비추고, 맑은 물이 돌 위로 흘러간다'라고 했다. 우리가 대자연에 가까이 다가가고, 대자연을 느끼는 것은 무심하고 자연스러운 과정이기도 하다. 그 가운데의 비결은 바로 고요할 '정精'이다. 사람은 반드시 고요한 마음으로 고요의 경지에 도달해야만 세속을 간파하고 진리를 깨달으며 자신의 인생 품위를 높일 수 있다.

소위 '정'이란 생활 속에서 안정, 한가함, 태연자약한 마음을 유지하는 것이다. 이것은 건강한 인생의 태도이자 시 같은 생활을 하기 위한 전제 조건이다.

만일 '정'의 마음을 유지하려면 평온하게 자아 반성을 해야 하며 득실을 검토하여 자신으로 하여금 형형색색의 유혹 앞에서 방향을 잃지 않게 해야 한다. 평소 책을 많이 읽어 자신의 수양을 높이고, 갑작스런 위기를 겪게 되었을 때 외부 일에 흔들리지 않고 태연자약한 마음으로 침착하게 대처해야 한다.

결론적으로 침착하게 생각하고 최선을 다해야 조용하고 한가함을 구할 수 있다.

〈장자〉에 나오는 이야기다. 열어구가 백혼무인에게 자신의 활 실력을 보여주었다. 그는 활을 끝까지 당기고 팔꿈치에 물 잔을 올려놓고 쏘았는데 첫 번째 화살이 아직 명중하기 전에 두 번째 화살을 쏘았고 두 발 다 한가운데 명중했다. 열어구는 그 자리에 서서 침착하고 태연한 표정을 지어 보였다. 하지만 백혼무인은 말했다. "자네는 활 쏘는 실력을 의식하고 있을 뿐 무심하게 활을 쏘는 실력은 아니네. 나를 따라 높은 산에 올라 발아래 깊은 연못이 보이는 곳에 서서 그때도 지금처럼 활을 쏠 수 있겠나?"

결국 열어구는 위산의 낭떠러지 가에 서서 땀을 비 오듯 흘리고는 활은 쏠 생각도 못했다.

열어구의 활쏘기 실력은 정확하고 실수가 없었다. 하지만 그는 완전히 다른 환경에 처하자 마음이 흔들려 침착하고 태연하지 못한 마음으로 대처했다.

불가의 게송 중에 '천 개의 강이 있어 천 개의 달이 뜨고, 만 리에 구름 없어 만 리가 하늘이네' 라는 말이 있다. 우리의 마음에 정이 있다면 인간은 사랑으로 충만할 수 있고 사람들의 마음이 순결하다면 천하가 태평 무사할 것이라는 의미이다. 모든 사람의 인생은 수련이 필요하다. 마음을 고요히 가라앉히고 자신을 개선하여 사상적 수양을 강화하여 우리의 사상의 경지를 승화시키고 순결한 영혼으로 천천히 고상한 품행을 배야 해야 한다. 이것을 해낼 수 있을 때 인자무적의 경지를 체험할 수 있으며 '한가로운 경지'에 오를 수 있다.

사람의 마음은 깊고 넓은 연못 같아서 이 물이 혼탁하게 변하면 자신을 돌이켜 볼 수 없을 뿐 아니라 공정하게 타인을 자세히 살펴볼 수 없다. 현실 생활에서 어떤 사람은 명리에 열중하고 향락에 탐닉하는데 사실 물욕의 유혹을 받은 것이다. 자신의 마음을 들뜨고 경망스럽게 만들어 내면에 두근거림을 만들고 마음 깊은 곳의 넓고 깊은 물도 혼탁해 지는 것이다.

따라서 명리에 사로잡히는 것에 맞서 우리는 '고요함'으로 제동을 걸고 오로지 마음속에 깨끗한 땅을 품어야 한다. 그래야 내면이 고요하고 외부의 간섭을 받지 않아 명리에 속박되지 않고 천지에 정의로운 기운을 남기고 깨끗한 이름을 남길 수 있다.

고요히 소나무와 샘물 소리를 듣고 구름을 한가로운 바라보며 '본래 한 물건도 없거늘 어느 곳에 먼지와 티끌이 앉으리오'라고 물어 보아라. 찻잔 하나 들고 봄날 오후에 햇살을 즐기면 가장 만족스러운 생활이 아니겠는가?

현대 사회에서 가장 중요한 것
- 조화

대자연의 엄동설한과 폭염은 쉽게 피할 수 있으나 인간 세상의 더위와 서늘함은 없애기 어렵다. 인간 세상의 더위와 서늘함은 없애기 쉬우나 나의 내면에 쌓인 원한은 없애기 어렵다. 만일 사람의 마음속 용서하지 못하는 생각을 없앨 수 있다면 우리 모두 사람을 대할 때 온화하고 자연히 사방이 모두 따뜻한 봄바람이 불리라.

세상에서 가장 변하기 어려운 것이 사람의 마음이다. 강산은 쉽게 바뀌나 본성은 변하기 어렵고 인간의 마음은 더욱 컨트롤 되지 않는다. 따라서 불가에서는 '가슴 가득 화목한 기운이 깃들고 도처에 봄바람이 불려면 그 마음을 깨끗이 하여야 한다. 그 마음이 깨끗하면 불국토가 깨끗해지리라' 라고 했다. 마음 깨끗하지 못하면 외면의 행동을 아무리 잘 꾸며도 오래가지 못한다.

솔직히 말해 사람에 대한 처세나 물건을 대함에 모두 마음 심(心)자 하나에 달렸다. 만일 우리가 마음을 넓게 가지고 마음의 문을 활짝 열고 전부 공론화 하고 사적인 원한을 기억하지 않으면 마음속이 온화하고, 봄바람이 밖에 불며 타인과 진정으로 우호적으로 지내며 웃는 얼굴이 부를 가져다준다.

당태종이 바로 '마음이 깨끗한' 사람이었다. 그는 넓은 가슴으로 덕행과 재능이 출중한 사람들을 대거 천거하고 너그럽게 사람들을 대하니 '정관지치'의 태평성세를 열었다. 어째서 이렇게 말하는가? 일정 부분 '정관지치'는 위징의 죽음을 두려워하지 않고 솔직하게 간언한 결과라고 할 수 있기 때문이다. 위징은 황제의 마음을 과감하게 탐구하고 바꾸었으며 대담하게 자신의 제안을 토로하며 숨기지 않고 솔직하게 황제에게 개선을 요구했다. 당태종은 흔쾌히 그의 생각을 따라 국가가 상당히 오랫동안 번영하고 번창하게 되었다.

위징은 어떤 사람이었나? 그는 처음에는 이세민과 화합을 이루지 못해 초년에는 와강군에게 투항하였으며 패배 후 당나라에 돌아왔다. 후에 다시 독건덕에게 포로로 잡혔다가 다시 그에게 투항하였다. 독건덕의 군이 패한 후 그는 다시 당으로 돌아와 이건성의 근신이 되었다. 그 사이 여러 번 이건성에게 빨리 이세민을 죽여 후환을 없애라고 제안했다.

이런 사람은 이치대로라면 이세민의 원수가 아닌가? 하지만 이건성이 죽은 후에 이세민은 그를 죽이지 않았다. 죽이지 않았을 뿐만 아니라 중임을 맡기고 자신을 위해 계책을 세우고 나라를 관리하게 했다. 게다가 위징이 이세민의 시정상의 잘못을 들춰내 여러 차례 간언하고 각박하게 말하며 황제라고 체면을 봐주지 않았지만 이세민은 그에게 관용을 베풀고 그의 뜻에 거스르지 않을 뿐 아니라 그를 거울삼아 수시로 자신의 언행을 검열하고 수정했다.

이런 군신의 미담이 생길 수 있었던 이유는 이세민의 마음이 넓은 결과이다. 그는 진실로 마음이 넓었다. 관용을 정치 쇼의 도구로 사용하지 않았다. 그렇지 않으면 위징이 설사 백 개의 머리를 가졌어도 황제에게 직언을 하다 머리가 남아나지 않았을 것이다. 그가 만일 진시황이나 한무제 같은 군왕을 만났더라면 아마도 진작 능지처참에 처해졌을 것이다. 하지만 이세민은 달랐다. 그는 비록 화는 냈지만 화를 낸 후 바로 그를 용서하고 그에게 벌을 내린 적이 없다.

'모든 물을 받아들이는 바다는 그 너그러움이 크다'는 말은 우리가 사람을 대할 때 너그러운 마음으로 관용을 베풀어야지 사적인 원한으로 공적인 일에 영향을 끼쳐서는 안 되며 색안경을 끼고 사람을 보아서도 안 된다는 뜻이다. 이는 교양 있는 사람의 태도이다.

문제는 현실 중에는 항상 인색한 사람이 많고 관대한 사람은 적다는 것이다. 사람들은 시시콜콜 따지며 항상 사적인 이익을 첫 번째로 중시하며 대세를 중시하는 자는 적다. 꼬리를 물린 개처럼 누가 나를 한 번 물면 백 번 천 번이라도 물어서 되갚아 줘야 한다. 관용은커녕 내가 우세를 차지하지 않으면 본인은 손해를 보았다고 여기며 남이 나에게 잘못하면 반드시 상대방을 손봐줘야 숨을 돌릴 수 있다. 이렇게 일을 하면 어떻게 사람을 대할지는 자연히 도량은 말할 것도 없고 재상의 뱃속은 얘기할 가치도 없다.

청나라 때 이지현이라는 사람이 있었는데 구두쇠 중 최고라고 불렸다.

그는 사람을 대하고 일을 함에 8글자 규칙이 있었다. (吃我吐我, 私我還我) 다시 말해 내 것을 먹었으면 반듯이 토해내야 하며 사적으로 나에게 노여움을 사면 반드시 당한 만큼 돌려준다는 것이다. 사람들은 그를 '이팔자 (李八字)'라고 놀려댔다.

이팔자는 사건을 판결할 때 피해자에게서 뇌물을 받았다. 게다가 뇌물의 양에 따라 판결을 내렸다. 적게 준 자는 조금만 공평하게 처리하고 돈을 많이 주면 더 많이 편을 들어주었다. 돈을 주지 않거나 그를 탐관이라 질책한 사람에게는 갖은 수단을 다 써서 억울한 누명을 씌우고 큰소리를 쳤다. "나 이가가 여기 있는 한 자네들이 벗어날 날이 있겠는가?" 판결만 이럴 뿐 아니라 부하들과 스승 및 관리들에게 조금도 아량을 베풀지 않고 하찮은 원한이라도 반드시 갚았다. 따라서 아무도 그의 수하에서 관리로 일하려고 하지 않았다. 스승만 해도 2년 동안 셋이 도망갔다.

사람됨이 이 지경에 이르자 최후에 인과응보를 당하는 것도 당연했다. 수많은 사람이 상부에 그를 고소하였고 시간이 흘러 그의 뒤를 봐주는 사람이 조정에서 세력을 잃자 본인도 뒤따라 청산되었고 지부의 감옥에 갇혔다가 몇 개월 뒤에 참수를 당하고 말았다.

마음이 넓어야 일을 할 때 도량이 클 수 있다. 인격적 매력도 갈수록 높아지고 다른 사람들의 존중과 찬탄도 받는다. 이런 관용의 공간은 넓을수록 자신의 성정도 전환될 여지가 있다. 우리는 더욱 성질을 내고 짜증을 내지 못하고, 더욱 아무런 가치 없는 작은 일에 결탁하지 못한다.

마음이 넓은 자는 갈 길이 있고 마음이 좁은 자는 가는 곳마다 벽에 부딪친다. 따라서 마음이 넓은 사람은 사방이 마치 물고기가 물을 만난 듯이 조화롭고 원만하여 길가의 거지도 그를 도와주길 원한다. 그렇기 때문에 우리는 시시각각 자신의 마음을 넓히고 웃으며 자기의 인생을 대해야 한다. 어떤 일을 마주치던 대범하게 풀어나가면 더 빨리 성공한다.

내면의 모든 간섭을 제거하고
내면의 본성을 찾아라

모든 사람의 영혼 깊은 곳에는 좋은 문장이 하나 있다. 안타까운 것은 불건전한 내용의 잡다한 문자에 덮여 있다는 점이다. 모든 사람의 영혼 깊은 곳에 아름다운 곡이 있다. 안타깝게도 눈앞의 요염한 춤과 노래에 파묻혀 있다. 학문을 연구하는 사람은 반드시 외부에서 온 물욕의 유혹을 없애버리고 자신의 지혜로 본성을 찾아야 비로소 평생을 다 쓰지 못할 참된 학문을 구할 수 있다.

어떻게 생활 속의 유혹을 대해야 할까? 〈채근담〉의 이 단락은 우리에게 생활 속의 각종 유혹을 억제하려면 가장 중요한 것은 내면의 진정한 본성을 찾아야 한다고 했다. 다시 말해 마음속의 '명문'을 찾고 그 책의 '참된 가락'을 귀 기울여 들어야지 외부의 각종 유혹으로 생각과 행동이 좌우되어 명리의 포로와 허영의 노예가 되어서는 안 된다.

주변을 자세히 보면 유혹에 두 눈이 멀어버린 사람들이 실제로 매우 많은 것을 발견할 수 있다. 어떤 때는 유혹의 '나쁜 결과'가 매우 분명한데도 사람들은 나방이 불길에 달려들듯이 조금도 주저하지 않고 그 안으로 투신한다. 마치 담배가 건강에 해롭다는 것을 잘 알면서도 여전히 시도하고 이미 한 번 물들면 끊기 어렵다는 것을 알고 있는 것과 마찬가지이다. 뚱뚱한 사람이 단 음식과 고열량 식품이 더욱 살찌게 만든다는 것을 알면서도 맛있는 음식을 보면 조금도 자제하지 못하는 것도 마찬가지이다.

당연히 앞에 든 예들은 작은 일이다. 큰일을 들어 보자. 생활과 일에서 큰 잘못을 한 사람들, 예를 들어 탐관오리나 바람을 피운 사람 또는 강도 등은 모두 유혹의 앞에서 고개를 숙이고, 허리를 굽히고, 존엄성을 팔고 나쁜 생각이 내면의 정의로운 생각을 이기고 사상이 더 이상 진실 되지 못하여 자연히 생활 속의 '명문'과 '참된 가락'을 잃어버린 것이다. '함정'에 빠진 사람은 위기의 신호를 감지하지 못하고 순순히 유혹에 묶인 채 전진하여 잘못된 길로 갈수록 점점 멀어지며 최후에는 아무리 해도 되돌아오지 못한다.

현실 속의 찬란한 유혹에 맞서 기본적인 자제력, 저항력 외에 우리에게 가장 필요한 것은 자아 도덕의 구속이며 이는 바로 양심이다. 당신이 외부 물질에 시선과 마음이 끌릴 때 자신의 양심을 만져보고 자신이 지킨 가장 기본적인 가치의 마지노선을 물어보아라. 그러고도 여전히 잘못을 고집하는가? 내 생각에 깨어있는 사람은 그렇지 않을 것이다. 자신이 진정으로 추구하고 필요한 것이 무엇인지 똑똑히 아는 사람은 아무리 큰 이익의 유혹에 맞서도 마음이 흔들리지 않고 태산처럼 견고하다.

〈요범사훈〉에 다음과 같은 내용이 있다.

사상이 깨달음을 얻으면 자신의 내면이 진정으로 청정해지고 자연히 지혜와 본성을 찾을 수 있다. 따라서 학문을 추구하든 다른 어떤 일을 하든 자신의 머리와 지혜로 이 사물들을 대해야 한다. 바꿔 말하면 우리는 자신의 이성으로 진정한 학문을 추구하도록 충분히 조정하고 내면의 양심의 인도에 따라 자기의 최종 선택을 결정해야지 외부 사물에 의해 간섭당하고 유혹되어서는 안 되며 마음속 허망한 생각에 몸이 주재되면 점차 영혼 본성의 통제를 받지 못하는 '살아 있는 시체'로 변해 버린다.

오직 우리 자신의 이념이 정확하여 원칙을 확정하여야만 '마음속의 명문을 읽고 참된 가락을 들을 수 있다' 오로지 이렇게 해야만 자신을 진정으로 인생의 즐거움을 느끼고 진정 가치 있는 사람이 될 수 있다.

이점을 이해하면 우리는 두 가지 핵심어를 기억해야 한다. 하나는 '지식을 넓히다'이고 다른 하나는 '양심'이다.

첫째, 치지. 우리 지식과 학문을 넓힌다는 뜻으로 모든 사물에 대해 철저하게 장악하고 이해하게 하여 인생의 본질과 규율을 분명히 보고 진정한 지식을 배운다. 앞에서 〈요범사훈〉에서 말했듯이 성실하고 밝음은 모두 본성에서 말하는 것이다.

이는 우리에게 사람은 자주 경각심을 불러일으켜 자신의 마음에 알람 시계를 하나 설정하여 번뇌와 잡념이 출현했을 때 재빨리 자신을 깨우는 소리를 울리게 해야 한다. 마음에 사욕과 잡념이 없어야 진정으로 밝고 진실한 여유를 훈련해 내고 마음의 문을 열고 내면 깊은 곳에 숨겨져 있는 '명문'을 찾을 수 있으며 자신이 무엇을 해야 하는지, 어떻게 해야 하는지 알게 된다. 잡념을 버린 마음은 맑고 깨끗한 호수 같아서 일을 할 때 진심으로 주목할 수 있으며 목표에 전념하고 외부요소에 쉽게 영향을 받거나 좌우되지 않으며 이렇게 해야만 인생의 진정한 지혜를 깨우칠 수 있다.

둘째, 양심. 양심 또는 도덕이라고 이해할 수 있다. 양심과 도덕이 없는 사람은 사람을 대하고 일을 할 때의 기준은 오로지 이익을 도모하는 것이다. 이익이 있으면 하고 이익이 없으면 떠난다. 마음에 진정한 지혜의 개념이 없으며 '명문'과 '참된 가락'을 찾고 싶어 하지 않으며 두 눈은 물욕에 쉽게 가려진다. 뜻이 진실하지 못하면 마음도 바르지 못하다. 이런 사람이 관직에 있으면 투기하며 권세에 빌붙거나 수단과 방법을 가리지 않고 권세에 빌붙어 명리를 탐할 줄만 알고 눈에 당하는 일은 어떻게 하면 더 많은 돈을 벌고 어떻게 하면 다른 사람에게서 사리를 취하는 가만 생각한다. 생활 속에서는 먹고 마시는 중개인으로 사람을 대하고 일을 함에 모두 사소한 일에 얽매이고 허영 많고 온몸에 위아래에 모두 부정한 기운이 가득하다.

'치지'와 '양심'이 부족한 사람은 그들의 내면은 외부 불질에 막혀있다. 그들의 영혼도 유혹에 주재된다. 오직 간격을 두고 멀리 해야만 내면의 먹구름과 독을 소탕하고 영혼을 일깨워 진정한 자신을 찾을 수 있다.

냉정하고 평화로운
마음으로 처세하라

인정의 후함과 박함, 세태의 따듯함과 냉정함은 부귀한 사람이 가난한 사람보다 더욱 심하고, 질투하고 시기하는 마음은 혈육 간에 더 뚜렷하다. 이런 상황에서 만일 냉정한 태도를 취하지 않고 평화로운 마음으로 이런 문제를 처리하지 않으면 온종일 무궁무진한 번뇌 속에 지낼 것이다.

사람들은 세태의 냉정함과 따듯함, 인정의 후함과 박함 같은 사람과 사람 사이의 관계의 본질은 이익의 투쟁에 지나지 않고 진실한 관심과 선의의 감정은 부족하다고 말한다. 그 원인을 파보면 '사람은 돈 때문에 죽고, 새는 먹이 때문에 죽는다' 는 말로 귀결할 수 있겠다. 어째서 중국 역사상 함께 천하를 평정한 친구들은 결국에는 전쟁에서 만나는 것일까? 생각해 보면 모두들 가난하여 아무 것도 없는 빈털터리로 아무 것도 없었지만 서로 간에 공동의 꿈과 분투 목표가 있었다. 모든 사람이 젖 먹던 힘까지 다해 자신의 모든 능력을 다했다. 그들은 모든 노력을 기울여 단결하고 합심하여 함께 적에 대항하고 콩 한쪽 나눠 먹을 정도로 마음을 모았다. 하지만 기반을 다지고 나면 케이크를 나누기 시작하고 서로 큰 조각을 차지하고 싶어 하다 의견의 불일치가 시작되고 아귀다툼을 벌이며 갈등과 분열이 나타난다. 이익을 쟁탈하기 위해, 케이크의 분배를 위해 너 죽고 나 살자며 죽을힘을 다해 싸우는 일도 드문 일이 아니다. 생활 속에도 여기서 예외라고 할 수 있으며, '이익을 위해 싸움을 하지 않는' 사람은 많지 않으리라 믿는다.

수 천 년의 중국 역사를 살펴보면 시대를 막론하고 비슷한 예가 있다. 부귀라면 비할 데가 없는 제왕과 황족을 예로 들어보자. 화목하게 지내는 것은 이미 어려운 일이고 서로 참고 양보하는 사람들은 불쌍할 정도로 적다. 대다수가 이익을 얻기 위해 잔인하게 싸우고 무정하게 서로를 도살했다. 춘추시기 제나라의 공자규와 공자 소백이 그랬고, 진나라의 진시황의 두 아들 부소와 호각도 그랬다. 당나라 때 이세민과 이건성의 현무문의 변도 마찬가지이다. 이 모두가 살아있는 예이다. 모두 권력과 이익을 위해 다투고 승자가 왕이 되고, 패자는 강도가 되는 법칙을 따랐다. 그 중에는 한 명이 죽어야 다른 한 명은 어렵게 얻은 황위에 안심하고 올랐다. 권력과 이익 다툼을 벌일 때는 함께 천하를 통일하는 공생공사의 형제간의 친정은 없었다.

친형제지간에도 이익을 얻기 위해 서로 헤치는 이야기도 부지기수다. 처음에는 서로 시기와 질투를 하다 서로 원수가 되고 상대가 죽을 때까지 계속된다. 그 가운데 혈육의 정과 정의는 도대체 어디에 있다는 말인가?

제왕과 부자 집안이 이렇다면 평민의 가정은 어떤가? 가족이 더 많이 가지기만 하면 이익 분쟁이 생기는 건 마찬가지다. 농촌에 전해지는 속담은 '큰 집이 가난을 나누면 작은 집은 가난에 목숨을 건다' 라고 한다. 돈 있는 집의 자식은 재산을 차지하기 위해 내분이 발생하고 돈이 없는 집은 형제자매지간에 조금 이라도 더 재산을 받으려고 뺏고 빼앗기며 서로 양보하지 않아 값어치 없는 솥뚜껑도 자기 집으로 가져가며 부모의 감수는 조금도 고려하지 않고 혈육도 개의치 않는다. 바진(巴金)이 쓴 〈가(家)〉〈춘(春)〉〈추(秋)〉 삼부곡에서 표현한 중생들의 모습은 〈홍루몽〉 중의 가환이 보옥과 왕희봉에 대해 매사에 음해한 것과 같다. 수많은 문학작품 속에서 이 같은 상황을 묘사했다. 일반 백성의 집안에서 형제자매들은 독립하기 전에 기본적으로 내 것 네 것 구별하지 않고, 네 것이 바로 내 것이며 내 것은 네 것이다. 이때의 혈육 간의 정은 비교적 진하여 진정한 동기간에 서로 아끼며 의기투합한다. 하지만 각자 가족을 이루고 자식을 낳은 뒤 상황은 완전히 달라진다. 각자 자기 집의 이익이 점점 우선순위로 올라오기 시작하고 상대적으로 원래의 혈육 간의 정은 중요하지 않아진다. 특히 형제지간이 더하다. 이것들은 적나라한 현실 생활이다.

사적인 이익을 위해 골육상잔의 사건을 이야기하자면 가장 전형적인 것은 역사상 유명한 칠보시의 이야기일 것이다. 이야기 중 조식이 칠보시를 지어 읽을 때는 마음을 아프게 한다. '깍지를 태워 콩을 삶으니, 콩이 솥 안에서 우는구나. 본디 한 뿌리에서 자랐건만, 왜 서로 들볶아야만 하는지.' 본래 같은 뿌리에서 난 친형제가 이익을 위해 다투고 원수보다 더 증오하며 손을 쓰다니!

이 시의 작자는 삼국 말기의 조식이다. 재능이 매우 뛰어났던 그는 포부도 컸다. 사령운은 일찍이 이런 말을 했다. "천하의 재능을 돌 하나라 한다면 조식 한 사람이 그 중의 팔 할을 차지했고, 내가 1할, 천하가 공평하게 나머지 1할을 차지했구나." 하지만 조식은 이 8할의 재능 때문에 죽음의 재앙을 불러일으킨 것이다. 게다가 그를 죽이려는 사람은 다른 사람이 아니라 바로 그의 친형인 조비이다.

조식은 조조의 둘째 아들로 어려서부터 총명하여 열 살도 되기 전 이미 유창하게 시, 문, 사부를 외울 수 있었으며 십만여 자를 알아, '말을 하면 논설이 되고, 글을 쓰면 문장이 되었다'고 칭찬하였다. 조조도 그를 매우 총애하여 둘째 아들이 자신의 자식 중 큰일을 하기에 가장 적당하다고 여기고 수차례 그를 세자로 세우려 했다. 조식의 형 조비는 아버지에게 관심을 받지 못했다. 그래서 조비는 진작부터 이를 악물고 동생에게 원한을 품으며 자신의 지위를 위협하는 동생을 산 채로 삼켜버리지 못하는 게 한이었다.

조조가 살아있을 때는 감히 손을 대지 못하다가 조조가 죽은 뒤 조비는 순조롭게 위나라의 황제가 된 후 거리낄 것이 없었다. 둘째 조식과 넷째 아들 조형은 조조가 죽을 때 문안을 하지 못했기에 장자 조비는 이 일을 빌미로 두 동생을 불러 들여 왜 오지 않았는지 추궁했다. 이 기회를 빌려 조식을 제거하려 했던 것이다. 조형은 두려움에 자살을 선택했다. 조식은 관병에게 잡혀 조정으로 압송되어 조비의 심문을 받았다.

조비의 어머니 변씨는 그에게 청하며 형제의 정을 생각해서 조식의 목숨을 구해 줄 것을 청했다. 조비는 어머니의 체면을 세워주는 듯 가장하여 조식에게 기회를 주었다. 조식에게 일곱 걸음 내에 시 한 수를 지어내라 한 것이다. 조식은 바로 칠보시를 읊었다. 조비는 이를 듣고 조식이 이 시 속에 내포한 도리를 이해하고 만일 자신이 정말로 이 동생을 죽이면 사람들의 비웃음을 피하기 어려울 것을 알고 하는 수 없이 그를 놓아주었다.

놓아주기는 놓아주었지만 조식은 여전히 자유가 없이 가는 곳 마다 제한을 받았고 늘 형 조비의 탄압을 받았다. 권력과 이익 앞에서 인정의 후함과 박함은 이런 잔인함이 극에 달하는 지경에 까지 달했다.

어떻게 해야 골육상잔을 피하고 혈육 간에 원수가 되는 비극을 피할 수 있을까? 〈채근담〉은 냉정하게 사고하고 평화롭게 대하라고 알려준다. 가족 간은 이익보다 중하지 않고, 이익을 중시할 때도 서로 원수가 될 필요가 없음을 행복의 근본으로 삼아라. 모든 사람이 단순하고 선량하게 타인을 대하고 사심으로 군자의 마음을 없애지 말고 가족을 자기의 위협으로 여기고 불공대천의 원수로 여겨서는 더욱 안 된다.

사실 우리는 반대로 생각해 보면 이 도리를 이해할 수 있다. 위협은 상대방에게서 오는 것이 아니라 자기 자신에게서 오는 것이다. 당신이 가족을 자기의 적으로 여길 때 그는 정말로 당신의 적으로 변한다. 당신이 다투지 않으면 가족이 설사 당신과 다투려 해도 다툴 도리가 없다. 당신이 목숨을 걸고 다툴 때에 가족도 당신의 맞은편으로 몰아넣게 되고 그도 당신에게 냉담한 표정으로 상대하고 가족에서 적으로 불같은 기세로 변하게 된다.

그때가 되면 이기든 지든 수습할 수가 없게 된다. 설사 당신이 이겨 원하던 권력이나 기타 다른 것을 얻어도 세상에서 가장 귀한 혈육의 정을 영원히 잃어버리는 것이다. 혈육의 정을 잃어버리면 아무리 많은 권력과 금전을 소유해도 생명은 또 무슨 가치가 있겠는가? 단지 행복에서 갈수록 멀어질 뿐이다.

가오위안(高原) 지음

동서양을 아우르는 잠재력 개발의 대가. 중국 도서 '잠재의식' 분야의 베스트셀러 작가다. 전 세계에서 유명한 자기 계발 및 잠재의식 전문가 제임스 알렌(James Allen), 데일 카네기(Dale Carnegie), 나폴레온 힐(Napoleon Hill), 토니 로빈스(Tony Robbins), 지그 지글러(Zig Ziglar)와 얼 나이팅게일(Earl Nightingale) 등의 사상적 이론과 실제 경험을 계승하여, 잠재력 인도, 자아 인식, 자기 계발, 자아 변화 영역에서 백만 독자의 인정을 받았다. 저서로 베스트셀러 《승풍파랑》, 《자제력》, 《나는 내가 괜찮은 줄 알았다》, 《리스트의 힘》외 다수가 있다.

정우석 옮김

덕성여자대학교 중어중문학과 졸업, 대만 사범대학과 북경 어언문화대학에서 수학하고, 한국외국어대학교 대학원 중국학과를 졸업했다. 현재 번역 에이전시 엔터스코리아에서 출판기획 및 중국어 전문 번역가로 활동하고 있다.

주요 역서로는 『역사가 기억하는 세계100대 제왕』, 『다시는 중국인으로 태어나지 않겠다』, 『인생의 지혜가 담긴 111가지 이야기』, 『핵심인재를 만드는 경영우화 77』, 『내 삶에 따뜻한 위안이 되는 책』, 『거침없이 빠져드는 역사 이야기: 정치학 편』, 『15가지 부자수업』, 『살면서 용서해야 할 9종류의 사람』, 『우리의 영혼을 살찌우는 한권의 인생노트』, 『한자이야기』외 다수가 있으며, 중국어 신조어사전을 공동 집필하였다.

세상을 바꿀 수 없다면 자신을 바꿔라

2017년 7월 5일 1판 1쇄 인쇄
2017년 12월 25일 1판 2쇄 발행

펴낸곳 | 파주 북스
펴낸이 | 하명호
지은이 | 가오위안
옮긴이 | 정우석
주 소 | 경기도 고양시 일산서구 대화동 2058-9호
전화 | (031)906-3426
팩스 | (031)906-3427
e-Mail | dhbooks96@hanmail.net
출판등록 제2013-000177호
ISBN 979-11-86558-11-9 (03320)
값 15,000원

- **파주 북스**는 '마음 속 깊이 간직하고 싶은 책' 이라는 뜻입니다.
- 값은 뒷표지에 있습니다.
- 잘못 만들어진 책은 구입하신 서점에서 바꿔 드립니다.